EinFach Deutsch

Unterrichtsmodell

Fabeln

Von
Anne Schwake und
Timotheus Schwake

Herausgegeben von
Johannes Diekhans

Baustein 4: Die Fabel im Zeitalter der Aufklärung (S. 91 – 129 im Modell)

4.1	Ein Einstieg: Blitzlicht und Wortwolke	Blitzlicht, Wortwolke, Sachtexte erschließen: „Haus des Fragens", Tafelbild Arbeitsblatt 24 Zusatzmaterial 13
4.2	Die probürgerlich-affirmative Richtung: Gellerts Fabel „Das Pferd und die Bremse"	Textarbeit: Analyse, Tafelbild: Spannungsbogen, Textproduktion Arbeitsblätter 25 – 26
4.3	Die antiabsolutistisch-sozialkritische Richtung: Fabeln von Schubert, Moser und Fischer	Lerntempoduett, Recherche, Tafelbild Arbeitsblatt 27 Zusatzmaterial 8
4.4	Die historische Entwicklung der Fabel im 18. Jahrhundert: Fabeln im Vergleich	Sachtextanalyse, Textarbeit: Markieren, Tafelbild, Motivanalyse: Tanzbär, reziprokes Lesen, Textproduktion Arbeitsblätter 28 – 29
4.5	Die Idee der Aufklärung: Wozu ist die Fabel da?	Textarbeit, Think-Pair-Share, Lesebiografie Arbeitsblätter 30 – 31 Zusatzmaterial 9

Baustein 5: Fabeln aus aller Welt (S. 130 – 159 im Modell)

5.1	Eine Fabel aus Deutschland: Heinz Erhardts „Die Made"	Textarbeit, Vortragen, Textproduktion Arbeitsblatt 32
5.2	Eine Fabel aus Österreich: Hugo von Hofmannsthals „Die Flucht aus dem Turmzimmer"	Aktiv zuhören, Malauftrag, Textproduktion Arbeitsblatt 33
5.3	Eine Fabel aus Italien: Gianni Rodaris „Die Geschichte vom jungen Krebs"	Positionslinie, Interview, Textproduktion, Tafelbild, Steckbrief Arbeitsblatt 34
5.4	Eine Fabel aus Polen: Sławomir Mrożeks „Der Artist"	Textarbeit, Szenisches Spiel, Textproduktion Arbeitsblatt 35
5.5	Eine Fabel aus Deutschland: Albert Ludwig Grimms „Die beiden Ziegen"	Wortspeicher, Textproduktion, Schreiben zu Bildern, Präsentation Arbeitsblatt 36
5.6	Eine Fabel aus der Schweiz: Franz Hohlers „Die blaue Amsel"	Textproduktion: Innerer Monolog, Recherche: Wer war Rosa Parks?, Mal-/Zeichenauftrag Arbeitsblatt 37
5.7	Eine Fabel aus Afrika I: „Das Wettrennen"	Textproduktion, Textanalyse, Tafelbild Arbeitsblatt 38
5.8	Eine Fabel aus Indien: „Vom Löwen und dem Hasen"	Textarbeit, Basteln: Schattenspiel, Regiebuch, Textpräsentation, Tafelbild Arbeitsblatt 39 Zusatzmaterial 5
5.9	Eine Fabel aus Afrika II: „Das Haselhuhn und die Schildkröte"	Schreibauftrag, Basteln: Buddybook, Fabel-Comic Arbeitsblatt 40 Zusatzmaterial 11

Fabeln

Baustein 1: Mögliche Unterrichtseinstiege (S. 15 – 23 im Modell)

1.1	Ein Bildeinstieg	Bildbeschreibung, Ideenstern Arbeitsblatt 1
1.2	„Fabel ohne Worte"	Eine Bildergeschichte weiterschreiben, Vortrag: wörtliche Rede Arbeitsblatt 2
1.3	„Rund um die Fabel" – Die ABC-Methode	ABC-Methode: Assoziation, Think-Pair-Share, Wandzeitung

Baustein 2: Klassische Fabeln verstehen (S. 24 – 70 im Modell)

2.1	„Der Fuchs und der Esel" – die Typisierung des Figureninventars	Einzel- und Partnerarbeit, Unterrichtsgespräch, Tafelbild Arbeitsblätter 3 – 5
2.2	„Der Rabe und der Fuchs" – So sind Fabeln aufgebaut	Nacherzählen, Textarbeit, Schreibauftrag, einen literarischen Text sinnvoll gliedern Arbeitsblätter 6 – 8
2.3	Lessing und Thurber: Fabeln (aus verschiedenen Zeiten) miteinander vergleichen	Zuhören, Vortragen, Karteikarten, Tafelbild Arbeitsblätter 9 – 10 Zusatzmaterial 1
2.4	Wozu sind Fabeln da?	Zitatimpuls, Leserbrief, Textüberarbeitung: ESAU-Methode, Sachtextarbeit Zusatzmaterialien 4 – 5 Arbeitsblätter 11 – 14
2.5	Was ist das für ein Mensch? – Fabel-Dichter kennenlernen	Rollenkarten, Gruppenpuzzle, Sachtextarbeit, Gallery-Tour, Tafelbild Arbeitsblatt 15 Zusatzmaterial 6

Baustein 3: Mit Fabeln kreativ umgehen – Die „Fabelwerkstatt" (S. 71 – 90 im Modell)

3.1	Eine eigene Fabel verfassen, überarbeiten und vortragen	Karteikarte/Pinnwand, Schreibplan, Textproduktion, Textrevision: Die vier Verständlichmacher, Textpräsentation Arbeitsblätter 16 – 18 Zusatzmaterial 3
3.2	Eine Fabel zu einem Theaterstück umschreiben: Das Regiebuch	Textproduktion, Regiebuch, Papiertheater Arbeitsblatt 19 Zusatzmaterial 12
3.3	Eine Fabel zu einer Bildergeschichte entwickeln: Formen wörtlicher Rede üben (Zeichensetzung)	Bildergeschichte, Textproduktion, Textarbeit, Dialogformen einüben, szenisches Spiel Arbeitsblatt 20
3.4	Schreiben zu Bildern: Zu einer Geschichte aus der Menschenwelt eine Fabel verfassen	Bildbeschreibung, Schreibplan, Textproduktion, Wortfeldarbeit Arbeitsblätter 21 – 23

Bildnachweis:
S. 9: © Andreas Weißgerber – S. 22, 48: Verlagsarchiv Schöningh/Günter Jacob – S. 23, 50 u., 80, 86, 138, 150 u., 154 Mitte, 156, 157, 158: Verlagsarchiv Schöningh/Kassing – S. 47, 50 o., 53, 60, 62, 64, 66, 126: akg-images – S. 55: © BRAINPOOL/Steffen Z. Wolff – S. 56: Aus: Historisch-kritische Gesamtausgabe, Bd. 4, Hrsg. von Friedrich Bohne. Wiesbaden: Vollmer Verlag o.J. – S. 68 o.:akg-images/Universal Images Group/Underwood Archives – S. 68 u.: © ddp images/Twentieth Century FOX – S. 72, 142, 151, 153, 154 u.: © Verlagsarchiv Schöningh/Schwake – S. 81, 171: Verlagsarchiv Schöningh/Matthias Berghahn – S. 82: Aus dem „Ulmer Äsop" – S. 85: Verlagsarchiv Schöningh/Veronika Wypior – S. 87, 149: Picture-alliance/dpa – S. 88 o.: © grafikplusfoto - Fotolia.com; u.: © Eric Isselée - Fotolia.com – S. 89 o.: © grafikplusfoto - Fotolia.com; u.: © pb press - Fotolia.com – S. 119: © picture-alliance/Quagga Illustrations – S. 128: Art © Peter Kuper 2015 – S. 149 u.: Heinz Erhardt und Christine Sormann: Hinter eines Baumes Rinde… Gedichte für Kinder, Lappan Verlag – S. 150 o.: picture-alliance / akg-images – S. 153 o., 165 u.: © picture-alliance/dpa – S. 154 o.: Wikimedia Commons – S. 155 o.: © picture-alliance/Frank May; u.: © Underwood Archives/Getty Images – S. 159: akg-images/Universal Images Group/Underwood Archives – S. 160: © picture-alliance/akg-images/Cameraphoto – S. 165 o.: © picture-alliance/akg-images; u.: – S. 168: picture-alliance

© 2016 Bildungshaus Schulbuchverlage
Westermann Schroedel Diesterweg Schöningh Winklers GmbH
Braunschweig, Paderborn, Darmstadt

www.schoeningh-schulbuch.de
Schöningh Verlag, Jühenplatz 1 – 3, 33098 Paderborn

Das Werk und seine Teile sind urheberrechtlich geschützt.
Jede Nutzung in anderen als den gesetzlich zugelassenen Fällen bedarf der
vorherigen schriftlichen Einwilligung des Verlages.
Hinweis zu § 52a UrhG: Weder das Werk noch seine Teile dürfen ohne eine
solche Einwilligung gescannt und in ein Netzwerk gestellt werden.
Das gilt auch für Intranets von Schulen und sonstigen Bildungseinrichtungen.

Auf verschiedenen Seiten dieses Buches befinden sich Verweise (Links) auf
Internetadressen. Haftungshinweis: Trotz sorgfältiger inhaltlicher Kontrolle wird
die Haftung für die Inhalte der externen Seiten ausgeschlossen. Für den Inhalt
dieser externen Seiten sind ausschließlich deren Betreiber verantwortlich.
Sollten Sie dabei auf kostenpflichtige, illegale oder anstößige Inhalte treffen, so
bedauern wir dies ausdrücklich und bitten Sie, uns umgehend per E-Mail davon
in Kenntnis zu setzen, damit beim Nachdruck der Verweis gelöscht wird.

Druck A 5 4 3 2 1 / Jahr 2020 19 18 17 16
Alle Drucke der Serie A sind im Unterricht parallel verwendbar.
Die letzte Zahl bezeichnet das Jahr dieses Druckes.

Umschlaggestaltung: Jennifer Kirchhof
Druck und Bindung: westermann druck GmbH, Braunschweig

ISBN 978-3-14-022553-3

Vorwort

Der vorliegende Band ist Teil einer Reihe, die Lehrerinnen und Lehrern erprobte und an den Bedürfnissen der Schulpraxis orientierte Unterrichtsmodelle zu ausgewählten Ganzschriften und weiteren relevanten Themen des Faches Deutsch bietet.
Im Mittelpunkt der Modelle stehen Bausteine, die jeweils thematische Schwerpunkte mit entsprechenden Untergliederungen beinhalten.
In übersichtlich gestalteter Form erhält der Benutzer/die Benutzerin zunächst einen Überblick zu den im Modell ausführlich behandelten Bausteinen.

Es folgen:

- Hinweise zu den Handlungsträgern
- Zusammenfassung des Inhalts und der Handlungsstruktur
- Vorüberlegungen zum Einsatz des Romans im Unterricht
- Hinweise zur Konzeption des Modells
- Ausführliche Darstellung der einzelnen Bausteine
- Zusatzmaterialien

Ein besonderes Merkmal der Unterrichtsmodelle ist die Praxisorientierung. Enthalten sind kopierfähige Arbeitsblätter, Vorschläge für Klassen- und Kursarbeiten, Tafelbilder, konkrete Arbeitsaufträge, Projektvorschläge. Handlungsorientierte Methoden sind in gleicher Weise berücksichtigt wie eher traditionelle Verfahren der Texterschließung und -bearbeitung.
Das Bausteinprinzip ermöglicht es dabei den Benutzern, Unterrichtsreihen in unterschiedlicher Weise und mit unterschiedlichen thematischen Akzentuierungen zu konzipieren. Auf diese Weise erleichtern die Modelle die Unterrichtsvorbereitung und tragen zu einer Entlastung der Benutzer bei.

 Arbeitsfrage

 Einzelarbeit

 Partnerarbeit

 Gruppenarbeit

 Unterrichtsgespräch

 Schreibauftrag

 szenisches Spiel, Rollenspiel

 Mal- und Zeichenauftrag

 Bastelauftrag

 Projekt, offene Aufgabe

Inhaltsverzeichnis

1. **Vorüberlegungen zum Einsatz der Fabel im Unterricht** 10

2. **Konzeption des Unterrichtsmodells** 13

3. **Die thematischen Bausteine des Unterrichtsmodells** 15

   Baustein 1: Mögliche Unterrichtseinstiege 15
   1.1 Ein Bildeinstieg 16
   1.2 „Fabel ohne Worte": Eine Bildergeschichte weiterschreiben 17
   1.3 Rund um die Fabel: Die ABC-Methode 19
   Arbeitsblatt 1: Fabeln – „verkleidete Wahrheiten?!" 22
   Arbeitsblatt 2: Textproduktion: „Wenn zwei sich streiten ..." – Eine Bildergeschichte schreiben 23

   Baustein 2: Klassische Fabeln verstehen 24
   2.1 „Der Fuchs und der Esel" – Die Typisierung des Figureninventars 25
   2.2 „Der Rabe und der Fuchs" – So sind Fabeln aufgebaut 29
   2.3 Lessing und Thurber – Fabeln (aus verschiedenen Zeiten) miteinander vergleichen 34
   2.4 Wozu sind Fabeln da? 39
   2.5 Was ist das für ein Mensch? – Fabel-Dichter kennenlernen (Äsop, Luther, Lessing, La Fontaine, Thurber) 43
   Arbeitsblatt 3: Typisierung der Fabeltiere – Äsop: Der Fuchs und der Esel 47
   Arbeitsblatt 4: Typisierung der Fabeltiere – Äsop: Der Fuchs und der Ziegenbock 48
   Arbeitsblatt 5: Typisierung der Fabeltiere: Fabeltiere gibt es nur im Doppelpack 49
   Arbeitsblatt 6: Literarische Figuren verstehen – Martin Luther: Vom Raben und Fuchs 50
   Arbeitsblatt 7: Eine Fabel rekonstruieren: Bring Ordnung in das fabelhafte Chaos 51
   Arbeitsblatt 8: So sind Fabeln aufgebaut – Martin Luther: Vom Raben und Fuchs 52
   Arbeitsblatt 9: Gotthold Ephraim Lessing: Der Rabe und der Fuchs 53
   Arbeitsblatt 10: Vom Teilen der Beute: Zwei Fabeln im Vergleich 54
   Arbeitsblatt 11: Wozu sind Fabeln da? – Vom Sinn und Unsinn der Literatur 55
   Arbeitsblatt 12: Wilhelm Busch: Fink und Frosch 56
   Arbeitsblatt 13: Einem Sachtext Informationen entnehmen – Die Fabel 57
   Arbeitsblatt 14: Gattungsunterschiede erarbeiten: Märchen – Fabel – Sage 58
   Arbeitsblatt 15a: Einen Fabel-Dichter genauer kennenlernen: Lessing 60
   Arbeitsblatt 15b: Einen Fabel-Dichter genauer kennenlernen: Äsop 62
   Arbeitsblatt 15c: Einen Fabel-Dichter genauer kennenlernen: Luther 64
   Arbeitsblatt 15d: Einen Fabel-Dichter genauer kennenlernen: La Fontaine 66
   Arbeitsblatt 15e: Einen Fabel-Dichter genauer kennenlernen: Thurber 68

Baustein 3: Mit Fabeln kreativ umgehen – Die Fabelwerkstatt 70
3.1 Eine eigene Fabel verfassen, überarbeiten und vortragen 71
3.2 Eine Fabel zu einem Theaterstück umschreiben: Das Regiebuch 75
3.3 Eine Fabel zu einer Bildergeschichte entwickeln: Formen wörtlicher Rede üben (Zeichensetzung) 76
3.4 Schreiben zu Bildern: Zu einer Geschichte aus der Menschenwelt eine Fabel verfassen 77
Arbeitsblatt 16: Eine eigene Fabel schreiben: Der Schreibplan 81
Arbeitsblatt 17: Einen Fabelanfang weiterschreiben: Der Schreibplan 82
Arbeitsblatt 18: Eine selbst verfasste Fabel untersuchen: Kriterien 84
Arbeitsblatt 19: Eine Fabel zu einem Theaterstück umschreiben – Janosch: Die Grille und der Maulwurf 85
Arbeitsblatt 20: Eine Fabel zu einer Bildergeschichte entwickeln/Formen wörtlicher Rede üben (Die zwei Esel) 86
Arbeitsblatt 21: Zu einem wirklichen Ereignis eine Fabel entwickeln: Den Riesen besiegen 87
Arbeitsblatt 22: Bildanlässe I: Eine Fabel zu einem Bild verfassen 88
Arbeitsblatt 23: Bildanlässe II: Eine Fabel zu einem Bild verfassen 89

Baustein 4: Die Fabel im Zeitalter der Aufklärung 90
4.1 Ein Einstieg: Blitzlicht und Wortwolke 92
4.2 Die probürgerlich-affirmative Richtung: Gellerts Fabel „Das Pferd und die Bremse" 96
4.3 Die antiabsolutistisch-sozialkritische Richtung: Fabeln von Schubert, Moser und Fischer 103
4.4 Die historische Entwicklung der Fabel im 18. Jahrhundert: Fabeln im Vergleich 106
4.5 Die Idee der Aufklärung: Wozu ist die Fabel da? 113
Arbeitsblatt 24: Wortwolke zum Thema „Fabeln der Aufklärung" 117
Arbeitsblatt 25: Christian Füchtegott Gellert: Das Pferd und die Bremse 118
Arbeitsblatt 26: Magnus Gottfried Lichtwer: Der Hänfling 119
Arbeitsblatt 27: Fabeln aus der zweiten Hälfte des 18. Jahrhunderts: Schubert, Moser und Fischer 120
Arbeitsblatt 28: Fabeln vergleichen – Das Motiv des Tanzbären in drei Fabeln von Gellert, Lessing und Pfeffel 122
Arbeitsblatt 29: Christoph Siegrist: Die Wahrheiten der Fabel 124
Arbeitsblatt 30: Gotthold Ephraim Lessing: Abhandlung über die Fabel (Auszüge) 126
Arbeitsblatt 31: Die Fabel als „verkleidete Wahrheit": Luther, Lichtwer, Kafka 128

Baustein 5: Fabeln aus aller Welt 129
5.1 Eine Fabel aus Deutschland – Heinz Erhardt: Die Made 129
5.2 Eine Fabel aus Österreich – Hugo von Hofmannsthal: Die Flucht aus dem Turmzimmer 130
5.3 Eine Fabel aus Italien – Gianni Rodari: Die Geschichte vom jungen Krebs 132
5.4 Eine Fabel aus Polen – Sławomir Mrożek: Der Artist 135
5.5 Eine Fabel aus Deutschland – Albert Ludwig Grimm: Die beiden Ziegen 138
5.6 Eine Fabel aus der Schweiz – Franz Hohler: Die blaue Amsel 140
5.7 Eine Fabel aus Afrika I – Das Wettrennen 142
5.8 Eine Fabel aus Indien – Vom Löwen und dem Hasen 145
5.9 Eine Fabel aus Afrika II – Das Haselhuhn und die Schildkröte 147

Arbeitsblatt 32: Eine Fabel aus Deutschland – Heinz Erhardt: Die Made   149
Arbeitsblatt 33: Eine Fabel aus Österreich – Hugo von Hofmannsthal: Die Flucht aus dem Turmzimmer   150
Arbeitsblatt 34: Eine Fabel aus Italien – G. Rodari: Die Geschichte vom jungen Krebs   151
Arbeitsblatt 35: Eine Fabel aus Polen – S. Mrożek: Der Artist   153
Arbeitsblatt 36: Eine Fabel aus Deutschland – A.L. Grimm: Die beiden Ziegen   154
Arbeitsblatt 37: Eine Fabel aus der Schweiz – F. Hohler: Die blaue Amsel   155
Arbeitsblatt 38: Eine Fabel aus Afrika I – Das Wettrennen   156
Arbeitsblatt 39: Eine Fabel aus Indien – Vom Löwen und dem Hasen   157
Arbeitsblatt 40: Eine Fabel aus Afrika II – Das Haselhuhn und die Schildkröte   158

4. Zusatzmaterial   159

Zusatzmaterial 1: James Thurber: Der Fuchs und der Rabe   159
Zusatzmaterial 2: Gottlieb Konrad Pfeffel: Die Stufenleiter   160
Zusatzmaterial 3: Texte gezielt überarbeiten: Die ESAU-Methode   161
Zusatzmaterial 4: Vom Sinn der Literatur im Deutschunterricht   162
Zusatzmaterial 5: Rollenkarten für die Gruppenarbeit   163
Zusatzmaterial 6: Eine Wandzeitung erstellen   164
Zusatzmaterial 7: Fabeln vergleichen – Das Motiv des Tanzbären   165
Zusatzmaterial 8: Peter-André Alt: Hauptströmungen und Leitaspekte der Aufklärung   166
Zusatzmaterial 9: Christa Wolf: Tabula rasa   168
Zusatzmaterial 10: Ein Buddybook erstellen – Bastelanleitung   169
Zusatzmaterial 11: Sybil Gräfin Schönfeldt: Fabeln aus aller Welt (Vorwort)   170
Zusatzmaterial 12: Ein Fabeltheater basteln – Anleitung   171
Zusatzmaterial 13: Klassenarbeit – Thema: Die Fabel (mit Erwartungshorizont für die Sek I)   172
Zusatzmaterial 14: Klausurvorschlag – Die Fabel im Zeitalter der Aufklärung (mit Erwartungshorizont für die Sek II)   174

Fabeln

„Du schleichst wie eine Schnecke und hüpfst wie ein Floh.
Du bist bärenstark, bienenfleißig und weise wie die alte Eule.

Aber ist die Eule wirklich weise?
Und sind die Spinnen mit ihrer unablässigen Netzweberei
nicht viel fleißiger als die Bienen?

Warum sagt man also lammfromm und mauseleise?"

Aus: Karsten Teich: Fabeln aus aller Welt. Text von Sybil Gräfin Schönfeldt. Tulipan Verlag: Berlin 2012, S. 4

Vorüberlegungen zum Einsatz der Fabel im Unterricht

„Einen Text zu verstehen heißt gleichzeitig, unsere eigene Situation zu erhellen." (Paul Ricoeur)[1]

In der Literatur finden sich seit vielen Jahrhunderten Texte, in denen Tiere eine Rolle spielen. Manchmal stehen sie Menschen als Helfer zur Seite, manchmal bilden sie eher ein Hindernis für diese, an ihr Ziel zu gelangen. Wie auch immer man die Rolle des Tieres im je konkreten Text einschätzt, in jedem Fall sind Tiere seit der Antike „Medien, in denen der Mensch sich über sich selbst zu verständigen versucht"[2]. Man denke nur an die ersten Höhlenmalereien, an Animationsfilme, Comics oder die Textsorte der Fabel, der dieses Unterrichtsmodell gewidmet ist.

Im Hinblick auf die Funktion, die den meisten dieser „tierischen Texte" zukommt, lässt sich feststellen, dass ein Sprechen über Tiere in der Regel vor allem ein Sprechen über Menschen ist. Das lässt sich besonders gut an zahlreichen Klassikern der Kinder- und Jugendliteratur zeigen, die „ein Tummelplatz für tierische Figuren" ist, „die sich menschlich verhalten"[3]. So gut wie nie geht es um das Tier an sich und in seiner Natürlichkeit, sondern darum, dass Kinder anhand von Tierfiguren erste spielerische Bekanntschaften auf Probe machen mit so wesentlichen Erfahrungen wie Freundschaft, Vertrauen, Angst beziehungsweise deren Überwindung:

„Die meisten Tierdarstellungen gehen am Tier als Tier vorbei."[4] Das gilt sogar für moderne Tiergeschichten, in denen eine Welt konstruiert wird, die scheinbar völlig ohne Menschen funktioniert: Man denke in diesem Zusammenhang an Disneys Comic-Welt Entenhausen, die scheinbar voller Tiere ist, in Wirklichkeit aber wohl eher von Menschen in tierischer Gestalt bevölkert wird. Die Liste von modernen Tiergeschichten, die in Wirklichkeit menschliche Verhaltensweisen unter dem Deckmantel der tierischen Maske darstellen, lässt sich leicht fortsetzen. Wrobel listet die reizende Tierwelt der Biene Maja ebenso auf wie die an junge Leser adressierte Katzen-Fantasy-Reihe „Warrior Cats", in welcher Katzen in Clans organisiert sind und über Generationen hinweg mit festen Rollen und Aufträgen versehen gemeinsam um ihr Überleben kämpfen.[5] Auch der naiv-mutige Clownfisch Nemo („Findet Nemo") zeigt nicht eine einzige spezifisch tierische Eigenschaft, sondern verhält sich wie ein kleiner, in der großen weiten Welt ausgesetzter Junge auf der verzweifelten Suche nach dem verlorenen Vater. Weniger radikal, aber auf die gleiche Art funktionieren Mensch-Tier-Relationen und Erzählmuster in den bekannten Geschichten von Lassie oder auch Flipper. Das Muster ist bis heute ganz ähnlich: Indem man ein Tier als verlässlich-treuen Begleiter des Menschen beschreibt, gibt man dem kindlichen Rezipienten die Möglichkeit, sich selbst in der personifizierten Tierfigur wiederzufinden. Dem kindlichen Leser selbst ist der Grund für seine Faszination natürlich (anfangs) nicht klar: Das Tier – beispielsweise Lassie – hat mit einem echten, natürlichen Hund nur noch das Äußere gemein, in Wirklichkeit handelt es sich um eine „Hybridfigur" aus Hund und Mensch, die eine „sentimentalisierende Anthropomorphisierung"[6] zulässt. In Pferdebüchern, den Geschichten von Lassie und Flipper, von der Biene Maja oder – ganz

---

[1] Zitiert nach: Thomas Zapka: Typische Operationen litarischen Verstehens: Zu Martin Luther „Vom Raben und Fuchs" (5./6. Schuljahr). In: Clemens Kammler (Hg.): Literarische Kompetenzen – Standards im Literaturunterricht. Modelle für die Primar- und Sekundarstufe, S. 80–101
[2] Vgl. Eke, N./Geulen, E.: Vorwort zu: Zeitschrift für deutsche Philologie. Sonderheft zum Band 126: Tiere, Texte, Spuren. Berlin: Erich Schmidt Verlag 2007, S. 1
[3] Vgl. D. Wrobel: Hund-Katze-Maus. Tiere in Texten. In: Praxis Deutsch 240, S. 4–11, hier: S. 5
[4] Ebd.
[5] Ebd., S. 6
[6] Münch 2001, zitiert nach Wrobel, a.a.O., S. 7

neu – von Shaun, dem Schaf, übernimmt das Tier stellvertretend meist die Rolle eines bestimmten Menschentyps, in aller Regel die des besseren Menschen. Am Beispiel des treuen Freundes Hund kann der kindliche Leser erste fiktionale Freundschaftserfahrungen machen, mögliche real-menschliche Enttäuschungen verarbeiten oder aber auch nur gedanklich vorbereiten.

Nicht anders verhält es sich bei der Textsorte der Fabel. Auch hier treten Tiere – in der Regel ohne Menschen – in einer vom Dichter gestalteten Wirklichkeit auf. Doch auch hier ist das Sprechen der Tiere und das Sprechen über Tiere beziehungsweise deren Verhalten in Wirklichkeit ein Sprechen über den Menschen, dessen Verhalten und Natur. Für den Fabel-Leser ist die Vermenschlichung des Tieres die tatsächliche Voraussetzung für das Verständnis, die Aussage der Fabel. Um eine fabelhafte Geschichte wie die berühmte Luther-Fabel vom „Raben und Fuchs" verstehen zu können, ist biologisches Fachwissen nicht erforderlich, kulturgeschichtliches jedoch durchaus. Dass es sich bei dem Raben um ein dummes Tier, beim Fuchs jedoch um ein überaus schlaues handelt, hat mit der biologisch-natürlichen Wirklichkeit wenig zu tun. Ein Buchfink oder eine Nachtigall sind keine schlaueren oder weniger eitlen Vögel, und auch der Dachs dürfte nicht über weniger tierische Intelligenz verfügen als Reineke Fuchs. Wer sein Wissen über Tiere erweitern möchte, der sollte seinen Blick in ein Lehrwerk des Biologie-Unterrichts richten, von Fabeln jedoch die Finger lassen, denn hier geht es nur auf der Bildseite um die Aktion von Tieren, auf der zentralen Sachseite jedoch um den Übertrag auf „nicht explizit angesprochene menschliche Verhaltensweisen". Und dieser für das Verständnis einer Fabel notwendige Übertrag durch den Leser ist nur dann erfolgreich, wenn dieser über konventionalisierte Interpretationen von Tieren verfügt: Der Leser muss die Kenntnis darüber haben, welche Art Zuschreibung von Charaktereigenschaften für ein konkretes Tier gilt.

Die Weisheit der Eule, die Dummheit des Esels oder die Stärke des Löwen sind in der Regel nicht logisch aus der Tierwelt abzuleiten oder gar übernommen, sondern es handelt sich vielmehr um die Verabredung eines Lesekollektivs im literarischen Kontext der Fabel. In der Fabel wird ein Tier zu einer literarischen Figur „fiktionalisiert und konventionalisiert". „Geteiltes Wissen ist erforderlich, um das soziale Kritikpotenzial von Fabeln (z. B. in der Aufklärung) zu erschließen (...)."[1]

Das vorliegende Unterrichtsmodell möchte sich die Faszination, die tierische Figuren in Texten, seien es literarische oder filmische, auf junge Leser ausüben, zunutze machen. Hinzu kommt ein gerade bei heutigen weniger leseaffinen und -geübten Kindern und Jugendlichen weiterer wesentlicher Vorteil, der in der Kürze und im schematischen Aufbau der Textsorte Fabel begründet liegt. Anders als die klassische Lektüre von Romanen oder Erzählungen erfordert die Arbeit mit Fabeln im Deutschunterricht keine intensive, zeitraubende und für leseferne Schülerinnen und Schüler häufig demotivierende Vorab-Arbeit. Die Lehrkraft kann sofort im Anschluss an die gemeinsame Lektüre einer Fabel mit der systematisch angeleiteten Textanalyse beginnen.

Ein weiterer Aspekt, der für den Einsatz der Textsorte im Literaturunterricht spricht, ist ihre literarische Qualität und Relevanz: Die Arbeit an Fabeln kann verdeutlichen, „was gute Literatur allgemein zu leisten vermag, nämlich Probleme und Konflikte aus den verschiedensten Bereichen menschlichen Seins bewusst zu machen und Lösungsstrategien dafür anzubieten"[2]. Fabeln reduzieren grundlegende Verhältnisse menschlicher Gemeinschaft auf eine einfache, klare und überschaubare Situation, die es gerade aufgrund dieser Einfachheit ermöglicht, das literarische Geschehen auf die eigene, menschliche Realität zu beziehen und auf Gemeinsamkeiten hin zu befragen. Die Beschäftigung mit Fabeln im Unterricht darf also gerade im Hinblick auf diese Daseinsorientierung nicht auf der bloßen Handlungsebene, auf der Erzählseite innerhalb der literarischen Fiktion, stehen bleiben, sondern muss

---

[1] Ebd., S. 9
[2] http://www.udoklinger.de/Deutsch/Fabeln/Relevanz.htm (Abruf: 02.05.2015)

immer auch als Parabel gelesen werden. Die Frage „Was hat der Text mit mir zu tun?" regt damit über den bloßen Fachbezug hinaus eine Beschäftigung mit der eigenen Existenz an: „Über die Erkenntnis des Wirklichkeitsbezuges der Fabel [...] gelangt der Schüler zu einer eigenen Identitätsgewinnung, indem er die Aussagen des auf die Wirklichkeit bezogenen Textes mit seinen eigenen Vorstellungen von der Welt vergleicht, das Verhalten der agierenden Figuren seinen eigenen Verhaltensnormen gegenüberstellt [...]."[1] Dabei liegt die besondere Stärke der Fabeln darin, dass diese zentrale Frage nach dem „Sitz im Leben" in aller Regel nicht explizit von der Lehrkraft formuliert werden muss, da das Reden und Handeln der Tiere allein im Zusammenhang menschlicher Kommunikation sinnvoll zu verstehen ist, was eine enorme Erleichterung im Hinblick auf den Übergang des Verstehens von der Bild- auf die Sachseite darstellt. In diesem Sinne sind Fabeln idealtypische didaktische Texte, da sie aus sich heraus die „Anwendung des Sinns auf unterschiedliche Lebensbereiche" provozieren und auf diese Weise einen wichtigen Beitrag für die „moralische Entwicklung und die Persönlichkeitsbildung" leisten.[2]

---

[1] Ebd.
[2] Vgl. Thomas Zapka: Typische Operationen literarischen Verstehens, a.a.O., S. 100

Konzeption des Unterrichtsmodells

Das vorliegende Unterrichtsmodell bietet zahlreiche Ideen für die Arbeit mit Fabeln im Unterricht. Die Fabeln, von denen sich viele in bekannten Unterrichtsmaterialien und Lesebüchern der letzten Jahrzehnte finden, werden dabei meist in didaktisch und methodisch neuer, aktueller Aufbereitung angeboten. Handlungs- und produktionsorientierte Arbeitsaufträge ergänzen dabei die notwendige kognitv-analytische Arbeit am zu durchdringenden Unterrichtsgegenstand. Die Textsammlung wird dabei ergänzt durch nicht ganz so populäre Texte. Der Schwerpunkt des Einsatzes im Unterricht liegt in den **Jahrgangsstufen 5–7**, der vierte Baustein jedoch ist ausschließlich für den Einsatz in der **gymnasialen Oberstufe** konzipiert und kann zugleich als Einstieg in die Epoche der Aufklärung herangezogen werden.

Wie alle anderen Unterrichtsmodelle in der Reihe „EinFach Deutsch" funktioniert auch diese Publikation nach der bewährten Konzeption des Bausteinprinzips: Die Lehrkraft kann je nach Ausgangslage, Alter und Vorwissen der Lerngruppe die gewünschten Materialien gezielt auswählen und im Unterricht einsetzen. Ein systematisches Durcharbeiten einzelner Bausteine oder gar des gesamten Modells ist weder sinnvoll noch wünschenswert, da es zu einer kognitiven Überforderung auf Seiten der Schülerinnen und Schüler sowie zu Redundanzen führen kann.

Im **ersten Baustein** werden drei methodische Zugänge zum Thema vorgestellt, die alternativ zu verstehen sind: Kindgerecht soll den jungen Schülerinnen und Schülern die Möglichkeit eröffnet werden, ihr Vorwissen einzubringen, indem sie bekannte Fabelpaarungen präsentieren (1.1). Auf kreative Textproduktion zielt der zweite Vorschlag ab. Hier gilt es, eine unvollständige Bildergeschichte zu ergänzen (1.2). Umfangreicher gestaltet sich die Umsetzung des dritten möglichen Einstiegs, bei dem mithilfe einer eher unbekannten Assoziationsmethode das Vorwissen der Lerngruppe über die Fabel brainstormartig aktualisiert und in der Folge gemeinsam strukturiert werden kann.

Der **zweite Baustein** bildet den inhaltlichen Kern dieses Unterrichtsmodells. Er richtet sich an Schülerinnen und Schüler der Jahrgangsstufen 5 bis 7. In ihm werden wesentliche Strukturmerkmale der Gattung Fabel thematisiert. Die Textauswahl ist hier bewusst konservativ angelegt, zum Einsatz kommen überwiegend bekannte Fabeln klassischer Autoren wie Äsop, Luther, Lessing oder La Fontaine, anhand deren Merkmale wie beispielsweise die Typisierung des Figureninventars erarbeitet werden können. Aber auch modernere Fabeln von Busch und Thurber kommen zum Einsatz. Am Ende werden umfangreiche Informationen zu den genannten Autoren bereitgestellt, die es den Schülerinnen und Schülern ermöglichen, Autorenporträts zu erstellen und diese in Form kleiner Referate vor der Klasse zu präsentieren.

Eine inhaltliche Ergänzung zum zweiten, zentralen Baustein bildet **Baustein 3**, die Fabelwerkstatt. Hier werden Kreativität einfordernde Methoden eingesetzt, die insbesondere auf die Produktion eigener Fabeln abzielen. Systematisch werden die Schülerinnen und Schüler dazu angeleitet, einen eigenen literarischen Text nach Vorlage zu planen, zu erstellen und kriterienorientiert zu überarbeiten. Im Sinne eines integrativen Deutschunterrichts werden hier zudem einzelne Möglichkeiten aufgezeigt, bewusst an der Ausbildung schriftsprachlicher Kompetenzen zu arbeiten, etwa indem unterschiedliche Formen wörtlicher Rede für die Ausgestaltung des Erzählkerns eigener Schülerfabeln genutzt werden können.

Ausschließlich für Schülerinnen und Schüler der **gymnasialen Oberstufe** geeignet sind die Ausführungen des **vierten Bausteins**. Am Beispiel ausgewählter Fabeln von Gellert, Schubert, Moser, Fischer und Lichtwer bietet er einen knappen, aber sinnvollen, da exemplarischen Einstieg in die Literatur des 18. Jahrhunderts, die durch die Epoche der Aufklärung (1720–1800) geprägt ist. Beispielhaft wird es ermöglicht, sowohl die probürgerlich-affirmative Ausrichtung der Fabel zu erarbeiten, die in der ersten Hälfte des 18. Jahrhunderts dominierte, als auch die antiabsolutistisch-sozialkritische Richtung, die im Vorfeld der Französischen Revolution 1789 ihren Höhepunkt findet. Im Anschluss an die Arbeit mit einzelnen Texten kann die historische Entwicklung der Gattung im 18. Jahrhundert exemplarisch an dem sich wandelnden Motiv des Tanzbären in drei unterschiedlichen Fassungen nachvollzogen werden. Am Ende des anspruchsvollen Bausteins finden sich poetologische Ausführungen zu Intention und Absicht der Fabel. Angeboten werden theoretische Texte von Lessing, Siegrist und Luther.

In der Regel unbekannte Fabeln aus aller Welt bietet der **fünfte Baustein** an, der sich schwerpunktmäßig wieder an die Schülerinnen und Schüler der Jahrgangsstufen 5–7 richtet. Im Gegensatz zum zentralen zweiten Baustein, der durch Materialien von Baustein 3 ergänzt werden kann, können die einzelnen Arbeitsblätter voraussetzungslos und auch isoliert zum Einsatz im Unterricht kommen. Die in loser Reihenfolge dargebotenen Fabeln eignen sich also bewusst für den Einsatz in einer Randstunde vor den Ferien oder in einer Vertretungsstunde. Dafür spricht auch die Konzeption vieler Arbeitsblätter, die in aller Regel so angelegt sind, dass die Schülerinnen und Schüler eigenverantwortlich an den jeweiligen Aufgaben arbeiten können und diese erst am Ende in einer Präsentationsphase besprochen werden sollten. Eingeübt werden können Vortragstechniken (Erhardt), das Verfassen von Parallel-Geschichten (Hofmannsthal) ebenso wie fiktive Interviews mit literarischen Figuren (Rodari). Dabei kommen kognitiv-analytisch ausgerichtete Aufgaben wie z. B. das Gliedern einer Fabel nach Sinnabschnitten nicht zu kurz (Mrożek). Am Ende stehen Fabeln aus Afrika und Indien, die in ihrer Exotik häufig einen besonderen Reiz auf junge Leser ausüben und zur Produktion eigener Texte anregen.

Im **Zusatzmaterial** (S. 159 ff.) finden sich sowohl ein **Klassenarbeitsvorschlag** für die Sekundarstufe I als auch ein **Klausurvorschlag** für die gymnasiale Oberstufe. Voraussetzung für die erfolgreiche Bearbeitung im Anschluss an eine Unterrichtseinheit zur Fabel sind dabei der zweite (Jahrgangsstufen 5–7) beziehungsweise der vierte (Sekundarstufe II) Baustein. Ergänzt werden die Vorschläge durch detaillierte und direkt einsetzbare Erwartungshorizonte.

Als mögliche **Referats- oder Facharbeitsthemen** bieten sich insbesondere Autoren-Porträts an. Schülerinnen und Schüler der Jahrgangsstufen 5–7 können mithilfe der Arbeitsblätter 15 a bis 15 e einen guten Einstieg für die Beschäftigung mit einem der vorgeschlagenen Autoren wie Lessing, Äsop, Luther, La Fontaine oder Thurber finden, die durch eigene (Internet-)Recherchen ergänzt werden sollten.
Ein interessantes Facharbeitsthema für comicaffine Oberstufenschüler bildet die Forschungsfrage, ob und inwiefern man Disneys Entenhausen und seine liebenswerten Figuren als Fabelwelt beziehungsweise Fabelwesen verstehen kann. Anspruchsvolle Forschungsliteratur zu diesem Thema findet sich beim FAZ-Feuilletonisten Patrick Bahners, dessen Ode an Donald Duck, dem „Weltstar aus dem Club der Müßiggänger", zu dessen 80. Geburtstag als Einstiegslektüre dringend empfohlen werden kann.[1]

---

[1] http://www.faz.net/aktuell/feuilleton/donald-duck-zum-achtzigsten-weltstar-aus-dem-club-der-muessiggaenger-12980015.html (Abruf: 28.07.2015)

Die thematischen Bausteine des Unterrichtsmodells

Baustein 1

Mögliche Unterrichtseinstiege

Der inhaltlichen Auseinandersetzung mit einzelnen Fabeln, die im Mittelpunkt dieses Unterrichtsmodells steht, kann zum Auftakt der Einheit eine kurze Sequenz vorgeschaltet werden, welche die bisherigen (Vor-)Erfahrungen aufseiten der Schülerinnen und Schüler (SuS) mit Fabeln abruft. In den Lehrplänen vieler Bundesländer ist das Thema „Fabeln" in der Primarstufe verankert, am Ende der vierten Klasse können viele Schülerinnen und Schüler verschiedene epische (Kurz-)Formen wie die Fabel, die Erzählung, die Sage, den Schwank und v. a. das Märchen auseinanderhalten beziehungsweise bestimmen. Zudem lassen sich erfahrungsgemäß viele SuS der Primar- und Erprobungs-/Orientierungsstufe leicht für Tiergeschichten begeistern. Vor diesem Hintergrund ist es sinnvoll, den SuS zu Beginn der Unterrichtssequenz Gelegenheit zu geben, ihre bisherigen Einschätzungen und Erfahrungen, die häufig aus Unterrichtseindrücken der Grundschulzeit resultieren, zu äußern. Zugleich erhält die Lehrkraft sinnvolle Rückmeldung über das Vorwissen ihrer Lerngruppe und kann in der Anlage der Unterrichtseinheit dementsprechend planerisch vorgehen.

Vorgeschlagen werden drei alternative Zugänge: Der klassische Bildeinstieg (1.1) bietet den jungen Schülerinnen und Schülern auf kindgerechte Art und Weise die Möglichkeit, auf populäre Fabelpaarungen einzugehen und ihr Wissen mündlich miteinander zu teilen. Eher auf noch ungelenke, die spontane Kreativität der Schüler fördernde Textproduktion zielt der zweite Einstieg ab, der auf Grundlage einer (unvollständigen) Bildergeschichte den SuS eine Leerstelle anbietet, die durch kurze eigene Texte gefüllt werden kann (1.2). Direkter und klassischer ausgerichtet ist hingegen der dritte Vorschlag (1.3), der jedoch anders als die beiden anderen Einstiegsoptionen durchaus eine ganze Unterrichtsstunde in Anspruch nehmen kann und sich nur für Lerngruppen eignet, bei denen ein stabiles Vorwissen über die Textsorte Fabel vorausgesetzt werden kann, etwa weil gegen Ende der Primarstufe eine entsprechende Unterrichtseinheit im Literaturunterricht der Grundschule durchgeführt wurde. Hier kann mithilfe der ABC-Methode das Wissen der SuS über die Fabel brainstormartig abgerufen und im Anschluss gemeinsam für die systematische Weiterarbeit aufgearbeitet bzw. strukturiert werden.

Baustein 1: Mögliche Unterrichtseinstiege

1.1 Ein Bildeinstieg

Der Lerngruppe wird zu Beginn das **Arbeitsblatt 1** (S. 22) präsentiert, dies kann gut über eine Folie und einen OHP geschehen. Die Folienvorlage zeigt in kindgerechter Form einige für die Fabel überaus typische Figurenkonstellationen in einer „Fabel-Landschaft". So stehen sich bereits hier der Wolf und das Lamm – getrennt durch einen Fluss – gegenüber, während der hungrige Fuchs zu einem Raben hinaufblickt, der – einen Käse im Schnabel – einfältig-stolz auf einem Baumstamm hockt. Auf Grashalmen treffen sich Grille und Ameise, auf der Wiese Frosch und Kuh, auf einer Rennbahn stehen Hase und Igel bereit zum spannenden Wettlauf, während ein einfältiger Esel den Kontakt mit einem gelangweilten Löwen sucht. Alles Gesprächsanlässe, die sich die Lehrkraft für ein erstes Einstiegsgespräch ohne allzu viel äußere Lenkung zunutze machen kann. In der Regel ist davon auszugehen, dass die SuS sich spontan ihnen bekannte Fabelfiguren heraussuchen und von sich aus von dieser Fabel erzählen. Diese zu erwartende Reaktion sollte dem Gespräch dahin gehend eine sinnvolle Struktur verleihen, als dass den SuS zuerst Gelegenheit gegeben wird, über diese einzelnen Fabeln zu reden bzw. von diesen zu erzählen. Erst in einem zweiten Schritt kann dann im Anschluss versucht werden, das Gesamtthema zu benennen und Arbeitsperspektiven zu formulieren:

- *Beschreibt das Bild. Welche Tiere begegnen hier einander?*
- *Welche dieser Tiere kommen euch bekannt vor? Kennt ihr eine dieser berühmten Geschichten? Erzählt davon.*
- *Durch welche Eigenschaften zeichnen sich einzelne Tiere aus? (Z. B. Löwe = mächtig, majestätisch, stark und gefährlich)*
- *Vermutet, was jeweils bei der Begegnung der Tiere passieren könnte. Worüber könnten sie reden oder sogar streiten?*

Je nach Leistungsstand und Vorwissen der Lerngruppe kann es erforderlich sein, diese erste Gesprächsphase zeitlich zu begrenzen, da es erfahrungsgemäß häufig zu ermüdenden Redundanzen kommen kann, welche die Aufmerksamkeit bei einigen SuS schnell verringern. Zudem ist es zu diesem frühen Zeitpunkt der Einheit auch nicht erforderlich, sämtliche (sieben) Fabelkonstellationen, die das Arbeitsblatt 1 anbietet, zu thematisieren. Je nach (zeitlichem) Verlauf ist es schon nach Thematisierung bzw. Nacherzählung der dritten Fabel denkbar, die Ergebnisse zusammenzufassen und das Thema der kommenden Unterrichtsstunden zu formulieren. Dabei sollte die Lehrkraft insbesondere die von den SuS selbst angesprochenen Fabeln als verdeutlichende Beispiele heranziehen:

- *Warum lohnt es sich, (weitere) Fabeln kennenzulernen? Können wir etwas von ihnen lernen?*
- *Warum dürfen in der Fabel die Tiere wie Menschen sprechen? Ist das nicht albern?*
- *Welche Bedeutung könnte die Überschrift („Verkleidete Wahrheiten") haben? Erklärt sie.*
- *Welche Ideen habt ihr? Was könnten wir gemeinsam mit Fabeln tun, wie könnten wir mit ihnen arbeiten?*

Die Ergebnisse könnten zum Beispiel in Form eines Ideensterns zusammengefasst werden:

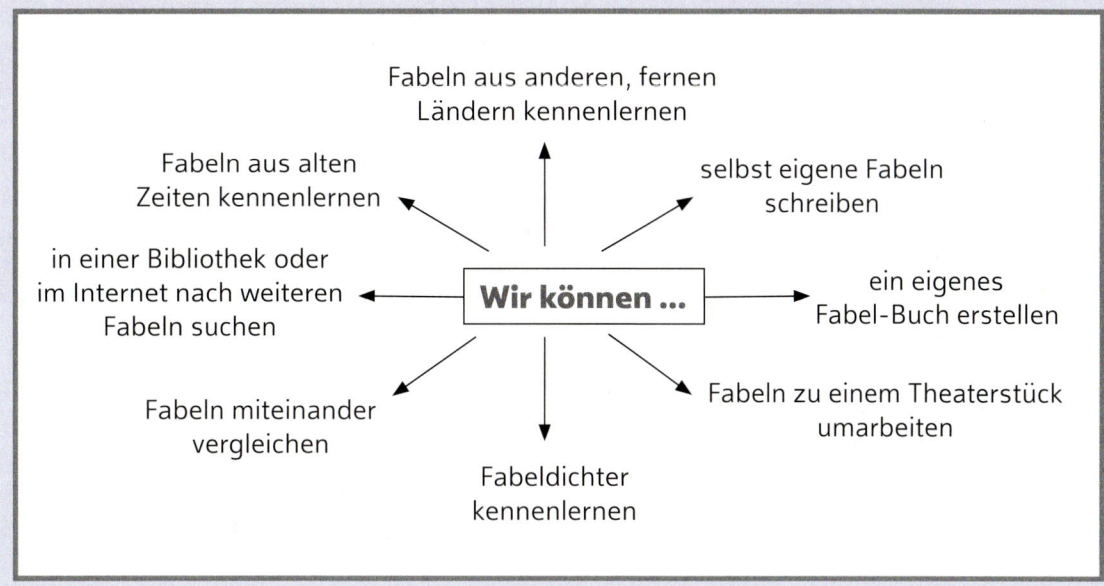

1.2 „Fabel ohne Worte": Eine Bildergeschichte weiterschreiben

Eine weitere, die Schülerinnen und Schüler motivierende Möglichkeit, in das Thema einzusteigen, bietet das Weiterschreiben einer Bildergeschichte. Nahezu als stummer Impuls eingesetzt, hat dies den Vorteil, dass zu Beginn auf jegliche Form der Lenkung seitens der Lehrkraft verzichtet werden kann, was häufig zu interessanten und der ersten Erwartung widersprechenden Schülerlösungen führt. Der Lerngruppe wird das **Arbeitsblatt 2** (S. 23) ebenfalls als Folienvorlage zentral und von vorne präsentiert, dabei werden der fünfte und sechste Handlungsschritt (von der Lehrkraft) **abgedeckt**, sodass den Schülerinnen und Schülern die Lösung vorenthalten wird. Die dadurch entstehende inhaltliche Leerstelle kann nun durch die SuS eigenständig gefüllt werden. In leistungsschwächeren, z. B. in inklusiven, Gruppen kann es hilfreich sein, die einzelnen Handlungsschritte kurz durch ausgewählte Schüler beschreiben zu lassen, damit das Problem klar wird, vor dem die beiden Esel (im Handlungsschritt 4) stehen:

Schritt 1	Zwei aneinandergekettete Esel sehen je einen frischen, leckeren Haufen Heu vor sich und gedenken, diesen zu fressen.
Schritt 2	Die Esel gehen je einen Schritt voneinander weg, um zu ihrem Heuhaufen zu gelangen, dabei werden sie jedoch durch die Kette/das sie verbindende Seil daran gehindert, zum leckeren Heu zu gelangen.
Schritt 3	Die Esel verstärken ihre Anstrengungen, um doch noch zu dem begehrten Heuhaufen zu gelangen, und zerren daher umso kräftiger an ihrem Seil/an ihrer Kette. Doch ihre Bemühungen werden nicht belohnt, das Heu bleibt für jeden einzelnen Esel unerreichbar.
Schritt 4	Die verzweifelten, immer noch aneinandergeketteten Esel sitzen rat- und hilflos zusammen. Sie sind darüber verzweifelt, dass es ihnen bisher nicht gelungen ist, den jeweiligen leckeren Heuhaufen zu erreichen. Die Esel reden über ihr gemeinsames Problem und suchen nach einer Lösung.

Schritt 5	*Die beiden Esel haben durch partnerschaftlich angelegte Kommunikation, die das gemeinsame Interesse aufgedeckt hat, eine Lösung gefunden. Da sie das Seil/die Kette nicht entfernen können und daher weiterhin aneinandergebunden bleiben müssen, wenden sie sich nun gemeinsam zuerst dem einen Heuhaufen zu, den sie sich brüderlich teilen.*
Schritt 6	*Nach dem gemeinsamen Genuss des ersten Heuhaufens wenden sich die beiden Esel nun dem zweiten Heuhaufen zu und fressen diesen ebenfalls. Am Ende sind sie beide satt und zufrieden.*

In der Regel ist die Bildergeschichte jedoch als **stummer Impuls** einsetzbar. In diesem Fall werden der Klasse die Arbeitsaufträge mitgeteilt und eventuelle Unklarheiten ausgeräumt.

- *Mache dir die ersten vier Handlungsschritte der vorliegenden Bildergeschichte klar.*
- *Formuliere für dich in Gedanken das Problem, vor dem die beiden Esel (im vierten Handlungsschritt) stehen.*
- *Überlege, wie die beiden Esel ihre Situation verbessern könnten. Bonus: Deine Esel können wie Menschen miteinander sprechen.*

- *Erzähle nun die Geschichte von den beiden Eseln mit eigenen Worten in deinem Heft. Achte auf den Aufbau deines Textes: Beginne erzählend mit der Einleitung. Baue im weiteren Verlauf wörtliche Rede ein. Formuliere am Ende einen zusammenfassenden Gedanken („Lehre").*
- *Lies deinen Text einem Mitschüler oder einer Mitschülerin vor und erläutere, warum du deine Lösung für gelungen hältst.*
- *Hört euch weitere Texte an und diskutiert die vorgeschlagenen Wege aus dem Dilemma.*

Vorgeschlagen wird ein Ablauf, der sich an der Methodik des kooperativen Lernens („Think-Pair-Share") nach Norm Green orientiert. Demnach beginnt die Sequenz mit einer **Einzelarbeitsphase**, in welcher jeder Schüler/jede Schülerin für sich nach einer Lösung sucht und diese zu Papier bringt (→ „Think"). In Abhängigkeit von der zur Verfügung stehenden Zeit kann die Lehrkraft entscheiden, ob die Schülerinnen und Schüler die gesamte Bildergeschichte verschriftlichen sollen oder ob nur der die Lösung aufzeigende Dialog im vierten Handlungsschritt ausformuliert werden sollte. Auch zur Schulung der schriftsprachlichen Kompetenzen wird aber empfohlen, die gesamte Bildergeschichte verschriftlichen zu lassen. In der folgenden **Partnerarbeitsphase** (→ „Pair") finden sich einzelne Schülerpaare zusammen und stellen sich gegenseitig ihre Texte vor. Dabei darf jeder Schüler seinem Partner eine inhaltliche Frage zu seiner Lösung stellen. Erst im dritten Schritt schließt die **Plenumsphase** (→ „Share") die Stunde ab. Dabei ist diese abschließende Phase teilbar: Zuerst können und sollten einzelne Schülerversionen zum Vortrag gebracht und diskutiert werden:

- *Welche Lösung wird in dieser Fassung vorgeschlagen? Welche Vor- und Nachteile bietet sie?*
- *Was haltet ihr von dieser Fassung?*

Erst nach der Präsentation und Diskussion einzelner Schülerproduktionen wird im zweiten, abschließenden Teil der Plenumsphase der Blick auf die Lösung der Originalfassung freigegeben, indem die Lehrkraft die Abdeckung des fünften und sechsten Handlungsschrittes aufhebt. Den Schülerinnen und Schülern wird Gelegenheit zur Stellungnahme gegeben:

- *Erläutert die Lösung. Wie schaffen es die beiden Esel, doch noch an das leckere Heu zu gelangen?*
- *Was haltet ihr von dieser Lösung? Vergleicht sie dabei mit euren eigenen Texten.*
- *Was könnte das Verhalten der beiden Esel mit euch selbst zu tun haben?*
- *Formuliert ein Sprichwort, das zum Verhalten der beiden Esel passt.*

Aufgrund der Einteilung in drei Arbeitsschritte kommt es zu einer Abwechslung von individuellen und kooperativen Lernphasen. In den individuellen Phasen erarbeiten sich die Schülerinnen und Schüler eigenständig Themen und Aufgaben, damit sie diese Themen dann in den kooperativen Phasen ihren Mitschülern vorstellen und erklären bzw. sich mit ihren Mitschülern über diese Themen austauschen können. Die Think-Pair-Share-Methodik unterstützt dabei in besonderem Maße die Entwicklung des sozialen Lernens und kann zu einer verbesserten Wissensspeicherung beitragen (vgl. Bönsch, 2002). Dies lässt sich durch die für diese Methode erforderliche hohe Aktivität der Schülerinnen und Schüler begründen. Wenn das grundsätzliche Prinzip der Think-Pair-Share-Methode von den Schülerinnen und Schülern verstanden worden ist, lässt es sich immer wieder in unterschiedlicher Form im Unterricht realisieren.[1]

Gattungsspezifisch könnte die **Hausaufgabe** formuliert werden, indem bereits jetzt auf die Intention der Fabel abgezielt wird:

- *Erinnerst du dich an eine Situation aus deinem Leben, in welcher du (und dein Gegenüber, z. B. dein Freund oder dein Bruder/deine Schwester) dich ganz ähnlich verhalten hast? Erzähle davon.*

Oder:

- *Was hat diese Geschichte von den beiden Eseln mit uns Menschen zu tun? Inwiefern spiegelt ihr tierisches Verhalten auch das von uns Menschen?*

1.3 Rund um die Fabel: Die ABC-Methode

Die wie folgt skizzierte ABC-Methode eignet sich vor allem für leistungsstarke Lerngruppen, bei denen umfangreiches Grundwissen über die Fabel aus dem Deutschunterricht der Primarstufe vorausgesetzt werden kann. Sie versteht sich als (zeitaufwendigere) methodische Alternative zur bekannten Karten-Abfrage, um einen Einstieg zu ermöglichen, der sich möglichst nah an den Fragen der Lerngruppe und nicht an denen der Lehrkraft orientiert.

Über ein Strukturierungselement (Alphabet) soll den SuS die Möglichkeit zur offenen und assoziativen Äußerung ihres Vorwissens, aber auch zu eigenen Fragen gegeben werden. Dabei hat der Einstieg über die ABC-Methode den Vorteil, dass naheliegende Lenkungen vonseiten der Lehrkraft, wie man sie aus dem traditionellen Gesprächseinstieg kennt, unterbleiben müssen. (Vgl. Bettina Hugenschmidt/Anne Technau: Methoden schnell zur Hand. 58 schüler- und handlungsorientierte Unterrichtsmethoden. Stuttgart: Klett 2002, S. 23.) Die Gesamtstruktur dieses Einstiegs orientiert sich erneut am „Think-Pair-Share"-Dreischritt aus der Methodik des kooperativen Lernens nach Norm Green.

---

[1] http://www.bpb.de/lernen/unterrichten/grafstat/148908/think-pair-share (Abruf: 08.01.2015)

Die Lehrkraft notiert im **Einstieg** die nachfolgende Tabelle an der Tafel, die SuS übertragen diese in ihr Heft. Gemeinsam wird kurz das Vorgehen besprochen, mögliche Verständnisfragen werden mithilfe der Lehrkraft geklärt.

■ *Was weißt du bereits über die Textsorte der Fabel? Notiere deine Einfälle in dieser Tabelle in deinem Heft. Nutze die Anfangsbuchstaben des Alphabets als Satz- oder Wortanfang. Du kannst typische Merkmale der Fabel genauso notieren wie dir bekannte Fabeltiere oder -autoren. Auch Fragen sind erlaubt.*

Die Fabel

ABC	Stichpunkt zum Begriff „Fabel"	ABC	Stichpunkt zum Begriff „Fabel"
A		M	oral ist das, was man am Ende lernt
B		N	
C		O	
D		P	
E		R	
F	üchse kommen häufig vor	S	chlau und dumm
G	ut und Böse	T	
H		U	
I	gel ist der Gegenspieler des Hasen	V	
J		W	
K		X	
L	uther war ein bekannter Fabeldichter	Z	

In der sich anschließenden, bei jüngeren Lerngruppen höchstens fünfminütigen **Einzelarbeitsphase** notiert nun jeder Schüler/jede Schülerin für sich zu möglichst vielen – nicht allen – Buchstaben einen Satz oder auch nur ein Wort, den er/sie in Zusammenhang mit dem Begriff „Fabel" bringen kann.

Diese Einzelarbeitsphase kann bei Bedarf um eine sich anschließende **Partnerarbeitsphase** erweitert werden. In diesen Fall stehen weitere fünf Minuten dafür zur Verfügung, dass sich zwei Partner ihre Spontan-Assoziationen vorstellen, ihre Listen vergleichen, Dopplungen streichen und sich gemeinsam auf die zehn wichtigsten Begriffe einigen.

Diese können auf etwa 5 cm breite Papierstreifen notiert und in der abschließenden **Präsentationsphase** (mit Magneten, Klebestreifen oder Reißzwecken) an der Tafel/Stellwand fixiert und erläutert werden. Durch geschickte Vorauswahl vonseiten der Lehrkraft kann diese Phase so gestaltet werden, dass inhaltlich unterschiedliche Aspekte auf den Papierstreifen vorgestellt werden und so mögliche ermüdende Redundanzen vermieden werden. Nach Beendigung der Präsentationsphase geht es im zweiten Teil nun darum, gemeinsam im Unterrichtsgespräch denkbare Fragestellungen zu entwickeln, die für die Lerngruppe wichtig erscheinen und im Mittelpunkt der weiteren Unterrichtsarbeit stehen könnten:

- *Welche der genannten Aspekte können wir noch (unter einem Oberbegriff) zusammenfassen?*
- *Seit Jahrhunderten lesen Menschen mit Begeisterung Fabeln. Nennt Gründe dafür. Warum gefallen euch Fabeln? Welche gefallen euch warum besonders gut?*
- *Welchen Fragen sollten wir zum Thema „Fabeln" beantworten?*

Die Schülerfragen und -beiträge, die von der Lehrkraft je nach Bedarf gebündelt, inhaltlich verdichtet bzw. zusammengefasst werden können, sollten nach dem Festhalten an Tafel oder Stellwand von den Schülerinnen und Schülern in ihr Heft übernommen werden. Hält man die durch die Ideenpräsentation abgeleiteten Fragestellungen auf einer Wandzeitung fest, kann diese im Klassenraum aufgehängt werden. Auf diese Weise kann im Laufe der Unterrichtseinheit immer wieder Bezug zu den Ausgangsfragen genommen und dauerhafte Schülerorientierung realisiert werden.

Notizen

_____
_____
_____
_____
_____
_____
_____
_____
_____
_____
_____
_____
_____
_____

Fabeln – „verkleidete Wahrheiten?!" (Folienvorlage)

- Beschreibt die Bilder. Welche Tiere begegnen hier einander?
- Welche dieser Tiere kommen euch bekannt vor? Kennt ihr eine dieser berühmten Geschichten? Erzählt davon.
- Durch welche Eigenschaften zeichnen sich einzelne Tiere aus? (Z. B. Löwe = mächtig, majestätisch, stark und gefährlich)
- Vermutet, was jeweils bei der Begegnung der Tiere passieren könnte. Worüber könnten sie reden oder sogar streiten?

Textproduktion: „Wenn zwei sich streiten ..." – Eine Bildergeschichte schreiben (Folienvorlage)

1. Mache dir die ersten vier Handlungsschritte der vorliegenden Bildergeschichte klar.

2. Formuliere für dich in Gedanken das Problem, vor dem die beiden Esel (im vierten Handlungsschritt) stehen.

3. Überlege, wie die beiden Esel ihre Situation verbessern könnten. Bonus: Deine Esel können wie Menschen miteinander sprechen.

4. Schreibe nun die Geschichte von den beiden Eseln mit eigenen Worten in dein Heft. Achte auf den Aufbau deines Textes: Beginne erzählend mit der Einleitung. Baue im weiteren Verlauf wörtliche Rede ein. Formuliere am Ende einen zusammenfassenden Gedanken („Lehre").

5. Lies deinen Text einem Mitschüler oder einer Mitschülerin vor und erläutere, warum du deine Lösung für gelungen hältst.

6. Hört euch weitere Texte an und diskutiert die vorgeschlagenen Wege aus dem Dilemma.

Baustein 2

Klassische Fabeln verstehen

Der vorliegende Baustein bildet den Kern des Unterrichtsmodells. In ihm sollen die Schülerinnen und Schüler – anknüpfend an ihr Vorwissen (siehe Baustein 1) – berühmte, aber auch weniger bekannte Fabeln als eine der ältesten literarischen Gattungen kennenlernen und sich im Verlauf der Sequenz deren gattungstypische Merkmale schrittweise erarbeiten. Literaturwissenschaftlich definiert werden kann die Fabel als eine „epische Kurzform, die in Vers oder Prosa abgefasst ist. Die Fabel ist eine meist kurze, lehrhafte Erzählung, in der Tiere (seltener Pflanzen) menschliche Eigenschaften und Verhaltensweisen verkörpern. Die Fabel zielt auf eine religiöse, moralische oder praktische Belehrung oder Kritik. Die besonderen Merkmale sind z. B. gegensätzliche Einstellungen oder Verhaltensweisen mehrerer Tiere, die dramatische Handlungsumkehr und die Ausrichtung auf eine wirkungsvolle Schlusspointe."[1]

Im Ganzen geht es dabei um folgende strukturelle Elemente der Textsorte: Es treten Tiere als Akteure in Erscheinung, die nicht in ihrer individuellen Eigenart gezeichnet, sondern typisiert sind. Als Beispiel können hier der schlaue, hinterlistige Fuchs und sein Gegenpart, der dumme, einfältige Esel genannt werden, wodurch mit dem Prinzip der polaren Gegenübersetzung bereits ein weiteres zentrales Gestaltungselement der Fabel deutlich wird. Das konkrete Handlungsgeschehen ist dabei in der Regel weder zeitlich bestimmt noch verortet. Gerade dieses Merkmal macht es dann möglich, dass die Aussageabsicht der Fabel vom Leser auf sich selbst, auf seine eigene Existenz, aber auch auf die Gesellschaft als Ganze (kritisch) bezogen werden kann. Der Fabel kommt also – und das macht vor allem ihren hohen didaktischen Wert aus – ein ausgeprägter Wirklichkeitsbezug zu, was bereits in der Parteinahme des ältesten Fabeldichters Äsop deutlich wird, dessen häufig sozialkritische Fabeln oft von der Sympathie für die Unterdrückten und Armen geprägt sind. Dass er dabei angesichts der politischen Herrschaftssituation seine dezidierte (Sozial-)Kritik im Mantel der Tiergeschichte verstecken musste, versteht sich von selbst, denn nur auf diese geschickte Art und Weise konnte der Dichter seine Aussageabsicht zweideutig codieren und sich selbst vor der Rache der kritisierten Herrschenden schützen.

Die Schülerinnen und Schüler sollen ebenso am Beispiel den typischen Aufbau von Fabeln erarbeiten, insbesondere ihre Viergliedrigkeit: Zu Beginn wird in aller Kürze die Ausgangssituation sprachlich prägnant skizziert, dabei setzt die Handlung ohne größere Einleitung sofort ein, Spieler und Gegenspieler (Pro- und Antagonist) treten auf und beide tragen so zum Entstehen der Konfliktsituation bei. Im zweiten Schritt (Actio) wird die eigentliche dramatische Handlung in Gang gesetzt, indem ein Tier (Spieler) handelt. Es hat zunächst den Anschein, als ob dieser Spieler den Sieg davontragen würde. Im dritten Schritt (Reactio) handelt der Gegenspieler. Sehr oft kommt es dabei zu einer überraschenden Wende (Pointe), der scheinbare Sieg des auf den ersten Blick stärkeren, schlaueren, schöneren Tieres wendet sich in sein Gegenteil und das vermeintlich schwächere Tier setzt sich doch noch durch und „gewinnt" den Zweikampf. Am Ende steht in klassischen Fabeln häufig eine ausformulierte Lehre, die das konkrete Fallbeispiel der literarischen Vorlage ins Allgemein-Menschliche erweitert. Die Schülerinnen und Schüler werden aber auch Fabeln kennenlernen, bei denen

---

[1] Schülerduden Literatur. Ein Lexikon zum Deutschunterricht. Hrg. von Heike Krüger/Nicole Stegelmeier. 3. Auflage, Mannheim/Leipzig: Dudenverlag 2000, S. 113 f.

diese Lehre fehlt und infolgedessen aus dem Text „herausgelesen" werden muss. Die Sprache der Fabel ist sowohl von dramatischen als auch von epischen Elementen geprägt, wobei das Handlungsgeschehen im zweiten (Actio) und dritten Schritt (Reactio) häufig vom völligen Verzicht auf erzählerische Elemente geprägt ist und sich allein durch Rede und Gegenrede charakterisieren lässt, was zu einem weiteren Gattungsmerkmal, nämlich dem des geringstmöglichen Umfangs, führt.

2.1 „Der Fuchs und der Esel" – Die Typisierung des Figureninventars

Das gängige Sortiment an Fabeltieren, aus dem sich der Fabeldichter in der Erwartung bedienen kann, dass er von seinen Lesern auch verstanden wird, ist relativ klein. Der Dichter kann in der Regel darauf setzen, dass der typische „Ruf" eines Tieres bereits in der Meinung des Volkes vorgeprägt ist. Auf dieses allgemein anerkannte Ansehen eines typisierten Tieres kann der Fabeldichter zurückgreifen, wenn er seine konkrete Handlungssituation mit wenigen Strichen ausgestaltet bzw. komponiert. Eine langwierige Einführung des Charakters einer Figur in epischem Ausmaß ist daher in der Regel nicht notwendig. Auf der anderen Seite lässt sich auch nachweisen, dass es häufig erst die Aussage einer im Volk populären Fabel war, die zu einem gewissen „Ruf", einer bestimmen Vorstellung von einem Tier, beigetragen hat. Dies trifft insbesondere auf den Fuchs zu, dessen Schläue und Raffinesse in der realen Tierwelt keinesfalls ausgeprägter ist als beispielsweise die des Dachses, ja wahrscheinlich nicht einmal als die des scheinbar so dummen Esels. Seine angeblich markanten Eigenschaften – unsere Vorstellung vom Fuchs als dem „Schlauen" – bleibt vor allem dadurch erhalten, dass er literarisch entsprechend stilisiert wird. So wie der Fuchs ohne sein tatsächliches, reales Zutun von diesen überlieferten und immer wieder in ähnlicher Form ausgestalteten literarischen Zuschreibungen profitiert, so können entsprechende negative Typisierungen das Ansehen eines Tieres auch dauerhaft beschädigen, und zwar ohne Rücksicht auf seine realen biologischen Eigenschaften. Prominentestes Beispiel hierfür ist wohl der Esel, dem häufig Naivität, Sturheit und Dummheit zugeschrieben werden, was der tatsächlichen Intelligenz des Tieres in keiner Weise gerecht wird, für den Fabeldichter aber auch völlig irrelevant ist. Ihm geht es darum, dass der Leser durch die ihm bekannten Typisierungen zu einem gedanklichen Transfer (aus der Bildwelt in die Sachebene) in der Lage ist und so nicht erst die zeitintensive gedankliche Arbeit leisten muss, dem jeweiligen Tier in seinem Verhalten individuell gerecht werden zu müssen. Durch die Typisierung des Fabeltiers weiß der (geübte) Leser sofort, mit wem er es zu tun hat. Fabeltiere sind also als gedankliche Kreationen des Fabeldichters zu verstehen, die von ihnen verkörperten Eigenschaften sind bloße Zuschreibungen. Mit dem eigentlichen Tier im biologischen Sinne hat der literarisch ausgestaltete Fuchs nur noch wenig gemein, er repräsentiert vielmehr einen bestimmten Menschentyp. Das ist einerseits die Stärke der Fabel, dass sie den gedanklichen Sprung auf die allgemeinmenschliche Ebene direkt erzwingt. Auf der anderen Seite verhindert diese Konzeption eine individuelle, überraschende Figurenzeichnung und beraubt damit der Literatur eine ihrer großen Stärken.

Zu **Beginn** wird gemeinsam die Äsopische Fabel „Der Fuchs und der Esel" (**Arbeitsblatt 3, S. 47**) im Plenum gelesen und mögliche Verständnisfragen, die sich aller Erwartung nach auf die Bedeutung veralteter und den Schülerinnen und Schülern möglicherweise unbekannter Wörter beziehen, werden geklärt. Da es sich um die erste von zahlreichen Fabeln handelt, die im Unterricht erarbeitet werden sollen, ist es sinnvoll, eine gemeinsame Basis im offenen Unterrichtsgespräch zu finden. Spontane Schüleräußerungen können an dieser Stelle an der

Tafel gesammelt und so weitere Fragestellungen entwickelt werden, denen im Laufe der Einheit nachgegangen werden soll. Als Gliederungshilfe können die Fragen des **Arbeitsblattes 3** (S. 47) dienen. Alternativ kann auch in Abhängigkeit von der Leistungsstärke oder den Vorerfahrungen der Klasse in der Grundschule nur ein Teil der Fragen gemeinsam besprochen werden, zum Beispiel die ersten beiden zum Verhalten des Protagonisten Esel. Die restlichen Fragen zum Auftritt des Antagonisten „Fuchs" könnten danach zuerst in Einzel- oder Partnerarbeit bearbeitet werden, bevor sie im abschließenden Unterrichtsgespräch thematisiert werden. Insbesondere die letzte Frage bietet sich für eine gemeinsame Abschlussdiskussion im Plenum an, da sie einen Transfer auf die allgemein-menschliche Ebene ermöglicht. Dieser kann durch zwei weitere Lehrerimpulse auch erzwungen werden, sodass zugleich die Anthropomorphisierung, also die Vermenschlichung eines nicht menschlichen Bereiches, deutlich wird. Die Botschaft der Fabel überwindet den Widerwillen des (menschlichen) Adressaten, der sich auf direkte Art und Weise nicht belehren oder gar instruieren lassen möchte, durch die verkleidete Wahrheit der Fabel aber sanft aus seinem Zustand geweckt wird:

- *Gib dem Esel einen Tipp: Welchen Fehler sollte er vermeiden und worauf sollte er in Zukunft achten?*
- *Habt ihr euch auch schon einmal wie ein Esel verhalten? Erzählt davon.*

- *Worin ist der Fuchs besonders gut? Über welche Fähigkeiten, die dem Esel abgehen, verfügt er offenbar?*

Mögliche Antworten für das gemeinsame Unterrichtsgespräch

Antwort auf Frage 1:
Der Esel möchte die anderen Tiere des Waldes erschrecken, ihnen Angst einjagen, indem er ihnen vortäuschen will, er sei ein mächtiger und starker Löwe, der beabsichtige, die anderen Tiere zu fressen/zu bedrohen.

Antwort auf Frage 2:
Über die genauen Beweggründe des Esels macht die Fabel keine konkreten Aussagen. Es liegt jedoch nahe, zu vermuten, dass ihm sein bisheriges Leben als friedliebender Esel, der von seinem Umfeld eher belächelt oder gar für seine vermeintliche Dummheit verlacht wird, zu langweilig geworden ist. Vielleicht will er sich an den anderen Tieren für ihr abwertendes Verhalten ihm gegenüber rächen, oder aber er hat einfach Spaß daran, anderen einen Schrecken einzujagen. Insofern könnte man sein Vorgehen als kalkulierend, bösartig, rachsüchtig bezeichnen, er zeichnet sich zudem durch Imponiergehabe und Angeberei aus.

Antwort auf Frage 3:
Anders als die anderen Tiere des Waldes reagiert der Fuchs nicht sofort auf den optischen Reiz der Löwenhaut, mit welcher der Esel sich tarnt. Vielmehr denkt er nach und kann das visuelle Zeichen („Löwenhaut") mit dem akustischen (typischer „Iah"-Eselsschrei) nicht in Einklang bringen. Er zieht den naheliegenden Rückschluss, dass es sich bei dem vermeintlichen Löwen um einen verkleideten Esel handeln muss. So wird seine Schlauheit deutlich.

Antwort auf Frage 4:
Der Fuchs macht mit seinem letzten Satz deutlich, dass es dem Esel eben nicht gelungen ist, seinen Ruf, dumm zu sein, zu entkräften, sondern dass sein leicht durchschaubares Vorgehen die bisher nur behauptete Dummheit sogar bekräftigt. Der Esel könne eben nicht aus seiner Haut. Zwar könne man sich eine andere Haut, hier die des Löwen, zur Tarnung überwerfen, doch ändere das nichts an den Charaktereigenschaften.

Antwort auf Frage 5:

Es ist erstens nicht sinnvoll, anderen einen Schrecken einjagen zu wollen. Darüber hinaus sollte man es vermeiden, sich als jemand auszugeben, der über Eigenschaften und Fähigkeiten verfügt, die man selbst niemals erreichen kann.

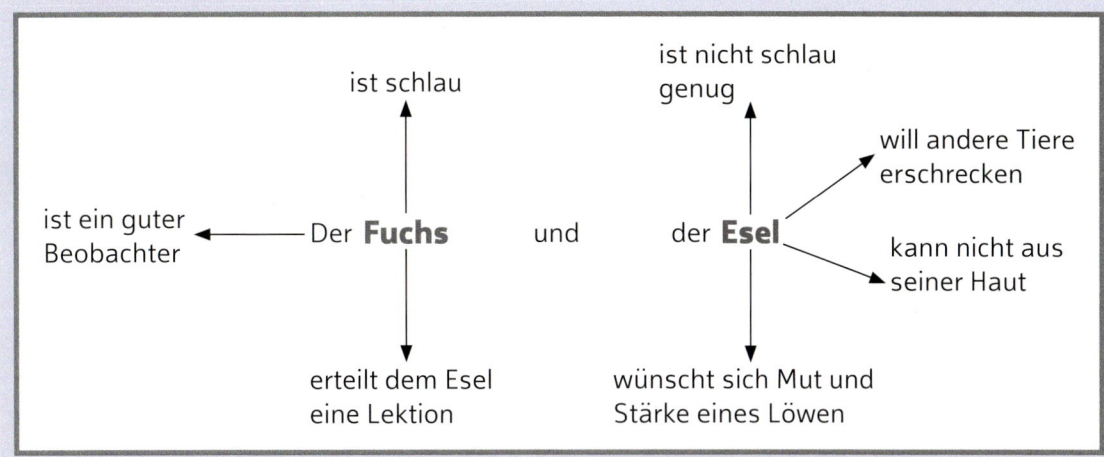

Eine **Vertiefung** kann über das **Arbeitsblatt 4** (S. 48) erfolgen. Angeboten wird die berühmte Fabel Äsops vom „Fuchs und Ziegenbock", die die Schläue des Fuchses akzentuiert und für die Schüler deutlich werden lässt. Das Arbeitsblatt ist dabei schüleraktivierend gestaltet: Nach einer kurzen Lektüre und Verständigungsphase (Aufgabe 1) soll das dialogische Potenzial der Fabel genutzt werden, indem die Schülerinnen und Schüler in Kleingruppen an einer Vertonung arbeiten und den Text in verteilten Rollen (Fuchs, Ziegenbock, Erzähler) vorbereiten (Aufgabe 2). Damit sie sich mit ihrem Ergebnis der szenischen Darstellung mit verteilten Rollen nicht zu schnell zufriedengeben und an ihren Präsentationstechniken feilen, zwingt Arbeitsauftrag 3 zum Ausprobieren sprachlicher Varianten. Diese können im Auswertungsgespräch thematisiert werden. Die Aufgaben 4 und 5 hingegen fordern wieder eine Reflexion über das von Äsop gestaltete Verhalten seiner Fabelfiguren ein, die auch arbeitsteilig bewerkstelligt werden kann: Ein Teil der Klasse arbeitet in Einzelarbeit an Aufgabe 4 und verfasst einen inneren Monolog des Ziegenbocks, während die andere Hälfte das Verhalten des Fuchses beurteilt. In einem zweiten Schritt könnten sich neue 2er-Teams bilden, die sich nun gegenseitig ihre unterschiedlichen Aufgaben vorstellen. Alternativ können die beiden Schreibaufgaben auch als **Hausaufgabe** gestellt werden.

Die in dieser Sequenz im Fokus stehende Typisierung von Fabelfiguren kann über folgende Impulse während des Auswertungsgesprächs in den Mittelpunkt gerückt werden:

> ■ *Vergleiche das Verhalten in der Fabel „Der Fuchs und der Esel" mit dem in dem Text „Der Fuchs und der Ziegenbock". Was stellst du fest?*
>
> ■ *Die Gegenspieler des Fuchses sind in der ersten Fabel der Esel und in der zweiten Fabel der Ziegenbock. Worin bestehen die Gemeinsamkeiten zwischen beiden Figuren? Benenne sie.*

Die Schülerinnen und Schüler haben nun erarbeitet, dass die Figuren des Fuchses bzw. des Esels im Rahmen der Fabeldichtung keine individuelle Charakteristik erlauben. Beide sind von vornherein in ihren Eigenschaften und Denkarten festgelegt, typisiert. Das ermöglicht dem Fabel-Dichter, auf umständliche oder ausschweifende Einleitungen oder Figurencharakteristika zu verzichten. Er kann vielmehr voraussetzen, dass der Leser um diese typischen Eigenschaften weiß. Nur so ist die Kurzform der Fabel – aufs Äußerste reduziert – überhaupt möglich, sonst wäre das Verstehen ungleich schwieriger.

Dass sich dieses zentrale Gattungsmerkmal nicht allein auf das Verhältnis von Fuchs und Esel beziehen lässt, sondern auch auf einige andere Tierpaare, lässt sich gut über das **Arbeitsblatt 5** (S. 49) erarbeiten. Den Schülerinnen und Schülern wird hier eine Reihe bekannter Fabelfiguren angeboten, die sie gemeinsam den entsprechenden Eigenschaften zuordnen können. Auf diese spielerische Weise wird zugleich das Fabelwissen der Lerngruppe deutlich, da einige Schülerinnen und Schüler bei der Erklärung ihrer Zuordnung sofort von ihnen bekannten Fabeln erzählen werden. Die Lehrkraft erhält auf diese Weise zudem wichtige Hinweise über den Leseerfahrungsschatz ihrer Lerngruppe, zugleich wird die Produktion eigener Fabeln (vgl. Baustein 3) bereits vorbereitet, indem den Schülerinnen und Schülern bewusst wird, dass nicht jedes Tier zur Fabelfigur geboren ist, sondern das Figuren-Inventar limitiert und weitgehend durch die literarische Tradition vorgegeben ist.

■ *Du kennst eine Menge Fabeln, in denen häufig die gleichen Tierarten auftreten. Ordne den Tieren in der folgenden Tabelle eine entsprechende Eigenschaft zu, indem du sie mit einer Linie verbindest. Versuche, dich dabei an eine dir bekannte Fabel zu erinnern. Notiere die Fabel in der rechten Spalte.*

Typische Fabeltiere und ihre Eigenschaften

Tier	Eigenschaft	Fabel
Bär	gutmütig, freundlich, einfältig	Äsop: Der Löwe und der Bär
Esel	störrisch und faul	Äsop: Der Esel, der Fuchs und der Löwe
Hahn	eitel, hochmütig, stolz	Äsop: Die Hähne und das Rebhuhn
Wolf	gierig, räuberisch, lügend, rücksichtslos	Äsop: Der Wolf und das Lamm
Fuchs	durchtrieben und schlau	Äsop: Rabe und Fuchs
Igel	schlau	Brüder Grimm: Hase und Igel
Löwe	königlich, mächtig, stolz, gewalttätig	Äsop: Der Löwe und die Maus
Hund	freundlich und treu	Wilhelm Busch: Hund und Katze
Ziege	leichtgläubig und unzufrieden	Gebrüder Grimm: Die zwei Ziegen
Lamm	dumm, schwach, fromm	Luther: Wolf und Lämmlein
Krähe	einfältig, leichtgläubig	Äsop: Die Taube und die Krähe
Henne	dumm, einfältig, bedächtig	La Fontaine: Die Henne und die Perle

■ *Überlege: Warum gibt es eher selten Fabeln, in der eine Henne auf eine Ziege trifft oder ein Wolf auf einen Löwen?*

■ *Bildet Dreiergruppen: Sucht euch aus der Tabelle zwei Tiere heraus, deren Eigenschaften gegensätzlich sind. Lasst diese beiden Tiere an einem geeigneten Ort aufeinandertreffen. Erfindet eine Handlung, anhand derer die typische Eigenschaft des jeweiligen Tieres deutlich wird.*

■ *Spielt eure kurze Fabel vor und erklärt anschließend, was ihr euch dabei gedacht habt.*

> **Die typischen Eigenschaften von Fabeltieren**
>
> - Nicht gleiche oder ähnliche, sondern gegensätzliche Tiere treffen in Fabeln aufeinander.
> - Grund: Treffen zwei faule Tiere aufeinander, kann der Dichter nicht zeigen, was falsch ist! Treffen ein faules und ein fleißiges Tier aufeinander, kann der Leser leichter erkennen, welche Eigenschaft die bessere für ihn selbst ist!

2.2 „Der Rabe und der Fuchs" – So sind Fabeln aufgebaut

In der Äsop'schen Tradition kann man mit guten Gründen von einem viergliedrigen Aufbau der klassischen Fabel sprechen, der sich über viele Jahrhunderte hinweg nachweisen lässt und im Kern auch die moderne Fabel prägt. Demnach setzt (1.) mit der **Ausgangssituation** die Handlung unmittelbar ein, es gibt keine Einleitung in Thema oder Figuren, sondern indem Spieler und Gegenspieler auftreten, entwirft der Dichter die Konfliktsituation und der Leser erhält ein Minimum an Informationen. In der Regel antithetisch werden zwei gegensätzliche Verhaltensweisen einander gegenübergestellt. Entsprechend schließt sich (2.) die **Aktion** (Handlung) an, indem ein Tier (Spieler) handelt und zunächst der (vorläufige) Eindruck entsteht, als solle dieser Spieler den Sieg davontragen. Auf die Aktion des Spielers folgt (3.) die **Reaktion** (Gegenhandlung), indem der Gegenspieler eingreift. In Rede und Gegenrede spielt sich ein dramatisches, sich zuspitzendes Geschehen ab. Häufig kommt es zu einer überraschenden Wende (Pointe). Diese lässt (4.) am Ende das nur auf den ersten Blick schwächere Tier als Sieger dastehen (**Lösung**). Je nach Vorliebe des Fabel-Dichters schließt die Fabel (5.) mit einer ausformulierten **Lehre** (Moral), die dem Leser die didaktische Absicht des Textes noch einmal explizit vor Augen führt. Oft fehlt jedoch dieser Lehrsatz (Epimythion), sodass der Leser gezwungen ist, ihn aktiv aus dem Text „herauszulesen". Der Erkenntnis des beschriebenen fabeltypischen Aufbaus muss jedoch eine intensive inhaltliche Beschäftigung mit den Motiven und Handlungen der literarischen Figuren vorausgehen.

Zu Beginn erhalten die Schülerinnen und Schüler das **Arbeitsblatt 6** (S. 50). Gemeinsam wird Luthers berühmte Fabel „Vom Raben und Fuchs" gelesen. Im Anschluss sollte sich angesichts der Wortwahl des Dichters, die heutigen Schülerinnen und Schülern in der Regel fremd anmutet, eine erste, spontane Verständigungsphase anschließen, bei der jedoch darauf geachtet werden sollte, dass nicht bereits zu frühe Deutungsvorschläge gemacht werden, welche die nachfolgenden Verstehensleistungen vorwegnehmen könnten. Dabei kann die Wortbedeutung des „kecken" (Z. 4 f.) als eine Art unmelodisches Krächzen von der Lehrkraft erläutert werden. Grundsätzlich lassen sich mit Blick auf den Bildungsgehalt der ausgewählten Luther-Fabel folgende Wissensbereiche festlegen, die für ihr Verständnis von Bedeutung sind: Die Schüler benötigen

a. Sachwissen über Raben, insbesondere über den Klang ihrer Stimme,

b. Handlungswissen über verbale Täuschungsmanöver, um das trickreiche Vorgehen des Fuchses antizipieren zu können, sowie

c. Textsortenwissen über die Eigenschaften von Fabeltieren, insbesondere über die besondere Intelligenz des Fuchses.

Alle drei Wissensbereiche sollen im Verlauf der Sequenz angeregt und vorbereitet werden.¹

- *Welche Fragen hast du?*
- *Welche Wörter sind dir unbekannt/kommen dir fremd vor?*
- *Erzähle die Fabel kurz mit eigenen Worten nach.*

In einer eher kurz angelegten Partnerarbeitsphase erhalten die Schülerinnen und Schüler (SuS) nun Gelegenheit, sich kindgerecht in die Psyche einer literarischen Figur hineinzuversetzen und auf diesem Weg Imaginationsfähigkeit und Empathie auszubilden:

- *Welche Gedanken gehen dem Raben durch den Kopf, als der Fuchs zu ihm spricht? Notiere sie in der entsprechenden Denkblase, nachdem du dich mit deinem Nachbarn darüber ausgetauscht hast.*

- *Was denkt der Fuchs, bevor er den Raben anspricht? Was hat er sich überlegt? Notiere auch diese Gedanken in der entsprechenden Denkblase.*

Eine Differenzierungsmöglichkeit insbesondere in leistungsschwächeren Lerngruppen bietet folgende methodische Variante: Statt beide Denkblasen durch Partnerteams bearbeiten bzw. füllen zu lassen, kann man auch zuerst nur je eine Denkblase arbeitsteilig in Einzelarbeit ausfüllen lassen (EA). In einem zweiten Schritt bilden sich nun Partnerteams (je 1 Fuchs + 1 Rabe), die sich gegenseitig ihre Denkblaseninhalte vorstellen (PA). Im dritten und letzten Schritt können die kurzen Texte im Plenum im szenischen Spiel vorgestellt und (unterschiedliche Fassungen) im Hinblick auf ihre Wahrscheinlichkeit und Erwartbarkeit diskutiert werden (Plenum). Damit wird ein aus der aktuellen Unterrichtsforschung präferiertes methodisches, dreischrittiges Vorgehen (Think-Pair-Share) realisiert, das insbesondere kooperatives Arbeiten möglich macht.²

Folgende Fragen und Impulse können im anschließenden Unterrichtsgespräch, dessen primäres Ziel ein grundsätzliches Durchdringen und Verstehen der Handlungen und Motive des Raben bzw. des Fuchses ist, hilfreich sein:³

- *Erkläre, auf welche Weise es dem Fuchs gelingt, an den Käse zu gelangen.*

Der hungrige Fuchs, dem Raben an körperlicher Kraft durchaus überlegen, sieht sehr schnell, dass das Ziel – der Käse des Raben – seinem körperlichen Zugriff entzogen ist. Er muss demnach eine List anwenden, um doch noch satt zu werden. Der Trick des Fuchses besteht nun darin, an die Eitelkeit des Raben zu appellieren. Er setzt dabei voraus, dass seine Schmeichelei den Raben zu einem unvorsichtigen Öffnen des Schnabels bringen wird. Vorausgesetzt für ein Verständnis der Fabel wird also eine kollektive Vorstellung der Nuance vom „falschen Lob", auf das die Schülerinnen und Schüler in ihrem bisherigen (realen und/oder literarischen) Leben bereits gestoßen sein müssen.

- *Meint der Fuchs ehrlich, was er zu dem Raben sagt? Warum sagt er es überhaupt?*

---

¹ Vgl. Thomas Zapka: Typische Operationen literarischen Verstehens: Zu Martin Luther „Vom Raben und Fuchs" (5./6. Schuljahr).
In: Clemens Kammler (Hg.): Literarische Kompetenzen – Standards im Literaturunterricht: Modelle für die Primar- und Sekundarstufe. Seelze Klett/Kallmeyer 2006, S. 80–101

² Vgl. Anne A. Huber: Kooperatives Lernen – kein Problem. Effektive Methoden der Partner- und Gruppenarbeit. Leipzig: Klett 2004.

³ Die folgenden Fragen entstammen in loser Reihenfolge Thomas Zapka: Typische Operationen literarischen Verstehens, a.a.O.

Diese zentrale Frage zielt auf das Verständnis der Redeabsicht. Dabei kann die Unaufrichtigkeit des Fuchses aus der Bedeutung des Wortes „Schmeichelei" geschlossen werden. In ähnlicher Weise lässt sich die Tatsache deuten, dass der Fuchs den Käse „behände", demnach geschickt und rasch, nimmt und frisst. Dies lässt sich auch über den in der Fabel stets schlauen oder listigen Fuchs ableiten. Die folgende Aufgabe erfordert eine „detaillierte Rekonstruktion der Strategie" des Fuchses (ebd.). Sie sollte – auch um das Verständnis eines jeden einzelnen Schülers überprüfen zu können – schriftlich in Einzelarbeit bearbeitet werden. Die einzelnen Varianten können im Anschluss vorgetragen und in ihrer inhaltlichen Schlüssigkeit textnah erörtert werden. Alternativ bietet es sich an, die Schüler in arbeitsteiliger Einzelarbeit an den beiden folgenden kreativen Schreibaufgaben arbeiten zu lassen (EA), diese im Anschluss in Teamarbeit zu teilen, um dann im Anschluss zu einem Vortrag zu gelangen, der die Grundlage für das klärende Deutungsgespräch im Plenum sein könnte.

> ■ *Wenn man davon ausgeht, dass der Fuchs von Anfang an den Käse haben wollte, muss er sehr genau nachgedacht haben, bevor er den Raben ansprach. Was hat er sich überlegt? Schreibe seine Gedanken auf.*

Alternativ:

> ■ *Stelle dir vor: Die Begegnung mit dem Fuchs hat noch nicht stattgefunden. Im Wald findet ein großer Wettbewerb mit dem Titel „Die Tiere des Waldes suchen den Super-Vogel" statt. Dabei sollen Aussehen und Stimme bewertet werden. Wie schätzt der Rabe wohl seine Chancen ein? Notiere seine Gedanken in einem inneren Monolog.*

Ist ein grundlegendes Verständnis in die Handlungsmotive der Figuren sichergestellt, kann in einem zweiten Schritt der typische Aufbau einer klassischen Fabel mithilfe des **Arbeitsblattes 8** (S. 52) erarbeitet werden. Dafür werden in einem ersten Schritt die Ergebnisse des Unterrichtsgesprächs, in dem die Charakterisierung der beiden Handlungsträger – Fuchs und Rabe – im Mittelpunkt stand, vertiefend reflektiert und festgehalten.

> ■ *Welche persönlichen Eigenschaften werden bei den beiden Tieren durch ihr Verhalten (Denken und Handeln) deutlich? Lies die Eigenschaftswörter im Wortspeicher und überlege dir, welche dieser Adjektive auf den Fuchs bzw. den Raben passen. Wähle sie aus und trage sie – mit einer kurzen Begründung versehen – in die folgende Tabelle ein.*

Eine mögliche Lösung:

Eigenschaft des Raben	Begründung	Eigenschaft des Fuchses	Begründung
naiv	unterstellt dem Fuchs eine gute Absicht	listig	kalkuliert das Verhalten des Raben voraus
eitel	fühlt sich geschmeichelt	nervenstark	führt seinen kühnen Plan durch
selbstverliebt	fehlt die Einsicht in seine tatsächlichen Fähigkeiten	schlau	rechnet mit der charakterlichen Schwäche des Raben
dumm	lässt sich leicht hereinlegen	gemein	hat kein Mitleid

Im zweiten Teil des Arbeitsblattes 8 werden die SuS dazu angeleitet, die Fabel in einzelne Abschnitte zu gliedern. Dabei ist das Arbeitsblatt so angelegt, dass die tabellarische Vorlage bereits vier Abschnitte vorgibt.

> *Die meisten Fabeln haben einen klaren Aufbau. Gliedere die Fabel „Vom Raben und Fuchs" mithilfe des folgenden Schemas in die entsprechenden Abschnitte. Trenne dafür mit Strichen in der Textvorlage die einzelnen Abschnitte voneinander. Notiere den Inhalt des jeweiligen Handlungsschrittes in Stichpunkten in die rechte Spalte. Übe zuerst mit Bleistift und korrigiere dich, wenn nötig.*

In leistungsstarken Lerngruppen ist es durchaus empfehlenswert, auf diese deduktive Vorgabe zu verzichten und den Arbeitsauftrag offener zu gestalten. Auf diese Weise sind auch differierende Ergebnisse möglich, die dann in einem klärenden Unterrichtsgespräch zum Thema gemacht werden können:

> *Gliedere die Fabel „Vom Raben und Fuchs" in die entsprechenden Abschnitte. Fasse den Inhalt jedes Abschnitts mit eigenen Worten knapp zusammen.*

Eine mögliche Lösung:

So sind (viele) Fabeln aufgebaut

1. Ausgangssituation	Der Rabe sitzt mit Käsestück auf hohem Baum. Fuchs nähert sich dem Käse voller Gier. Er erkennt, dass er mit Gewalt nichts erreichen kann.
2. Aktion (Handlung)	Der Fuchs handelt: Er versucht es mit einer List, indem er den schwarz gefiederten, heiseren Vogel mit bunten Singvögeln vergleicht. Der Fuchs schmeichelt dem Raben, was letztlich nichts anderes als eine bewusste Lüge ist.
3. Reaktion (Gegenhandlung)	Der eitle Rabe fühlt sich geschmeichelt, er will sich zeigen und seine Stimme zum Erklingen bringen. Unter der Schmeichelei des Fuchses reflektiert er nicht über die Gefahr, dass er den Käse verlieren könnte, wenn er den Schnabel öffnet.
4. Ergebnis	Der Fuchs hat sein Ziel listig erreicht. Er fängt den Käse auf und frisst ihn. Zu spät bemerkt der Rabe, dass er betrogen wurde und nun für seine naive Eitelkeit einen hohen Preis zahlen muss.

Gute **Differenzierungsmöglichkeiten** ergeben sich in einer nachbereitenden **Hausaufgabe**. Je nach individuellem Leistungsvermögen und fachlicher Kompetenz können folgende Hausaufgaben arbeitsteilig aufgegeben werden:

a. Eine denkbare Hausaufgabe mit formalem Schwerpunkt**:**

> *Überprüfe an zwei weiteren dir bekannten Fabeln den erarbeiteten Aufbau. Lege dafür eine ähnliche Tabelle an. Gibt es Abweichungen? Erkläre sie.*

b. Eine denkbare Hausaufgabe mit dem Schwerpunkt auf der Meinungs-/Urteilsbildung:

> ■ *Jemand sagt: „Dass der Rabe nicht auf seinen Käse aufpasst, liegt an der Meinung, die er von sich selbst hat." Erläutere.*

c. Eine denkbare Hausaufgabe, die einen kreativen Umgang mit der Fabel ermöglicht:

> ■ *Denke dir eine (Parallel-)Geschichte aus, die gut zu Luthers Fabel passt. Deine Geschichte soll in der Wirklichkeit spielen. Es soll mindestens ein Kind vorkommen. Tiere dürfen hier zwar vorkommen, aber nicht sprechen. Lies deine Geschichte vor und erläutere, was sie mit der Fabel gemeinsam hat.*

Wird die Hausaufgabe in der Folgestunde ausgewertet, sollten zu Beginn die Varianten a und c besprochen werden. Gemeinsam kann aus den Schülerergebnissen ein abgeleitetes, zusammenfassendes **Tafelbild** erarbeitet werden:

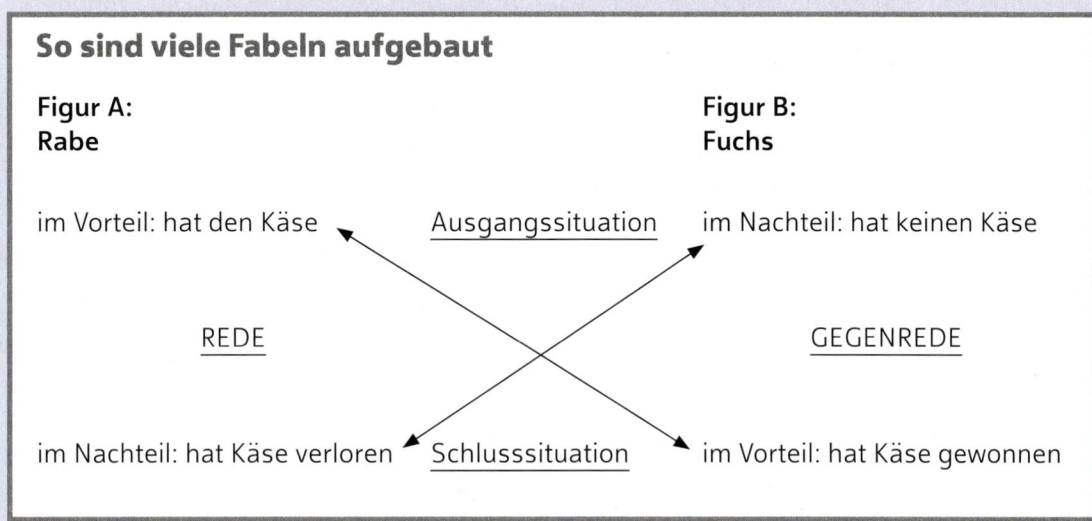

Zur Übung oder als **Differenzierungsmaterial** kann den Schülerinnen und Schülern die bekannte Fabel Luthers „Von der Stadtmaus und der Feldmaus" ausgehändigt werden. Das **Arbeitsblatt 7** (S. 51) ist dabei jedoch so angelegt, dass der Originaltext der Fabel durcheinandergebracht präsentiert wird. Die Schüler haben nun die Aufgabe, die einzelnen Abschnitte der Fabel wieder in die sachlogisch richtige Reihenfolge zu bringen, also zu „puzzlen". Dabei werden sie durch die Anlage der Aufgabe gezwungen, über den logischen Aufbau der Fabel nachzudenken, und sie erschließen sich noch einmal auf spielerische und herausfordernde Weise selbstständig den bereits erarbeiteten Dreischritt „Ausgangssituation – Aktion – Reaktion (Lehre)".

> ■ *Hier ist so einiges durcheinandergeraten:*
>
> *Versuche, den Originaltext der Fabel wieder in die richtige Reihenfolge zu bringen. Dafür kannst du die einzelnen Abschnitte auch auseinanderschneiden und die Zettel danach beliebig oft verschieben, bis du mit deinem Ergebnis zufrieden bist. Vergleiche deine Version mit der deines Sitznachbarn. Klebe die Zettel am Ende in der richtigen Reihenfolge in dein Heft.*

> ■ *Tauscht euch darüber aus, wie ihr bei der Lösung der Aufgabe vorgegangen seid. Wenn ihr euch auf eine gemeinsame Lösung geeinigt habt, kannst du den Zettel am Ende in der richtigen Reihenfolge in dein Heft kleben.*

- *Auf den ersten Blick ist die Feldmaus um einiges ärmer als die Stadtmaus. Doch stimmt das wirklich oder kann man dies nicht auch anders sehen? Begründe deine Meinung, indem du auch auf das Lösungswort eingehst. (Lösungswort: „Bescheidenheit")*

- *Eine zweite Lehre zu dieser Fabel lautet: „Im großen Wasser fängt man große Fische. Aber in dem kleinen Wasser fängt man gute Fische." Erläutere.*

2.3 Lessing und Thurber – Fabeln (aus verschiedenen Zeiten) miteinander vergleichen

Die berühmte Fabel vom Raben und vom Fuchs ist in der Literaturgeschichte vielfach umgestaltet worden. Bekannt sind neben der hier ausgewählten Vorlage Martin Luthers die Bearbeitungen durch Gotthold Ephraim Lessing und James Thurber. Aus Gründen der didaktischen Reduktion soll angesichts des Alters der Zielgruppe dieses Unterrichtsmodells (Jahrgangsstufen 5/6) vor allem der Vergleich mit Lessings Fabel im Vordergrund stehen. Für leistungsstärkere Lerngruppen oder im Rahmen individueller Binnendifferenzierung kann auch die voraussetzungsvollere moderne Fabel Thurbers behandelt werden, die im **Zusatzmaterial 1** (S. 159) angeboten wird. Die Kenntnis der lutherischen Vorlage (s. 2.2) ist für die folgende Sequenz obligatorisch, da sie die inhaltliche wie formale Grundlage für den Vergleich bildet.

Zum **Einstieg** wird das **Arbeitsblatt 9** (S. 53) ausgeteilt. Wegen der den meisten Schülerinnen und Schülern heute nicht geläufigen Sprache empfiehlt es sich, dass die Lehrkraft die Fabel vorliest. In einer ersten Verständigungsphase sollte den Schülerinnen und Schülern Gelegenheit gegeben werden, unbekannte Worte oder unklare Formulierungen zu klären:

- *Welche Worte sind euch unbekannt? Welche Formulierungen bedürfen der Erklärung?*

In der Regel sollten an dieser Stelle Aussagen wie „Für wen siehst du mich an?" in Gegenwartsdeutsch „übersetzt" („Für wen hältst du mich?"), d. h. ins heutige Deutsch übertragen sowie die Bedeutung bzw. Aufgabe der Göttergestalten Zeus und Jupiter geklärt werden.

In einem zweiten Schritt werden die SuS zwecks Sicherung einer gemeinsamen inhaltlichen Grundlage gebeten, die Fabel Lessings nachzuerzählen. Dabei könnte jeder einzelne Handlungsschritt von einem anderen Schüler oder einer anderen Schülerin übernommen werden. Da die Fabel nur im (allerdings überaus wichtigen) Detail von der den SuS bereits bekannten Vorlage Luthers abweicht, dürfte diese Aufgabe nicht viel Zeit in Anspruch nehmen.

- *Gebt die einzelnen Handlungsschritte der Fabel mit eigenen Worten wieder.*

Aller Erwartung nach fällt vielen SuS der zentrale Unterschied bereits sehr früh auf. Den SuS darf an dieser Stelle natürlich Gelegenheit gegeben werden, dieses Merkmal zu beschreiben. Auch erste Deutungsansätze können hier bereits geäußert werden, zu einem vertiefenden Unterrichtsgespräch sollte es an dieser Stelle jedoch noch nicht kommen. Vielmehr werden die SuS angehalten, in der sich nun anschließenden **Erarbeitungsphase** der Systematik des Arbeitsblattes zu folgen. Die Folgeaufgaben des Arbeitsblattes können je nach Lernsituation in der Klasse in Partner- oder Kleingruppenarbeit bearbeitet werden. Die Vorlage leitet die SuS zu einem systematischen Vergleich mithilfe sinnvoller Vergleichskriterien an. (Unter Verzicht auf das Arbeitsblatt 9 – die Fassung Lessings würde in diesem Fall dann nur vorgelesen – kann in leistungsstarken Lerngruppen in einem klärenden Unterrichtsgespräch Verständigung über diese Vergleichskriterien erzielt werden, die dann an der Tafel fixiert und von den SuS in ihr Heft übertragen werden würden.)

- *Vergleicht die beiden Fabeln Luthers und Lessings miteinander. Geht systematisch vor und erarbeitet Gemeinsamkeiten und Unterschiede mithilfe der folgenden Tabelle.*

- *Ganz sicher kannte Gotthold E. Lessing die Fabel Martin Luthers. Warum hat er sie wohl verändert? Notiere die mögliche Bedeutung der Unterschiede.*

Wurden die beiden Aufgaben des Arbeitsblattes 9 in Einzelarbeit bearbeitet, empfiehlt es sich, vor Beginn der **Auswertungsphase** eine kürzere Teamphase zwischenzuschalten. Für die Plenumsarbeit ist es von Vorteil, wenn das Arbeitsblatt als Folie vorliegt. Die einzelnen Beiträge der SuS, die sich an der Chronologie der tabellarischen Vorlage orientieren sollten, können dann von der Lehrkraft in die entsprechenden Spalten notiert werden.

Eine mögliche Lösung:

Vergleich der beiden Fabeln

Vergleichskriterium	„Vom Raben und Fuchs" – Martin Luthers Version	„Der Rabe und der Fuchs" – G.E. Lessings Version
Überschrift	Vom Raben und Fuchs	Der Rabe und der Fuchs
Ort der Handlung	hoher Baum: vermutlich Wald o. Wiese	an einer alten Eiche
Ausgangssituation	Rabe im Vorteil: Er hat einen schmackhaften Käse gestohlen und will ihn essen, der Fuchs ist hungrig u. im Nachteil	
Verhalten des Raben und des Fuchses	Rabe ist naiv, fällt auf die Schmeichelei des listigen Fuchses herein: Er öffnet den Schnabel zum Singen, der Käse fällt zu Boden	Rabe ist naiv, fällt auf die Schmeichelei des listigen Fuchses herein: Er hält sich für göttlichen Gehilfen u. überlässt dem Fuchs den Käse, um weiter für einen Adler gehalten zu werden
Schluss der Fabel	Fuchs frisst den Käse und lacht den dummen Raben aus	Fuchs frisst Käse, lacht boshaft. Sein Sieg kehrt sich schnell um, da er sich selbst vergiftet und stirbt
Lehre (Moral)	Hüte dich vor Schmeichlern.	Möchtet ihr euch nie etwas anderes als Gift erloben, verdammte Schmeichler!
Sprache des Textes	altmodisch anmutende Wortwahl: „behänd", „kecken", „zehren"	Wortwahl aus Götterwelt: „Vogel des Jupiter", „Rechte des Zeus"

■ *Was bedeuten die Unterschiede? Sind sie für das Verständnis der Fabel Lessings wichtig?*

■ *Formuliert die Lehre der Fabel Lessings mit eigenen Worten. Was haltet ihr davon? Welche Bedeutung hat sie für euch?*

■ *Bereite einen mündlichen Vortrag über die beiden Fabeln und ihre Unterschiede vor. Lege dafür auf Karteikarten eine übersichtliche Stichwortliste an, z. B. in Form einer Mindmap.*

Im Auswertungsgespräch sollte der wesentliche Unterschied der zwei auf den ersten Blick doch recht ähnlichen Texte deutlich werden: Während bei Luthers Bearbeitung der Rabe auf die verlogenen Schmeicheleien des listigen Fuchses hereinfällt und für seine Eitelkeit durch den Verlust des schmackhaften Käses bestraft wird, ist bei Lessing der Rabe der Gewinner, obwohl er auf den ersten Blick ähnlich wie bei Luther dasteht, nämlich ohne den Käse. Auch wird er durch die List des Fuchses ohne eigenes Zutun gerettet, denn der Fuchs luchst ihm das vergiftete Fleisch ab, das er ohne dessen Gier und Boshaftigkeit selbst verspeist hätte. Der Fuchs hingegen erfährt durch seine eigene Hinterlist eine – aus Schülersicht gerechte – Bestrafung, da er an den Folgen des vergifteten Köders stirbt.

Historisch lassen sich die Modifikationen des Textes aus dem Kontext ihrer Entstehung erklären. Luthers Fabel ist ein Abbild der Zeit des Feudalismus. Der Theologe nutzt die Textsorte, um geschickt Kritik an der Macht des Adels zu üben, die durch den (besitzenden) Raben gespiegelt wird. Nicht der Mächtige und Besitzende setzt sich durch und siegt, sondern es siegt der Klügere, hier der Fuchs. Anders stellt sich die Situation bei Lessing dar: Der sonst Unterlegene erscheint hier als der durch reinen Zufall Glücklichere. „Der Schlaue ist auf Erden zwangsläufig doch nicht immer der Glücklichere, weil auch er dem Willen des Schicksals unterliegt – und dieses wendet sich hier klar gegen die Heuchler und Schleimer."[1] Diese historischen Informationen können bei SuS der Jahrgangsstufen 5/6 sicher nicht vorausgesetzt werden. Bei Bedarf kann die Lehrkraft durch einen kurzen Impulsvortrag die notwendigen Informationen geben, um den SuS deutlich werden zu lassen, dass zum einen oftmals nur eine kleine Änderung im Detail genügt, um zu einer veränderten Aussage zu kommen, und zum anderen, dass sich die Fabel dem sozialen, gesellschaftlichen, politischen oder ökonomischen Wandel der Zeit anpasst. Klinger sieht hierin einen grundsätzlichen übergeordneten intentionalen Aspekt der Fabeldichtung: „Es lässt sich die Entwicklung des gesellschaftlichen Gesamtprozesses an der analogen Entwicklung der Fabelliteratur nachvollziehen. Die Fabel will menschliche Eigenarten, Denkweisen, zwischenmenschliche Beziehungen, soziale Ungerechtigkeiten und bestimmte Zeitmerkmale schlagartig und pointiert erhellen. Sie ist ihrem Wesen nach existenz- und gesellschaftskritisch, und ihre Grundhaltung ist die entschiedene Bejahung sozialer und moralischer Werte."[2]

■ *Schmeichelei und „Schleimerei" gibt es auch noch heute. Nenne Gelegenheiten und Gründe für dieses Verhalten.*

■ *Kann und sollte man etwas dagegen tun?*

■ *Was hältst du von der Idee, Schmeichlern und „Schleimern" in der Schule die Fabel Luthers zum Lesen zu geben? Glaubst du daran, dass die Lektüre Wirkung zeigen wird?*

---

[1] Vgl. www.udoklinger.de/deutsch/fabeln/absicht.htm (Abruf: 19.11.2014)
[2] Ebd.

Als mögliche **Hausaufgabe**, v. a. aber als **Differenzierungsmaterial** in leistungsheterogenen Lerngruppen bietet sich der erneute Vergleich mit James Thurbers Bearbeitung der „Rabe-und-Fuchs-Fabel" an (**Zusatzmaterial 1**, S. 159).

Der „Clou" dieser zeitgenössischen Fassung der berühmten Fabel besteht in der vorliegenden Intertextualität, denn in der Fabel Thurbers kennt der Fuchs bereits den Inhalt der Fabel des Äsop, Gleiches gilt wohl auch für den Raben. Deshalb sind die beiden Tiere auch in der (lustigen) Lage, offen über ihre Eigenschaften zu diskutieren, also Metakognition zu üben und dem (Fabel-)Verlauf eine andere Richtung zu geben. Zentral ist dabei die unterschiedliche Einschätzung, die zwischen den Tieren herrscht, denn tatsächlich hält auch Thurbers Fuchs den Raben – und das ist die Gemeinsamkeit mit seinen literarischen Vorbildern – für eitel und dumm. Thurbers Rabe jedoch – und hierin liegt ein wesentlicher Unterschied zu den Vorgängern – hält den Fuchs von Anfang an für hinterhältig. Ursächlich für diese Einschätzung ist das Wissen, das er über sein Gegenüber offenbar erworben hat und das ihn nun schützt.

Mit Bezug auf den vierten Arbeitsauftrag des Zusatzmaterials 1 (S. 159) kann der Blick auf eine möglicherweise veränderte Lehre der Thurber'schen Fabel gerichtet werden, da in einem klärenden, abwägenden Unterrichtsgespräch die jeweilige Intention der beiden Gesprächspartner erörtert werden kann:

> ■ *Kreuze die Lehre an, die deiner Meinung nach am besten auf Thurbers Fabel zutrifft:*
>
> ☐ *Ehrlich währt am längsten*   ☐ *Wer schlau ist, erreicht sein Ziel*
> ☐ *Wer teilt, ist schlau*

Eine weitere didaktische Leerstelle, die auch in einem möglichen Unterrichtsgespräch genutzt werden kann, ist dabei die Frage, wieso der Rabe dem Fuchs einen großen Teil des Käses abgibt, obwohl er aufgrund seiner Hintergrundinformationen über das Ansinnen des Fuchses Bescheid weiß:

> ■ *Warum wohl überlässt der Rabe dem Fuchs den Löwenanteil seines Käses, obwohl er weiß, dass er bloß belogen wird und es dem Fuchs allein um den möglichen Genuss des leckeren Käses geht?*

Ist die Lerngruppe der Fuchs-Rabe-Fabel jedoch überdrüssig, kann es sinnvoll sein, die Übungs- bzw. Differenzierungsphase über eine völlig anders geartete Fabel auszugestalten. Dies kann mithilfe des **Arbeitsblattes 10** (S. 54) erreicht werden. Das Übungsmaterial – auch zur Differenzierung oder als Hausaufgabe einsetzbar – bietet die Möglichkeit, zwei bekannte Fabeln Martin Luthers („Die Teilung der Beute") sowie Wilhelm Buschs („Die Teilung") miteinander zu vergleichen.

Beide Fabeln kann man als Überarbeitungen der Ur-Fassung Äsops („Löwe, Esel und Fuchs") aus dem 6. Jahrhundert vor Christus verstehen. Kern dieser Ur-Fabel ist dabei die Lehre, dass man aus fremdem Unglück lernen kann. Es ist sinnvoll, die Aufgaben zuerst in Einzelarbeit bearbeiten zu lassen, auch zum Zwecke der Selbstüberprüfung. Vor einem abschließenden, der Ergebnissicherung dienenden Plenumsgespräch ist es möglich und bei leistungsheterogenen Lerngruppen auch sinnvoll, eine kürzere Partner- oder Kleingruppenarbeitsphase zwischenzuschalten:

> ■ *Was sollte man aus beiden Fabeln unbedingt verstanden haben? Stellt inhaltliche Verständnisfragen und kontrolliert so das Wissen eurer Mitschüler. (Beispielfrage: Was ist ein Großwesir?)*

Baustein 2: Klassische Fabeln verstehen

■ *Vergleicht eure Lösungen zu den Aufgaben 1 bis 4. Tragt euch mündlich eure Begründungen vor. Bezieht euch immer auf die Textgrundlage.*

In der abschließenden **Auswertungsphase** werden die Lösungen zu den einzelnen Aufgaben chronologisch besprochen. Je ein Schüler stellt dabei sein Ergebnis vor, indem er seine Begründung vorliest und am Text rechtfertigt. Die Lehrkraft kann nun differierende Lösungen heranziehen und zwei (oder mehr) unterschiedlichen Antworten zuspitzen und von der Lerngruppe problematisieren lassen. Häufig ist es von Vorteil, zwei deutlich unterschiedliche Positionen als Tafelbild zu visualisieren und die entsprechenden Schülerargumente zu notieren, um am Ende zu einem für alle Schülerinnen und Schüler nachvollziehbaren Gesamturteil zu kommen.

Ein beispielhaftes, denkbares **Tafelbild** zur These der Aufgabe 1:

„In der Fabel Wilhelm Buschs handelt der Fuchs ungerecht, weil er dem Wolf so wenig von der Beute zuteilt."

PRO-Argumente („trifft zu")	KONTRA-Argumente („falsch")
• Der Wolf hat sich während der Jagd genauso angestrengt wie der Löwe (Textgrundlage: „vereint erlegt" (V. 3))	• Der Fuchs handelt zwar nicht gerecht, aber schlau, denn er weiß, was ihm und dem Wolf blüht, wenn er dem starken und gefährlichen König der Tiere nicht den größten Beuteanteil zuspricht. • Der Fuchs kennt die Fabel Äsops. Er rettet das Leben des Wolfes, weil diesem das grausame Schicksal des Esels (s. Luther-Fabel) erspart bleibt.

Weitere **Lösungsvorschläge** zu den fünf Aufgaben des **Arbeitsblattes 10** (S. 54):

1. In der Fabel Wilhelm Buschs handelt der Fuchs ungerecht, weil er dem Wolf so wenig von der Beute zuteilt.

    ☐ trifft zu   ☐ trifft in Teilen zu   ■ falsch (Begründung: siehe Tafelbild)

2. Der Wolf ist dumm. Er versteht nicht, dass er sich nach der Jagd in einer für ihn gefährlichen Situation befindet.

    ☐ trifft zu   ■ trifft in Teilen zu   ☐ falsch

Begründung: Gegen die These spricht, dass der Wolf keineswegs als grandios naiv oder gar dumm charakterisiert wird, denn „als es ans Verteilen ging, dünkt das dem Wolf ein misslich Ding" (V. 5 f.). Daran wird deutlich, dass der Wolf die Gefahr, in der er schwebt, bereits jetzt zumindest in Teilen antizipiert.

3. Der Fuchs verhält sich so, wie sich ein typischer Fuchs in einer typischen Fabel eben verhalten sollte.

    ■ trifft zu   ☐ trifft in Teilen zu   ☐ falsch

Begründung: Die einzige Begründung für die einseitige Zuteilung der Beute zugunsten des Löwen ist die Erkenntnis des schlauen Fuchses, dass er bei einer anderen Entscheidung das Leben des Wolfs, v. a. aber auch sein eigenes, riskiert, da sowohl der Wolf als auch er gegen die physische Kraft des Löwen nicht ankommen wird.

4. Die Rolle des Wolfes in der Busch-Fabel spielt bei Luther der Esel.

   ☐ trifft zu   ■ trifft in Teilen zu   ☐ falsch

Begründung: Strukturell ist die These richtig, da in beiden Fabeln der schlaue Fuchs durch seine intelligente Entscheidung den dritten Part übernimmt. Jedoch unterscheiden sich Wolf und Esel dadurch, das der Letztere bei Luther die Beute selbst aufteilen kann, was seinem eigenen Todesurteil gleichkommt. Ein solch trauriges Schicksal bleibt dem Wolf in der Fabel Wilhelm Buschs zu seinem Glück erspart.

5. Die Lehre beider Fabeln lautet: „Leg dich nicht mit einem Stärkeren an, sei vorsichtig!"

   ☐ trifft zu   ■ trifft in Teilen zu   ☐ falsch

Begründung: Die Lehre trifft auf die Version Buschs zu, da der Fuchs antizipiert, in welche Gefahr er sich begäbe, wenn er dem Wolf einen größeren Teil der Beute zukommen lassen würde. Der Fabel-Version Luthers wird die angebotene Lehre hingegen nur in Teilen gerecht, da sie den Aspekt des Lernens – der Fuchs hat das Schicksal anders als in der Fabel Buschs leibhaftig und anschaulich vor Augen – vernachlässigt.)

2.4 Wozu sind Fabeln da?

„Wenn wir einen allgemeinen moralischen Satz auf einen besondern Fall zurückführen, diesem besondern Fall die Wirklichkeit erteilen und eine Geschichte daraus dichten, in welcher man den allgemeinen Satz anschauend erkennt: so heißt diese Erdichtung eine Fabel."[1]

Die folgende Sequenz soll den Schülerinnen und Schülern den eigentlichen Sinn der Fabel bewusst machen. Ihr geht es um die Überwindung des Widerstands aufseiten des Adressaten, der sich vom Fabulierenden nicht sagen lassen will oder – weil er in einer mächtigen Position ist – möchte, dass seine Verhaltensweisen kritikwürdig sind. Fabel-Dichter sind Gesellschaftskritiker. Sie legen die Hand in die Wunde der Mächtigen und Starken und machen auf blinde Flecken aufmerksam, die im täglichen Allerlei und Geplänkel häufig verloren gehen. Die moralische Belehrung des Einzelnen ist demnach nur eine von weiteren Intentionen der Fabel, die – insbesondere im Zeitalter der Aufklärung – häufig mit gesellschaftsaffirmativen, ja geradezu konservativen Tendenzen einhergeht, die allein auf die Identitätsbildung des einzelnen Menschen abzielen. Der „Aufstand der Fabel", von dem Erwin Leibfried[2] in Anlehnung an Theophil Spoerri spricht, soll vielmehr zu einem veränderten gesellschaftlichen Bewusstsein führen und ist damit – über das pädagogische und moralische Interesse am Einzelnen hinaus – überindividuell.

Die (kritisierten) Mächtigen haben diese Intention der Fabel häufig ausgemacht und entsprechende Fabeln verboten bzw. Fabel-Dichter verfolgt. Am bekanntesten ist wohl die Sage um den Tod des Äsops, dessen Fabeln kritisieren, Missstände verdeutlichen und auf Veränderung drängen. In Delphi soll der phrygische Sklave aufgrund seiner Fabel-Dichtung derart in

---

[1] Gotthold Ephraim Lessing: Fabeln. Abhandlungen über die Fabel. Hrg. von Hein Rölleke. Stuttgart: Reclam 1981, S. 104
[2] Erwin Leibfried: Fabel. Bamberg 1984, S. 10, 28

die Kritik geraten sein, dass die herrschende Priesterschaft eine Intrige spann, in deren Folge Äsop unschuldig hingerichtet wurde, nicht ohne noch am Ende seines Lebens die bekannte Fabel von der Maus und dem Frosch zum Besten zu geben, mit der er seine Häscher ein letztes Mal warnen und von ihrem tödlichen Plan abhalten wollte.

Späteren Fabel-Dichtern galt das Schicksal Äsops als Warnung, es mit der Kritik an den Herrschenden nicht zu übertreiben. Allzu unverblümt und deutlich durfte die Kritik an Politik, Gesellschaft und Staat in vordemokratischen Zeiten, die die Meinungsfreiheit noch nicht kannten, nicht formuliert werden, sodass die zu übermittelnde Wahrheit „verkleidet" und konkret veranschaulicht formuliert wurde. Auf diese Weise durfte sich der Fabel-Dichter in seinem Narrengewand halbwegs sicher fühlen vor den wütenden Reaktionen der allzu deutlich Kritisierten. Die Fabel sagt ihre – häufig schmerzende und entlarvende – Wahrheit also selten direkt. Sie versteckt bewusst und zum Nachdenken anregend ihre Botschaft in der nur scheinbar niedlich und harmlos wirkenden Verwendung von Tieren. Dies hat sie lange zu Unrecht in die Ecke der bloß unterhaltenden literarischen Kurzformen wie dem Märchen gestellt und den dauerhaft formulierten Anspruch auf einen „Sitz im Leben" der Fabel vernachlässigt oder gar verschwiegen.[1]

Gerade angesichts veränderter Lesegewohnheiten heutiger Kinder und Jugendlicher hat die Kurzform der Fabel auch weiterhin ihren Platz in den Lehrplänen der Bundesländer. Der Literaturunterricht der Sekundarstufe kann den Schülerinnen und Schülern eine Hilfe beim Heranwachsen bieten, wenn ihr Potenzial – ihr Drängen auf Veränderung – deutlich gemacht wird. Indem sie eine fundamentale gesellschaftliche Situation im Mantel der „verkleideten Wahrheit" präsentiert, öffnet sie den literarischen Unterricht für ein zentrales Lernziel, der Ausbildung von Kritikfähigkeit und der Kompetenz des kritischen Denkens im Hinblick auf gesellschaftliche, politische oder gar ökonomische Handlungszusammenhänge.

Im **Einstieg**, der v. a. für leistungsstarke und ältere Schüler geeignet ist, wird der Lerngruppe ein authentisches Schülerzitat präsentiert. (**Arbeitsblatt 11**, S. 55) Zuerst sollte den Schülerinnen und Schülern Gelegenheit gegeben werden, sich völlig frei und ohne Lenkung vonseiten der Lehrkraft zu diesem grundsätzlich literaturkritischen Impuls zu äußern. Es ist durchaus zu erwarten, dass das populäre Zitat, welches zu Beginn des Jahres 2015 eine bundesweite Debatte um Lehrplaninhalte auslöste und zu dem sich sogar die Bundesbildungsministerin sympathisierend äußerte, auf Zustimmung stößt. An dieser Stelle wäre ein Widerspruch vonseiten der Lehrkraft weder sinnvoll noch didaktisch wünschenswert. Es ist daher denkbar, die Schülerinnen und Schüler nach einer kurzen **Spontanphase** die Fragen des **Arbeitsblattes 11** (S. 55) zuerst in Einzelarbeit bearbeiten zu lassen. Es ist aber ebenso möglich, die Impulsfragen unter Verzicht auf das Arbeitsblatt nur mündlich im Plenum zu stellen:

- *„Ich bin fast 18 und hab keine Ahnung von Steuern, Miete und Versicherungen. Aber ich kann 'ne Gedichtanalyse schreiben. In vier Sprachen."*
  Formuliere die Aussage der Schülerin mit eigenen Worten. Woran stört sie sich?

- *Nimm Stellung zu der Aussage. Kreuze entsprechend an und begründe, indem du auf eigene Unterrichtsinhalte Bezug nimmst.*

Der folgende dritte Arbeitsauftrag sollte nur dann bearbeitet werden, wenn für das Arbeitsblatt 11 keine weitere Zeit zur Verfügung steht und das Thema „Wozu sind Fabeln da? – Vom Sinn und Unsinn der Literatur" an dieser Stelle nur kurz angerissen werden kann.

---

[1] Ebd., S. 35 ff.

> ■ *„Die Schule soll den Charakter des Menschen bilden. Dinge wie Steuern, Versicherungen oder Miete lehrt einem schon das echte Leben. Das kommt früh genug. Daher muss sich nicht bereits die Schule darum kümmern. Dort soll man lernen, was wirklich wichtig ist. Dazu gehören eben auch Gedichte."*
> *(Aus einem Leserbrief)*
>
> *Nimm Stellung. Beziehe dich auch auf dir bekannte Fabeln.*

Steht ausreichend Zeit zur Verfügung, sollte den Schülerinnen und Schülern mehr Raum für eine reflektierte Antwort auf die Auslassungen der 17-jährigen Kölner Gymnasiastin gegeben werden. Denkbar ist die Aufgabe auch als weiterführende **Hausaufgabe**:

> ■ *Schreibe einen Brief an die Schülerin. Antworte auf ihre Gedanken zu den Inhalten des Literaturunterrichts. Begründe, warum es sinnvoll ist, Fabeln im Deutschunterricht zu behandeln. Beziehe dich dabei auf eine dir bekannte Fabel, deren Inhalt du knapp wiedergibst. Erläutere der Schülerin dann, was sie für ihr heutiges Leben im 21. Jahrhundert lernt, wenn sie die Lehre der Fabel versteht.*

Vor der Würdigung der Schülerbriefe im Plenum kann eine kriterienorientierte **Phase der Textüberarbeitung** eingeschoben werden. Dafür empfiehlt es sich, die sogenannte ESAU-Methode einzuführen. Diese integriert auf schülernahe und anschauliche Weise die Ergänzungs- oder auch Erweiterungsprobe, mit welcher Sätze sinnvoll um Satzglieder (Adverbialien und Objekte) und Satzgliedteile (Attribute) und Nebensätze erweitert werden können, um die Aussage präziser zu gestalten. Die Streich- oder auch Weglassprobe dient der Straffung von Sätzen, indem der Schüler überprüfen soll, welche Satzteile, -glieder oder auch Nebensätze in einem Satz notwendig sind oder nicht. Die Austausch- oder Ersatzprobe dient der Einsicht, dass wir Satzglieder, Satzgliedteile und Sätze im Hinblick auf den Stil und die Variabilität unserer Sprache durch andere Wörter, Wortgruppen oder auch ganze Sätze ersetzen können. Endlich dient die Umstellprobe dazu, Satzglieder oder Textteile umzustellen und damit die zentrale Information hervorzuheben, „indem wir sie an den Satz- oder Textanfang stellen, also an die Spitze – oder ans Ende, wo der letzte Klang liegt"[1].

Die Einführung der Methode kann zeitökonomisch durch einen Rückgriff auf das **Zusatzmaterial 3** (S. 161) erfolgen, welches beispielsweise auch vonseiten der Lehrkraft durch einen kurzen **Folienvortrag** präsentiert werden kann. Ist der Lerngruppe die Methode bereits bekannt, kann es eine sinnvolle Alternative sein, die Schülerinnen und Schüler die Überarbeitungen jeweils an einem Fremdtext vornehmen zu lassen. Im Anschluss stellen sich die Partner in einer kleineren Teamarbeit ihre jeweiligen Veränderungen, die Vorschlagscharakter haben, vor. Die Lehrkraft kann auch ein gelungenes Beispiel, bei welchem der Ausgangstext nicht „verschlimmbessert", sondern tatsächlich im Sinne der ESAU-Methode verbessert wurde, an der Tafel vorstellen und so das Bewusstsein für die Notwendigkeit von Textredaktionen aufseiten der Schülerinnen und Schüler nachhaltig schärfen.

In einer Auswertungsphase werden ausgewählte Briefe der Schülerinnen und Schüler vorgelesen. Die Ergebnisse werden zur Diskussion gestellt. Dabei sollte der inhaltliche Fokus auf den in der Unterrichtsreihe behandelten Fabeln liegen.

> ■ *Welche Argumente für bzw. gegen die Position der Gymnasiastin werden genannt?*
>
> ■ *Wie beurteilt ihr diese? Begründet.*
>
> ■ *Nennt Gründe, warum Fabeln und Gedichte ein wichtiger Unterrichtsinhalt am Gymnasium sind, Versicherungen und Mietverträge jedoch nur am Rande behandelt werden.*

---

[1] http://www.fachdidaktik-einecke.de/9c_Meth_Textproduktion/esau_textueberarbeitung.htm (Abruf: 15.03.2015)

Baustein 2: Klassische Fabeln verstehen

Die Ergebnisse werden in Form eines Tafelbildes gesichert und von den Schülern ins Deutschheft übertragen:

> **Vom Sinn der Literatur im Deutschunterricht**
>
> **Fabeln ...**
>
> ... können uns unterhalten und zum Schmunzeln bringen.
> ... haben eine Lehre, die wir auf unser eigenes Leben beziehen können.
> ... haben wenig mit Tieren, aber viel mit uns Menschen zu tun.
> ... regen uns zum Nachdenken über unser eigenes Verhalten an.
> ... kritisieren Missstände und helfen dabei, diese zu verändern.

Für leistungsstärkere Lerngruppen oder ältere Schülerinnen und Schüler wird als Differenzierungsmaterial das **Zusatzmaterial 4** (S. 163) angeboten. Wenn in einer solch leistungsstarken Gruppe ein weiterer Akzent auf die Gattungstypologie gelegt werden soll, kann auf das **Arbeitsblatt 13** (S. 57) zurückgegriffen werden. Das mehrphasig angelegte Arbeitsblatt mit dem Titel „Einem Sachtext Informationen entnehmen – Die Fabel" fasst die im zweiten Baustein des Unterrichtsmodells erarbeiteten Kerninformationen zum Aufbau einer typischen Fabel knapp und anschaulich zusammen. Nach der Lektüre und einem Markierungsauftrag erhalten die Schülerinnen und Schüler in einer zweiten Phase den Auftrag, die bekannten und wiederholten Inhalte auf eine selbst ausgewählte Fabel anzuwenden. Die Konkretisierung erfolgt in einem dritten Schritt, indem die Analyseergebnisse in einer Tabelle stichwortartig fixiert werden. Abschließend erhalten die Schülerinnen und Schüler die Möglichkeit, ihre Untersuchungsergebnisse in einem Kurzvortrag (vor einem oder mehreren Mitschülern) zu verbalisieren.

Das **Arbeitsblatt 14** (S. 58 f.) ist als eher spielerisch angelegte Alternative, nicht als Ergänzung zu diesem Arbeitsschritt zu verstehen. Es bietet sich vor allem in Lerngruppen an, die im Vorfeld bereits mit den Textsorten Märchen bzw. Sage in Berührung gekommen sind. Angeboten wird hier ein „Unsinns-Text", bei dem die einzelnen Handlungsschritte der jeweiligen Textsorte bewusst durcheinandergeraten sind und nun durch die Schüler wieder richtig sortiert werden sollen. Diese knifflige, durchaus anspruchsvolle und nicht für jede Lerngruppe geeignete Puzzle-Aufgabe soll – unter Zuhilfenahme einer Kurzdefinition – über die Methode des Markierens geschehen. Es ist sinnvoll, die drei Informationskästen zum Auftakt in drei unterschiedlichen Farben zu schraffieren und diese Farben dann auch während der Markierungsphase zu nutzen. Da die Aufgabe des Sortierens und Zuordnens aufgrund der Gestaltung des „Unsinns"-Textes durchaus anspruchsvoll ist, kann sie auch – anders als auf dem Arbeitsblatt vorgeschlagen – in Partner- oder Kleingruppenarbeit erfolgen. In leistungsheterogenen Lerngruppen ist dies sogar die empfehlenswertere Variante.

In einer abschließenden Plenumsphase können dann die einzelnen Texte – die Sage, die Fabel und der Märchenanfang – mündlich vorgetragen werden.

- *Lies bitte die Fabel in der richtigen Reihenfolge vor. Woran hast du erkannt, dass dies die Teile einer Fabel sein müssen? Nenne Merkmale.*
- *Lies die Sage in der richtigen Reihenfolge vor. Begründe deine Auswahl.*
- *Lies den Märchenanfang vor. Was daran ist typisch für ein Märchen? Erläutere.*

Eine Kontrollmöglichkeit bieten die Lösungen zum **Arbeitsblatt 14** (S. 59).

2.5 Was ist das für ein Mensch? – Fabel-Dichter kennenlernen (Äsop, Luther, Lessing, La Fontaine, Thurber)

In der folgenden Sequenz werden Möglichkeiten aufgezeigt, im Unterricht bekannte Fabel-Dichter kennenzulernen. Angeboten werden Kurzporträts von Äsop, Luther, Lessing, La Fontaine und Thurber, die von der Lerngruppe arbeitsteilig erschlossen und in Form einer Wandzeitung verarbeitet werden können. Dabei werden neben den notwendigen Textverarbeitungskompetenzen vor allem methodische Fähigkeiten gefördert. Die vorgeschlagene Form der Galerie-Methode bietet den Schülerinnen und Schülern im Gruppenpuzzle die Chance, das Erarbeitete vor der (Klassen-)Öffentlichkeit zu präsentieren und dabei wichtige Vortragstechniken im Rahmen dieses Kurzreferats einzuüben. Für die vorgestellte Sequenz dürfte eine Doppelstunde ausreichen. Verlegt man einen Teil der Recherche-Aufgaben des jeweiligen Arbeitsblattes in die Hausaufgabe, gewinnt die Lehrkraft Zeit für die hier angestrebten methodischen Kernkompetenzen, die im Bereich der Kommunikation und Präsentation liegen. Selbstverständlich ist es unter Verzicht auf die in Folge skizzierte Sequenz auch möglich, einzelne Arbeitsblätter im Unterricht einzusetzen. Denkbar wäre zum Beispiel als Differenzierungsmaßnahme ein Impulsreferat eines oder mehrerer besonders leistungsstarker Schüler zu einem ausgewählten Autor. Eine deutliche Arbeitsverkürzung lässt sich erreichen, wenn auf das hier eingeforderte Erstellen einer informierenden Wandzeitung verzichtet wird und sich die Schülerinnen und Schüler ihre (Teil-)Ergebnisse in der Mischgruppe nur mündlich vorstellen. Auch hier sollten die Informationen jedoch unbedingt vonseiten der Zuhörer gesichert werden.

Im **informierenden Unterrichtseinstieg** stellt die Lehrkraft den Schülerinnen und Schülern das Thema der kommenden Erarbeitungsphase vor. Es geht darum, die Biografien einzelner bedeutender Fabel-Dichter zu erarbeiten und diese den Mitschülern in Form eines Referates und unter Zuhilfenahme einer Wandzeitung vorzustellen. Dafür werden die Schülerinnen und Schüler in arbeitsteilig arbeitende Kleingruppen aufgeteilt.
Es spricht viel dafür, diese Aufteilung dem Zufallsprinzip zu überlassen, etwa durch den Einsatz von Spielkarten oder durch ein schnelles Auszählen. In mit kooperativen Lern- und Arbeitsformen noch nicht so geübten Lerngruppen kann an dieser Stelle besprochen werden, wie eine gute Gruppenarbeit gelingen kann bzw. welche Hemmnisse dieser entgegenstehen. Gerade auch für sich neu zusammensetzende Lerngruppen in der Jahrgangsstufe 5 empfiehlt sich der Einsatz von **Rollenkarten**, die der folgenden längeren Gruppenarbeitsphase eine sinnvolle Struktur geben und den Ablauf in geeigneter Weise ökonomisieren. Der Vorteil individueller Rollenvorgaben für die Gruppenarbeit liegt auf der Hand. Vermieden werden kann v. a. das sogenannte „Trittbrettfahrer-Phänomen", das darin besteht, dass bei Gruppenarbeiten manchmal die meiste Arbeit von einem Schüler oder einer Schülerin erledigt wird anstelle der gesamten Gruppe. Die Rollenkarten übertragen einzelnen Gruppenteilnehmern Verantwortung und verhindern so ohne großen Aufwand, typische Fehler oder Probleme der Gruppenarbeit überhaupt erst entstehen zu lassen. Dabei sollte von der Lehrkraft klargemacht werden, dass die zugeteilten individuellen Rollen als zusätzliche Spezialaufgabe zu deuten sind und nicht die Mitarbeit an der inhaltlichen Hauptaufgabe ersetzen oder auch nur mindern.
Hierfür wird das **Zusatzmaterial 5** (S. 163) angeboten. Es empfiehlt sich, diese Rollenkarten vor Beginn der eigentlichen Gruppenarbeitsphase zentral im Plenum, z.B über einen Folieneinsatz, zu besprechen, um eventuelle Nachfragen zu ermöglichen. Selbstverständlich können in Abhängigkeit von der jeweiligen Gruppengröße weitere Funktionskarten zum Einsatz kommen. Denkbar wäre etwa die Aufgabe des Fragenstellers, der während der ersten Arbeitsphase seine Gruppenmitglieder immer wieder die Arbeitsfragen vor Augen führt und so dazu beiträgt, dass zielorientiert und effizient gearbeitet wird, ohne das eigentliche Ziel

Baustein 2: Klassische Fabeln verstehen

aus den Augen zu verlieren. Eine weitere Rolle könnte die des Ermutigers oder Motivators sein, der Leerlaufsituationen erkennen bzw. beenden muss. Die Folienvorlage (S. 164) sollte von der Lehrkraft entsprechend der Anzahl der Gruppen – empfehlenswert ist eine Gruppengröße von etwa fünf Teilnehmern – kopiert, die Rollenkarten bereits präpariert, d. h. zugeschnitten sein. Werden diese im Vorfeld von der Lehrkraft laminiert, können sie auch bei späteren Unterrichtseinheiten zum Einsatz kommen. Eine einfachere Alternative ist das Einkleben der Rollenkarte durch den Schüler, sodass dieser sich auch in anderen Situationen seiner Rolle bewusst ist bzw. diese schnell nachschlagen kann.

- Was macht gute Gruppenarbeit aus? Worauf muss man achten?
- Was sind typische Fehler der Gruppenarbeit? Unter welchen Bedingungen funktioniert sie nicht? Erzählt von eigenen Erfahrungen.
- Welche Rollen könnte man in einer gut funktionierenden Gruppenarbeit vergeben?

Die sich anschließende längere Kleingruppenarbeitsphase ist der Beginn des eigentlichen **Gruppenpuzzles**:

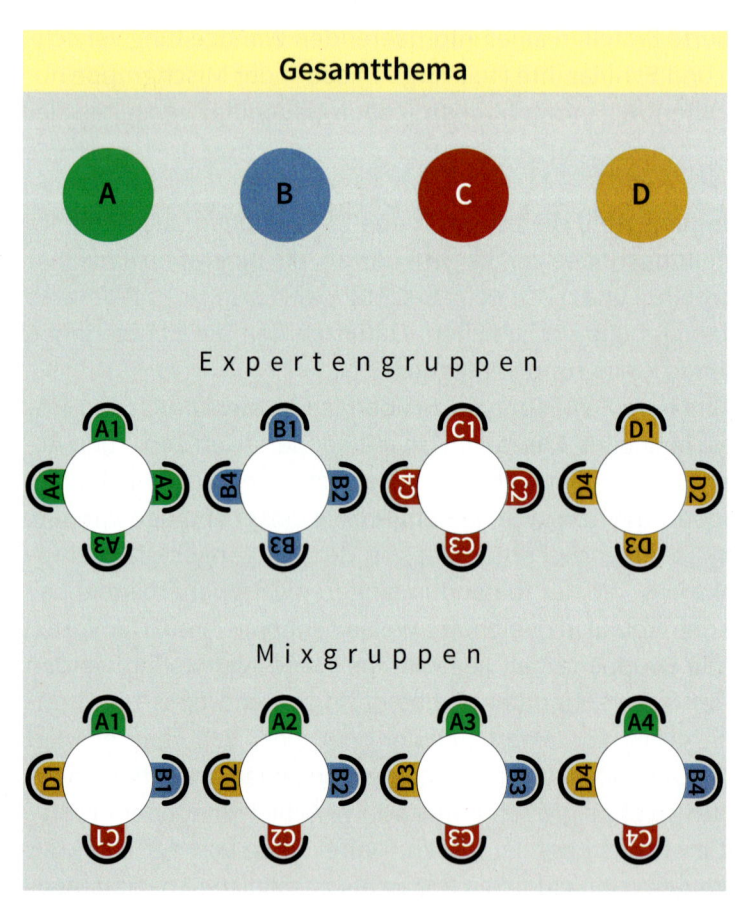

Jede Einzelgruppe arbeitet an einem Thema, erarbeitet sich also gemeinsam die bereitgestellten Informationen zu *einem* Fabel-Dichter. Ausgehändigt wird den Teilnehmern einer Gruppe also das identische Arbeitsblatt (**Arbeitsblätter 15 a – e**, S. 60 ff.).

Der Kern der Unterrichtssequenz, die Kleingruppenarbeit, lässt sich in mehrere Teilphasen unterteilen. In dieser ersten **Aneignungs- und Verarbeitungsphase** erarbeiten sich die Schülerinnen und Schüler ihren Teil des Lernstoffs durch Lektüre und gemeinsame Bearbeitung der Zielfragen, die im Rahmen der Kleingruppe diskutiert werden sollten. Da die Arbeitsaufträge nicht zentral besprochen werden, kann es in dieser Phase notwendig sein, dass die Lehrkraft die Lerngruppen aufsucht und sich vergewissert, ob die Vorgehensweise verstanden wurde. Im Mittelpunkt stehen in dieser Phase der zielgerichtete **Umgang mit einem Sachtext** bzw. entsprechende Texterschließungskompetenzen. Sinnvoll angeleitet werden die SuS hierbei über den inhaltlich bei allen Arbeitsblättern gleich angelegten Methodenkasten „Einen informativen Sachtext über einen Dichter erarbeiten", mit dessen Hilfe eine gut strukturierte Textarbeit ermöglicht werden soll.

Die sich an diese Einzelarbeit anschließende und für alle Gruppen zentrale Aufgabenstellung, eine Wandzeitung zum Teilthema zu erstellen, motiviert und fördert die kooperative Zusammenarbeit mit gemeinsamen Zielen und garantiert in der Regel ein hohes Maß an themenzentrierter Kommunikation, zumal die Schülerinnen und Schüler von Beginn an wissen, dass jede/r Einzelne von ihnen die Ergebnisse dieser Erarbeitungsphase den Mitschülern in Form eines Kurzreferates präsentieren muss. Ungeübten Lerngruppen kann das **Zusatzmaterial 6** (S. 164) zur Verfügung gestellt werden. Dieses informiert über zentrale Merkmale gelungener funktionaler Wandzeitungen. Es kann hilfreich sein, die auf diesem Material erwähnten Aspekte gemeinsam zu besprechen, um die Qualität der Wandzeitungen im Vorfeld sicherzustellen.

Für die **Vermittlungsphase** bietet sich die sogenannte „Gallery-Tour" (Galeriegang) an. Bei dieser Form der Präsentation erhalten die Schülerinnen und Schüler Gelegenheit, ihr erstelltes Produkt im Schonraum einer kleinen Gruppen von Mitschülern vorzustellen. Vor Beginn werden die Wandzeitungen aus der ersten Phase gleichmäßig im Raum an der Wand befestigt, alternativ können sie auch auf den Gruppentischen ausgelegt werden. Dafür werden die Gruppen nach dem folgenden Gruppenmixverfahren neu zusammengestellt:

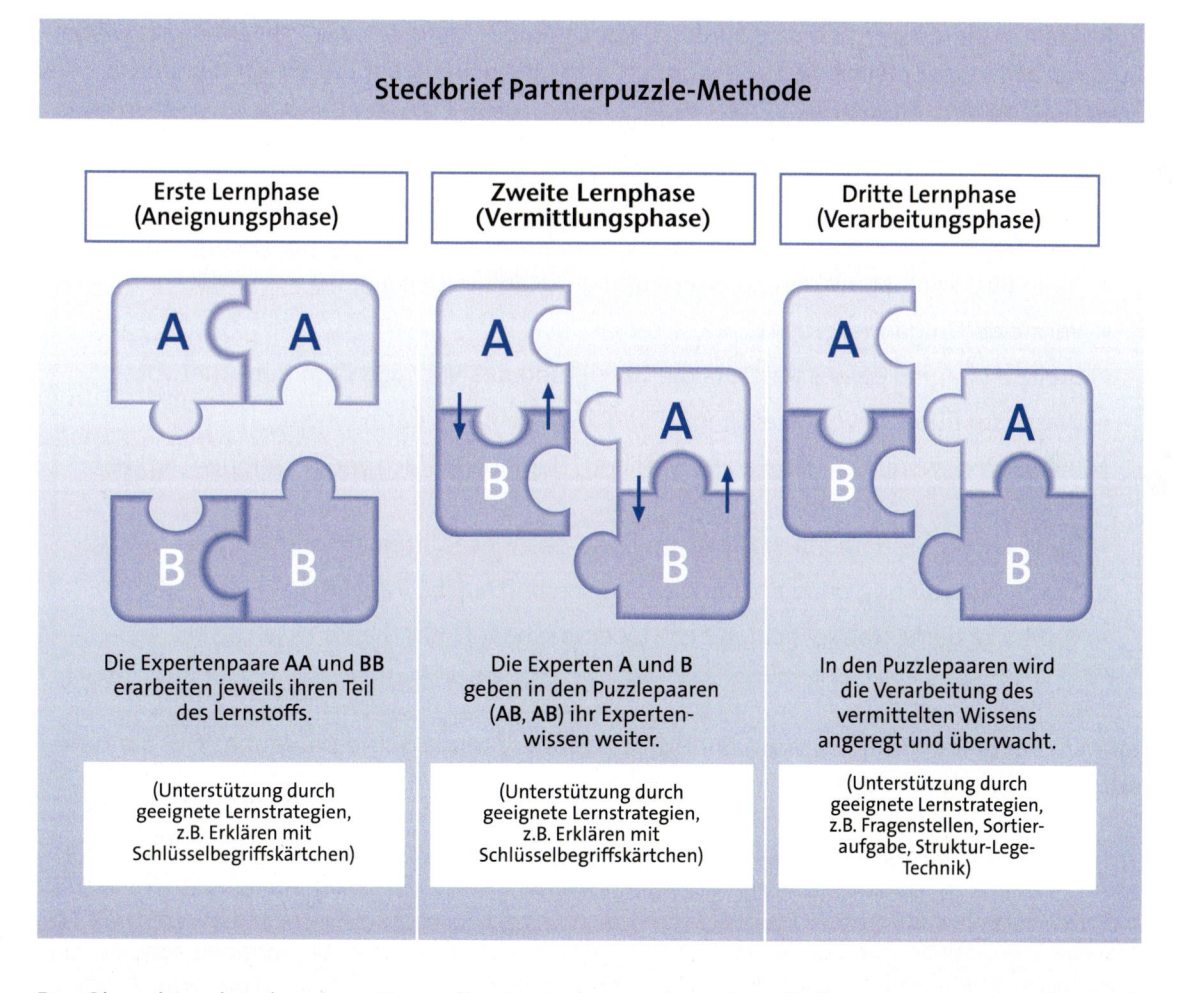

Steckbrief Partnerpuzzle-Methode

Erste Lernphase (Aneignungsphase)	Zweite Lernphase (Vermittlungsphase)	Dritte Lernphase (Verarbeitungsphase)
Die Expertenpaare AA und BB erarbeiten jeweils ihren Teil des Lernstoffs.	Die Experten A und B geben in den Puzzlepaaren (AB, AB) ihr Expertenwissen weiter.	In den Puzzlepaaren wird die Verarbeitung des vermittelten Wissens angeregt und überwacht.
(Unterstützung durch geeignete Lernstrategien, z.B. Erklären mit Schlüsselbegriffskärtchen)	(Unterstützung durch geeignete Lernstrategien, z.B. Erklären mit Schlüsselbegriffskärtchen)	(Unterstützung durch geeignete Lernstrategien, z.B. Fragenstellen, Sortieraufgabe, Struktur-Lege-Technik)

Der Charakter der einzelnen Kurzreferate, insbesondere aber die Konzentrationsbereitschaft aufseiten der Zuhörer lässt sich deutlich steigern, wenn diese durch die Lehrkraft nicht nur zum genauen Zuhören und Nachfragen angehalten werden, sondern die Aufgabe bekommen, am Ende des jeweiligen Referates die wesentlichen Kerninformationen stichpunktartig in einem **T-Chart** festzuhalten. Dafür wird vor Beginn der Referatsphase eine entsprechende

Skizze in das Deutschheft übertragen. Notiert werden die Namen von vier Fabel-Dichtern. Der Name des eigenen Autoren wird ausgespart, da zu diesem aus Sicht der Experten keine Mitschrift notwendig erscheint. Der T-Chart eines Schülers, der selbst zu Luther referiert, sähe also wie folgt aus:

Äsop	Lessing
La Fontaine	Thurber

In ungeübten Lerngruppen kann nach Beendigung der Erarbeitungsphase und vor der Präsentationsphase der Wandzeitung ein kurz gehaltenes Plenumgsgespräch die Qualität der Referate erhöhen, wenn zentrale Merkmale des guten Referierens wie Präsentierens wiederholt werden. Wesentliche Aspekte können im Unterrichtsgespräch erarbeitet und an der Tafel festgehalten werden:

Tipps für eine gelungenes Kurzreferat

- Halte Blickkontakt mit den Zuhörern und gehe auf Fragen ein.
- Vermeide Umgangssprache.
- Stelle zu Beginn deines Referats die Gliederung des Vortrags dem Publikum vor.
- Warte auf Ruhe, bevor du anfängst. Sprich nicht in den Lärm hinein.
- Bleib ruhig, wenn du „den Faden" verlierst. Beginne einfach wieder mit dem letzten Aspekt.
- Hebe Wichtiges hervor und fasse am Ende das Wesentliche zusammen.
- Sprich laut, betont, deutlich und nicht zu schnell. Mache Pausen.
- Verstecke deine Hände nicht in den Hosentaschen. Nutze sie für freie Gestik.

Mithilfe der Mitschriften kann am Ende eine nachbereitende Schreibaufgabe, z. B. als **Hausaufgabe** gestellt werden:

■ *Verfasse einen kurzen informativen Eintrag für ein Schüler-Literatur-Lexikon zu einem Fabel-Dichter deiner Wahl.*

Typisierung der Fabeltiere –
Äsop: Der Fuchs und der Esel

Der berühmte griechische Dichter **Äsop** lebte wahrscheinlich um 600 vor Christus. Der sagenumwobene Poet gilt als Erfinder der Fabeldichtung. Über seine Person ist sehr wenig bekannt. Wahrscheinlich war er ein griechischer Sklave. Fabeln gehörten in Griechenland eher zur mündlichen Kultur des Volkes und nicht zum Adel. Angeblich kam er nach seiner Zeit als Sklave später als freier Mann an den Hof des Königs Kroisos, dessen Vertrauen er durch den klugen Witz, der aus seinen Fabeln sprach, gewann. Auf einer Reise wurde Äsop – wie der Dichter Aristophanes berichtet – angeblich von eifersüchtigen Priestern wegen Gotteslästerung ermordet.

Äsop: Der Fuchs und der Esel

Ein Esel warf einmal eine Löwenhaut über sich, lustwandelte[1] mit stolzen Schritten im Wald und schrie sein „Iah!" aus vollen Kräften, um die anderen Tiere in Schrecken zu versetzen. Alle erschraken, nur der Fuchs nicht. Dieser trat keck[2] vor ihn hin und höhnte[3] ihn: „Mein Lieber, auch ich würde vor dir erschrecken, wenn ich dich nicht an deinem ‚Iah!' erkannt hätte. Ein Esel bist und bleibst du!"

Aus: Fabeln des Äsop. Ravensburger Buchverlag, Ravensburg, 1966

[1] spazieren gehen
[2] hier: mutig, selbstbewusst
[3] verspotten, verhöhnen

1. Beschreibe den Plan des Esels. Was hat er vor und was ist sein Ziel?

2. Beschreibe sein Verhalten mit treffenden Adjektiven. Welche Gründe hat der Esel?

3. Wie gelingt es dem Fuchs, den Esel zu durchschauen? Welche Charaktereigenschaft des Fuchses wird dadurch deutlich?

4. Was meint wohl der Fuchs mit seinem letzten Satz („Ein Esel bist und bleibst du!")? Erläutere.

5. Gib dem Esel einen Tipp: Welchen Fehler sollte er vermeiden? Worauf sollte er in Zukunft achten?

Typisierung der Fabeltiere – Äsop: Der Fuchs und der Ziegenbock

Äsop: Der Fuchs und der Ziegenbock

Ein Fuchs fiel in einen tiefen Brunnen und konnte sich nicht heraushelfen. Da kam ein durstiger Ziegenbock zum Brunnen, und als er den Fuchs sah, fragte er ihn: „Ist das Wasser gut?" Der Fuchs verschwieg, dass er in
5 die Tiefe hinabgestürzt war, und antwortete: „Das Wasser ist klar und schmeckt gut; komm nur auch herab!" Das tat der Bock, und als er seinen Durst gestillt hatte, fragte er: „Wie können wir aber wieder herauskommen?" Der Fuchs entgegnete: „Dafür will ich
10 schon sorgen. Du stellst dich auf die Hinterbeine gegen die Wand und streckst deinen Hals aus. Dann werde ich über deinen Rücken und deine Hörner hinaufklettern und dir auch heraushelfen!" Der Ziegenbock tat, was der Fuchs geraten hatte, und sogleich sprang dieser über ihn hinweg und mit einem kräftigen Satz auf
15 den Brunnenrand. Dort tanzte er voll Freude über seine Befreiung und verhöhnte den Bock. Dieser schalt[1] ihn vertragsbrüchig, der Fuchs aber sagte: „Wenn du in deinem Kopf so viele Gedanken hättest wie Haare in deinem Bart, so wärst du nicht da hinuntergestiegen,
20 ohne zu bedenken, wie du wieder herauskommst."

Aus: Edmund Mudrak (Hg.): Das große Buch der Fabeln. Ensslin und Laiblin Verlag, Reutlingen 1962

[1] schimpfte

1. Besprecht, wie sich Fuchs und Ziegenbock in der Fabel verhalten. Bestimmt die unterschiedlichen Eigenschaften von Spieler (Fuchs) und Gegenspieler (Ziegenbock).

2. Bildet Gruppen zu je drei Schülern. Lest den Text mit verteilten Rollen, wobei ein Schüler die Rolle des Fuchses, einer die des Ziegenbocks und der dritte den Erzähler übernimmt.

3. Überlegt gemeinsam: Sind die typischen Eigenschaften des Fuchses bzw. des Bocks durch die Art des Vortrags (Betonung, Lautstärke, Pausengestaltung) sprachlich gut ausgestaltet worden? Probiert an mindestens einer Stelle eine sprachliche Variante aus. Stellt nun eure (Hör-)Fassung der Fabel der Klasse vor.

4. Stelle dir vor, der Ziegenbock sitzt auch drei Stunden, nachdem ihn der Fuchs ausgetrickst hat, noch in dem Brunnen. Er hat also viel Zeit zum Nachdenken. Schreibe diese Gedanken in der Ich-Form auf. Du verfasst also einen sogenannten „inneren Monolog".

5. Zusatzaufgabe: Beurteile das Verhalten des Fuchses. Schreibe den Text in dein Heft.

Typisierung der Fabeltiere: Fabeltiere gibt es nur im Doppelpack

1. Du kennst eine Menge Fabeln, in denen häufig die gleichen Tierarten auftreten. Ordne den Tieren in der folgenden Tabelle eine entsprechende Eigenschaft zu, indem du sie mit einer Linie verbindest. Versuche, dich dabei an eine dir bekannte Fabel zu erinnern. Notiere – wenn möglich – den Titel einer Fabel in der rechten Spalte.

Typische Fabeltiere und ihre Eigenschaften

TIER	SYMBOL		EIGENSCHAFT	FABEL
Bär			eitel, hochmütig, stolz	
Esel			durchtrieben, trickreich, sehr schlau	
Hahn			königlich, gewalttätig, stolz	
Wolf			gutmütig, einfältig, freundlich	
Fuchs			dumm, einfach, bedächtig	
Igel			schlau, überlegt	
Löwe			störrisch und faul	
Hund			gierig, räuberisch, lügend, rücksichtslos	
Ziege			einfältig, leichtgläubig	
Lamm			unzufrieden, leichtgläubig	
Krähe			treu, unbedacht, freundlich	
Henne			dumm, rechtlos, schwach, fromm	

2. Überlege: Warum gibt es eher selten Fabeln, in denen eine Henne auf eine Ziege trifft oder ein Wolf auf einen Löwen?

_____

_____

_____

_____

3. Bildet 3er-Gruppen: Sucht euch aus der Tabelle zwei Tiere heraus, deren Eigenschaften gegensätzlich sind. Lasst diese beiden Tiere an einem geeigneten Ort aufeinandertreffen. Erfindet eine Handlung, anhand derer die typische Eigenschaft des jeweiligen Tieres deutlich wird. Spielt eure kurze Fabel vor und erklärt anschließend, was ihr euch dabei gedacht habt.

Rollenverteilung: Schüler I + II = Tier I und II; Schüler III: Erzähler (Anfang + Lehre am Ende)

Literarische Figuren verstehen – Martin Luther: Vom Raben und Fuchs

Martin Luther (1483–1546) war ein berühmter Augustinermönch und Theologie-Professor, der sich gegen die damalige Lehre der katholischen Kirche wandte und damit die sogenannte Reformation einleitete. Im Zuge der Reformation spaltete sich die eine neue christliche Kirche, die evangelische, von der katholischen ab. Diese Spaltung zwischen evangelischen und katholischen Christen hält bis heute an. Martin Luther war aber nicht nur ein begnadeter Theologe, sondern ebenfalls ein bekannter Fabel-Dichter. Als Erster übersetzte er die Bibel ins Deutsche.

Martin Luther: Vom Raben und Fuchs

Ein Rab' hatte einen Käse gestohlen und setzte sich auf einen hohen Baum und wollte zehren[1].
Da er aber seiner Art nach nicht schweigen kann, wenn er isst, hörte ihn ein Fuchs über dem Käse kecken und lief zu ihm und sprach: „O Rab', nun hab' ich mein Lebtag keinen schöneren Vogel gesehen von Federn und Gestalt, denn du bist. Und wenn du auch so eine schöne Stimme hättest zu singen, so sollt' man dich zum König krönen über alle Vögel." Den Raben kitzelte[2] solch Lob und Schmeicheln, fing an und wollt' seinen schönen Gesang hören lassen. Und als er den Schnabel auftat, entfiel ihm der Käse; den nahm der Fuchs behänd[3], fraß ihn und lachte des törichten Raben.

http://www.hekaya.de/fabeln/vom-raben-und-fuchs--luther_4.html (Abruf: 09.11.2014)

[1] essen
[2] hier: gefiel
[3] flink, geschickt

1. Welche Gedanken gehen dem Raben durch den Kopf, als der Fuchs zu ihm spricht? Notiere sie in der entsprechenden Denkblase, nachdem du dich mit deinem Nachbarn darüber ausgetauscht hast.

2. Was denkt der Fuchs, bevor er den Raben anspricht? Was hat er sich überlegt? Notiere auch diese Gedanken in der entsprechenden Denkblase.

Eine Fabel rekonstruieren: Bring Ordnung in das fabelhafte Chaos

Martin Luther: Von der Stadtmaus und der Feldmaus

EI	Die Feldmaus zog mit ihr hin in ein herrlich schönes Haus, darin die Stadtmaus wohnte, und sie gingen in die Kammern, die voll waren von Fleisch, Speck, Würsten, Brot, Käse und allem. Da sprach die Stadtmaus: „Nun iss und sei guter Dinge. Solcher Speise habe ich täglich im Überfluss."
SCH	Aber die Stadtmaus sprach: „Was willst du hier in Armut leben! Komm mit mir, ich will dir und mir genug schaffen von allerlei köstlicher Speise."
T	Wer reich ist, hat viel Sorge.
EI	Die Feldmaus antwortete: „Du hast gut reden, du wusstest dein Loch fein zu treffen, derweil bin ich schier vor Angst gestorben. Ich will dir sagen, was meine Meinung ist: Bleib du eine Stadtmaus und friss Würste und Speck, ich will ein armes Feldmäuslein bleiben und meine Eicheln essen. Du bist keinen Augenblick sicher vor dem Kellner, vor den Katzen, vor so vielen Mäusefallen, und das ganze Haus ist dir feind. Von alldem bin ich frei und bin sicher in meinem armen Feldlöchlein."
BE	Eine Stadtmaus ging spazieren und kam zu einer Feldmaus. Die tat sich gütlich an Eicheln, Gersten, Nüssen und woran sie konnte.
H	Da der Kellner wieder hinaus war, sprach die Stadtmaus: „Es hat nun keine Not, lass uns guter Dinge sein."
DEN	Da kam der Kellner und rumpelte mit den Schlüsseln an der Tür. Die Mäuse erschraken und liefen davon. Die Stadtmaus fand bald ihr Loch, aber die Feldmaus wusste nirgends hin, lief die Wand auf und ab und gab schon ihr Leben verloren.

Aus: Fabeln aus 3 Jahrtausenden. Manesse Verlag: Zürich 1976, S. 82f.

1. Hier ist so einiges durcheinandergeraten:
Versuche, den Originaltext der Fabel wieder in die richtige Reihenfolge zu bringen. Dafür kannst du die einzelnen Abschnitte auch auseinanderschneiden und die Zettel danach beliebig oft verschieben, bis du mit deinem Ergebnis zufrieden bist.

2. Vergleiche deine Version mit der deines Sitznachbarn. Tauscht euch darüber aus, wie ihr bei der Lösung der Aufgabe vorgegangen seid. Wenn ihr euch auf eine gemeinsame Lösung geeinigt habt, kannst du die Zettel am Ende in der richtigen Reihenfolge in dein Heft kleben.

3. Auf den ersten Blick ist die Feldmaus um einiges ärmer als die Stadtmaus. Doch stimmt das wirklich oder kann man dies nicht auch anders sehen? Begründe deine Meinung, indem du auch auf das Lösungswort eingehst.

So sind Fabeln aufgebaut – Martin Luther: Vom Raben und Fuchs

In der Fabel vom Raben und Fuchs verhalten sich beiden Hauptdarsteller auf ganz unterschiedliche Art und Weise.

1. Welche persönlichen Eigenschaften werden bei den beiden Tieren durch ihr Verhalten (Denken und Handeln) deutlich? Lies die Eigenschaftswörter im Wortspeicher und überlege dir, welche dieser Adjektive auf den Fuchs bzw. den Raben passen. Wähle sie aus und trage sie – mit einer kurzen Begründung versehen – in die folgende Tabelle ein.

> *naiv listig scharfsinnig empfindlich nervenstark eitel selbstverliebt stark eingebildet mitleidig großzügig ängstlich dumm treu hochnäsig gemein lieb ehrlich aufrichtig humorvoll schlau missgünstig kühl/cool gesprächig edelmütig stolz ehrgeizig schwach einfältig dreist*

Eigenschaft des Raben	Begründung	Eigenschaft des Fuchses	Begründung

2. Die meisten Fabeln haben einen klaren Aufbau. Gliedere die Fabel „Vom Raben und Fuchs" mithilfe des folgenden Schemas in die entsprechenden Abschnitte. Trenne dafür mit Strichen in der Textvorlage die einzelnen Abschnitte voneinander. Notiere den Inhalt des jeweiligen Handlungsschritts in Stichpunkten in die rechte Spalte. Übe zuerst mit Bleistift und korrigiere dich, wenn nötig.

So sind Fabeln aufgebaut	
1. Ausgangssituation	
2. Aktion (Handlung)	
3. Reaktion (Gegenhandlung)	
4. Ergebnis	

3. Am Ende einer Fabel steht häufig eine Lehre (Moral), also eine Art Hilfe für den Leser, damit er aus der Geschichte etwas lernen kann. Welche der folgenden Lehren kommen deiner Meinung nach für diese Fabel infrage? Kreuze an und begründe deine Auswahl.

	„Ehrlich wärt am längsten."		„Aus Schaden wird man klug."
	„Lügen haben kurze Beine."		„Der Klügere gibt nach."
	„Hüte dich vor Schmeichlern."		„Hochmut kommt vor dem Fall."

Begründung: _____

Gotthold Ephraim Lessing: Der Rabe und der Fuchs

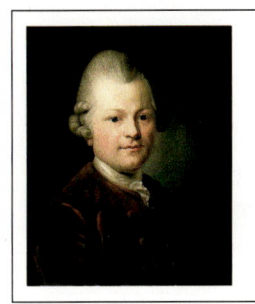

Gotthold Ephraim Lessing (1729–1781) war ein bedeutender Dichter in der Epoche der sog. Aufklärung (18. Jh.). Lessing kämpfte gegen die Unterdrückung und Bevormundung des Bürgertums durch den Adel. Er kämpfte für den Gedanken der Freiheit und plädierte als Dichter der Aufklärung für die Vernunft, die sich auch ohne die Hilfe einer göttlichen Offenbarung durchsetzen könne. Gegenüber einer allzu strengen Religion war er also kritisch eingestellt, weil der Mensch sich nicht auf uralte Schriften, sondern auf seinen Verstand verlassen sollte. Lessing ist der erste deutsche Theaterdichter, dessen Werke bis heute ununterbrochen in den Theatern aufgeführt werden.

Der Rabe und der Fuchs

Ein Rabe trug ein Stück vergiftetes Fleisch, das der erzürnte Gärtner für die Katzen seines Nachbars hingeworfen hatte, in seinen Klauen fort. Und eben wollte er es auf einer alten Eiche verzehren, als sich ein Fuchs herbeischlich und ihm zurief: „Sei mir gesegnet, Vogel des Jupiters!"

„Für wen siehst du mich an?", fragte der Rabe. „Für wen ich dich ansehe?", erwiderte der Fuchs. „Bist du nicht der rüstige Adler, der täglich von der Rechten des Zeus auf diese Eiche herabkommt, mich Armen zu speisen? Warum verstellst du dich? Sehe ich denn nicht in der siegreichen Klaue die erflehte Gabe, die mir dein Gott durch dich zu schicken noch fortfährt?" Der Rabe erstaunte und freute sich innig, für einen Adler gehalten zu werden. „Ich muss", dachte er, „den Fuchs aus diesem Irrtum nicht bringen." – Großmütig dumm ließ er ihm also seinen Raub herabfallen und flog stolz davon.

Der Fuchs fing das Fleisch lachend auf und fraß es mit boshafter Freude. Doch bald verkehrte sich die Freude in ein schmerzhaftes Gefühl; das Gift fing an zu wirken, und er verreckte.

Möchtet ihr euch nie etwas anders als Gift erloben, verdammte Schmeichler!

Aus: Tiermärchen aus aller Welt. Gütersloh 1979

---

1. Vergleiche die beiden Fabeln Luthers und Lessings miteinander. Gehe systematisch vor und erarbeite Gemeinsamkeiten und Unterschiede mithilfe der folgenden Tabelle.

Vergleichskriterium	„Vom Raben und Fuchs" – Martin Luthers Version	„Der Rabe und der Fuchs" – G.E. Lessings Version
Überschrift		
Ort der Handlung		
Ausgangssituation		
Verhalten des Raben und des Fuchses		
Schluss der Fabel		
Lehre (Moral)		
Sprache des Textes		

2. Ganz sicher kannte Gotthold E. Lessing die Fabel Martin Luthers. Warum hat er sie wohl verändert? Notiere die mögliche Bedeutung der Unterschiede.

Vom Teilen der Beute: Zwei Fabeln im Vergleich

Wilhelm Busch: Die Teilung

Es hat einmal, so wird gesagt,
Der Löwe mit dem Wolf gejagt.
Da haben sie vereint erlegt
Ein Wildschwein, stark und gut gepflegt.

5 Doch als es ans Verteilen ging,
Dünkt das dem Wolf ein misslich Ding.[1]

Der Löwe sprach: „Was grübelst du?
Glaubst du, es geht nicht redlich zu?
Dort kommt der Fuchs, er mag entscheiden
10 Was jedem zukommt von uns beiden."

„Gut", sagt der Wolf, dem solch ein Freund
Als Richter gar nicht übel scheint.
Der Löwe winkt dem Fuchs sogleich:
„Herr Doktor, das ist was für Euch.
15 Hier dieses jüngst erlegte Schwein,
Bedenkt es wohl, ist mein und sein.
Ich fasst' es vorn, er griff es hinten;
Jetzt teilt es uns, doch ohne Finten[2]."

Der Fuchs war ein Jurist von Fach.
20 „Sehr einfach", spricht er, „liegt die Sach
Das Vorderteil, ob viel, ob wenig,
Erhält mit Fug und Recht der König.

---
[1] hier: Da fällt dem Wolf ein Problem auf.
[2] Tricks

Dir aber, Vetter Isegrim[3],
Gebürt das Hinterteil. Da nimm!"

25 Bei diesem Wort trennt er genau
Das Schwänzlein hinten von der Sau.
Indes der Wolf verschmäht die Beute,
Verneigt sich kurz und geht beiseite.

„Fuchs", sprach der Löwe, „bleibt bei mir
30 Von heut an seid Ihr Großwesir[4]."

Martin Luther: Die Teilung der Beute

Ein Löwe, Fuchs und Esel jagten miteinander und fingen einen Hirsch. Da hieß der Löwe den Esel das Wildbret. Der Esel machte drei Teile. Dessen ward der Löwe zornig und riss dem Esel die Haut über den Kopf, dass er blutüberströmt dastand. Und hieß den Fuchs das Wildbret teilen. Der Fuchs stieß die drei Teile zusammen und gab sie dem Löwen ganz. Des lachte der Löwe und sprach: „Wer hat dich so teilen gelehrt?" Der Fuchs zeigte auf den Esel und sprach: „Der Doktor da im roten Barett[5]."

H.G. Müller/J. Wolf: Fabel und Parabel. Mit Materialien. Stuttgart: Klett 1982, S. 15 (Luther), S. 16 (Busch)

---
[3] Isegrim: So wird in Fabeln der Wolf häufig genannt.
[4] hoher Minister
[5] flache, runde Kopfbedeckung; hier ironisch: der blutende Kopf des Esels

■ *Löse folgende Ankreuz-Aufgaben. Notiere jeweils eine schriftliche Begründung in deinem Heft.*

1. In der Fabel Wilhelm Buschs handelt der Fuchs ungerecht, weil er dem Wolf so wenig von der Beute zuteilt.

   ☐ trifft zu   ☐ trifft in Teilen zu   ☐ falsch

2. Der Wolf ist dumm. Er versteht nicht, dass er sich nach der Jagd in einer für ihn gefährlichen Situation befindet.

   ☐ trifft zu   ☐ trifft in Teilen zu   ☐ falsch

3. Der Fuchs verhält sich so, wie sich ein typischer Fuchs in einer typischen Fabel eben verhalten sollte.

   ☐ trifft zu   ☐ trifft in Teilen zu   ☐ falsch

4. Die Rolle des Wolfes in der Busch-Fabel spielt bei Luther der Esel.

   ☐ trifft zu   ☐ trifft in Teilen zu   ☐ falsch

5. Die Lehre beider Fabeln lautet: „Leg dich nicht mit einem Stärkeren an, sei vorsichtig!"

   ☐ trifft zu   ☐ trifft in Teilen zu   ☐ falsch

Wozu sind Fabeln da? – Vom Sinn und Unsinn der Literatur

> **Naina** @nainablabla · 10. Jan.
> Ich bin fast 18 und hab keine Ahnung von Steuern, Miete oder Versicherungen.
>
> Aber ich kann 'ne Gedichtsanalyse schreiben. In 4 Sprachen.
>
> 25 Tsd

Die Schülerin Naina in „TV-Total" im Januar 2015

1. Formuliere die Aussage der Schülerin in eigenen Worten. Woran stört sie sich?

    _____
    _____
    _____

2. Nimm Stellung zu der Aussage. Kreuze entsprechend an und begründe, indem du auf eigene Unterrichtsinhalte Bezug nimmst.

    ☐ Ich stimme zu   ☐ Ich stimme nur teilweise zu   ☐ Ich stimme nicht zu

    Begründung:
    _____
    _____
    _____

3. „Die Schule soll den Charakter des Menschen bilden. Dinge wie Steuern, Versicherungen oder Miete lehrt einem schon das echte Leben. Das kommt früh genug. Daher muss sich nicht bereits die Schule darum kümmern. Dort soll man lernen, was wirklich wichtig ist. Dazu gehören eben auch Gedichte." (Aus einem Leserbrief) Nimm Stellung. Beziehe auch die Fabel ein.

    _____
    _____
    _____
    _____
    _____

Wilhelm Busch: Fink und Frosch

Wilhelm Busch: Fink und Frosch

Im Apfelbaume pfeift der Fink
Sein: pinkepink!
Ein Laubfrosch klettert mühsam nach
Bis auf des Baumes _____
5 Und bläht sich auf und quakt: „Ja ja!
Herr Nachbar, ick bin och noch ____!"

Und wie der Vogel frisch und süß
Sein Frühlingslied erklingen ließ,
Gleich muss der Frosch in rauen _____
10 Den Schusterbass dazwischen dröhnen.
„Juchheija heija!", spricht der _____.
„Fort flieg ich _____!"
Und schwingt sich in die Lüfte hoch.

„Wat!", ruft der Frosch, „Dat kann ick och!"
Macht einen ungeschickten Satz, 15
Fällt auf den harten _____,
Ist platt, wie man die Kuchen backt,
Und hat für ewig ausgequakt.

Wenn einer, der mit Mühe _____
Geklettert ist auf einen Baum, 20
Schon meint, dass er ein Vogel wär,
So irrt sich _____.

Aus: Fabeln aus 3 Jahrtausenden. Manesse Verlag: Zürich 1976, S. 10f.

1. In einigen Versen fehlt am Ende ein Wort. Ergänze es nach Rücksprache mit einem Teampartner. Nutze dafür den folgenden Wortspeicher:

   > Tönen, kaum, Blätterdach, der, flink, Fink, da, Gartenplatz

2. Lest die Fabel mit verteilten Rollen: Je ein Schüler/eine Schülerin spricht den Erzähler, der/die andere die wörtliche Rede.

3. Erzählt euch nun die Handlung mit eigenen Worten nach. Klärt dafür die wichtigen W-Fragen: Wer? Wo? Was? Wie? Warum?

4. Wie wirkt das Gedicht auf dich? Findest du es traurig oder etwa lustig? Versuche, die Wirkung möglichst genau am Text zu belegen.

5. Am Ende seines fabelhaften Gedichts formuliert Wilhelm Busch eine Lehre, die dem Leser durch die Handlung nahegebracht wird. Erläutere diese Lehre, indem du den Bereich der Tiere verlässt und sie stattdessen auf den menschlichen Bereich überträgst.

6. „Ich bin fast 18 und hab keine Ahnung von Steuern, Miete und Versicherungen. Aber ich kann 'ne Gedichtsanalyse schreiben. In vier Sprachen." (Twitter-Beitrag der 17-jährigen Schüler Naina im Januar 2015)

■ Schreibe dieser Schülerin einen Antwortbrief. Erläutere ihr darin, warum es wichtig ist, das Gedicht „Vom Fink und Frosch" in der Schule zu behandeln. Nutze Beispiele. Schreibe in dein Heft.

Einem Sachtext Informationen entnehmen – Die Fabel[1]

Die Fabel ist ein meist kurzer Text, in dem Tiere wie Menschen handeln und reden. Dabei zeigen die Tiere in ihrem Verhalten Eigenschaften, die für Menschen besonders typisch sind. So kann auf unterhaltsame Weise Kritik an den Eigenschaften und Verhaltensweisen der Menschen geübt werden.

In einer Fabel treffen meistens Tiere aufeinander, die gegensätzliche Eigenschaften oder Verhaltensweisen verkörpern. Diese Tiere geraten in einen heftigen Streit, aus dem nur einer der Beteiligten als Sieger hervorgehen kann. Ein Unentschieden gibt es in der Regel nicht.

Aus der Fabel sollte der Leser eine Lehre (Moral) für das eigene Verhalten ziehen können, indem er sich der Fehler der unterlegenen Fabel-Figur bewusst wird und versucht, diese in seinem eigenen Leben zu vermeiden. Der Aufbau der Fabel folgt dabei meistens dem folgenden **Schema**:

---

1. **Ausgangssituation:** Die Handlung setzt unmittelbar ein: Spieler und Gegenspieler treten auf, die Konfliktsituation entsteht.

    ↓

2. **Aktion (Handlung):** Ein Tier (Spieler) handelt. Es hat zunächst den Anschein, also würde dieser Spieler den Sieg davontragen.

    ↓

3. **Reaktion (Gegenhandlung):** Nun handelt das andere, zweite Tier, der Gegenspieler. Dadurch kommt es an dieser Stelle oftmals zu einer überraschenden und originellen Wende (Pointe), die zum Beispiel darin bestehen kann, dass sich das vermeintlich unterlegene Tier doch noch durchsetzen kann, etwa weil es intelligenter oder gewitzter ist.

    ↓

4. **Lehre:** Häufig steht am Ende einer Fabel eine sogenannte Lehre (Moral). Der Fabel-Dichter will durch diese Erklärung der Fabel-Handlung sicherstellen, dass auch wirklich jeder Leser seine Botschaft verstanden hat. Fehlt diese Lehre, ist der Leser gezwungen, diese Lehre aus dem Text „herauszulesen", die Fabel also zu deuten.

---

1. Lies den Sachtext zur Fabel und markiere zentrale Aussagen.

2. Überprüfe die in dem Sachtext gemachten Aussagen zum Aufbau der Fabel an einer dir bekannten Fabel. (Du kannst auch eine der folgenden Fabeln im Internet recherchieren: Jean de La Fontaine: „Die Grille und die Ameise"; Äsop: „Das Pferd und der Esel"; Wilhelm Busch: „Bewaffneter Friede"; Ursula Wölfel: „Die Geschichte von den Brüllstieren").

3. Lege dafür die folgende Tabelle in deinem Heft an und fülle die rechte Spalte im Hinblick auf die Überprüfung des Aufbaus der von dir ausgesuchten Fabel aus.

Der typische Aufbau einer Fabel	Die von mir untersuchte Fabel: „.."
Ausgangssituation	
Aktion	
Reaktion	
Lehre (Moral)	

4. Präsentiere deine Untersuchungsergebnisse einem Mitschüler oder einer Mitschülerin in Form eines Kurzreferats. Lies dabei auch die von dir ausgewählte Fabel vor.

---

[1] In Anlehnung an: J. Diekhans/M. Fuchs: P.A.U.L. D.6. Paderborn: Schöningh 2013, S. 70

Gattungsunterschiede erarbeiten: Märchen – Fabel – Sage

Märchen ...	Sagen ...	Fabeln ...
... werden seit Jahrtausenden mündlich weitererzählt	... gehen im Unterschied zum frei erfundenen Märchen von bestimmten Orten, Personen o. wahren Begebenheiten aus	... sind kurze Texte, in denen Tiere wie Menschen handeln und reden
... beginnen oft mit einer Notlage oder Aufgabe für den Märchen-Helden	... sind fantasievoll ausgeschmückt	... üben auf unterhaltsame Weise Kritik an typischen Verhaltensweisen und Eigenschaften der Menschen, nicht der Tiere
... trennen zwischen guten und bösen, tapferen u. feigen, klugen und dummen Figuren	... thematisieren besonders hervorstechende menschliche Eigenschaften wie Wortbruch, Geiz, Grausamkeit, aber auch Frömmigkeit, Reue u. Fleiß	... präsentieren meist den Konflikt zweier Tiere, die aufeinanderprallen und in einen Streit geraten
... zeigen Märchenwesen wie Zauberer, Hexen, Feen oder sprechende Tiere	... sind häufig geprägt durch das Auftreten einer höheren (göttlichen) Macht, welche die Gerechtigkeit am Ende wieder herstellt	... haben am Ende fast immer einen Sieger bzw. Verlierer
... sind moralisch: Am Ende siegt das Gute über das Böse	... erzählen häufig vom heldenhaften Verhalten Einzelner	... formulieren am Ende häufig eine Lehre (Moral) für den Leser und dessen eigenes zukünftiges Verhalten
... beginnen oft mit dem Satz „Es war einmal ..."		
... enden häufig so: „Und wenn sie nicht gestorben sind ..."		

■ *Der folgende Text ergibt wenig Sinn, denn hier sind eine Sage, eine Fabel und der Beginn eines Märchens durcheinandergeraten. Stelle daher wieder Ordnung her, indem du mit drei Farben die entsprechenden Textsortenteile markierst. Tausche dich mit einem Mitschüler oder einer Mitschülerin aus und präsentiere dein Ergebnis. Begründe deine Markierungen.*

Nach einigen Tagen aber erwachte Richmodis wieder und schien völlig genesen. Ihr Mann war außer sich vor Glück, konnte aber nicht so recht glauben, was er da sah. Also rief er aus, dass, wenn seine Frau tatsächlich wieder genesen sei, augenblicklich zwei Pferde aus dem obersten Fenster des nahe gelegenen Turmes schauen sollten. Es war einmal ein altes Schloss mitten in
5 *einem großen dicken Wald, darinnen wohnte eine alte Frau ganz allein, das war eine Erzzauberin. Am Tage machte sie sich zur Katze oder zur Nachteule, des Abends aber wurde sie wieder ordentlich wie ein Mensch gestaltet. Ein schlauer Fuchs hatte eine dumme Gans gefangen und wollte sie auffressen. Da bat die Gans: „Erfüllst du mir einen letzten Wunsch und lässt mich vor meinem Ende noch einmal tanzen?" Der gierige Fuchs dachte bei sich: „Dann schmeckt sie*
10 *mir umso besser!" Laut sagte er: „Ich erfülle dir deinen letzten Wunsch." Genau in diesem Moment verunglückte in der Nähe ein Fuhrwerk. Dessen beide Zugpferde rissen sich los und rannten voller Angst in den Turm, die Treppen hinauf und sahen schließlich zum obersten Fenster hinaus. Wenn aber eine keusche Jungfrau in diesen Kreis kam, so verwandelte sie dieselbe in einen Vogel und sperrte sie dann in einen Korb ein und trug den Korb in eine Kammer des*
15 *Schlosses. Sie hatte wohl siebentausend solcher Körbe mit so raren Vögeln im Schlosse. Und – schwupp – flog die listige Gans davon. Der Fuchs guckte verdutzt und dumm und hatte das Nachsehen. Am Neumarkt in Köln steht ein Turm, aus dessen oberstem Fenster zwei steinerne Pferdeköpfe herausschauen. Dahinter verbirgt sich folgende Sage: Als im Mittelalter in Köln die Pest wütete, erkrankte auch eine Frau namens Richmodis. Sie starb – so schien*
20 *es – schließlich an der Pest. Ihr Mann war untröstlich und verharrte Tag und Nacht an ihrem Totenbett. Sie konnte das Wild und die Vögel herbeilocken, und dann schlachtete sie, kochte und briet es. Wenn jemand auf hundert Schritte dem Schloss nahe kam, so musste er stille stehen und konnte sich nicht von der Stelle bewegen, bis sie ihn lossprach; die Gans fing eifrig an zu tanzen, hüpfte mit den Beinen, flatterte mit den Flügeln, wie es Gänse machen, bevor sie*
25 *wegfliegen.*

Lösungen

Fabel: Der Fuchs und die Gans (Verfasser unbekannt)

Ein schlauer Fuchs hatte eine dumme Gans gefangen und wollte sie auffressen. Da bat die Gans: „Erfüllst du mir einen letzten Wunsch und lässt mich vor meinem Ende noch einmal tanzen?" Der gierige Fuchs dachte bei sich: „Dann schmeckt sie mir umso besser!" Laut sagte er: „Ich erfülle dir deinen letzten Wunsch." Die Gans fing eifrig an zu tanzen, hüpfte mit den Beinen, flatterte mit den Flügeln, wie es Gänse machen, bevor sie wegfliegen. Und – schwupp – flog die listige Gans davon. Der Fuchs guckte verdutzt und dumm und hatte das Nachsehen.

Zitiert nach Heinrich Pröhle. Aus: Uralte Weisheit, hrsg. vom Sparkassen- und Giroverband e. V., Bonn 1955

Sage: Der Richmodis-Turm zu Köln

Am Neumarkt in Köln steht ein Turm, aus dessen oberstem Fenster zwei steinerne Pferdeköpfe herausschauen. Dahinter verbirgt sich folgende Sage: Als im Mittelalter in Köln die Pest wütete, erkrankte auch eine Frau namens Richmodis. Sie starb – so schien es – schließlich an der Pest. Ihr Mann war untröstlich und verharrte Tag und Nacht an ihrem Totenbett. Nach einigen Tagen aber erwachte Richmodis wieder und schien völlig genesen. Ihr Mann war außer sich vor Glück, konnte aber nicht so recht glauben, was er da sah. Also rief er aus, dass, wenn seine Frau tatsächlich wieder genesen sei, augenblicklich zwei Pferde aus dem obersten Fenster des nahe gelegenen Turmes schauen sollten. Genau in diesem Moment verunglückte in der Nähe ein Fuhrwerk. Dessen beide Zugpferde rissen sich los und rannten voller Angst in den Turm, die Treppen hinauf und sahen schließlich zum obersten Fenster hinaus.

http://www.sagen.at/texte/sagen/deutschland/nordrhein_westfalen/Richmodis_Turm_Koeln.html (Abruf: 12.03.15)

Märchen: Brüder Grimm: Jorinde und Joringel (Beginn)

Es war einmal ein altes Schloss mitten in einem großen dicken Wald, darinnen wohnte eine alte Frau ganz allein, das war eine Erzzauberin. Am Tage machte sie sich zur Katze oder zur Nachteule, des Abends aber wurde sie wieder ordentlich wie ein Mensch gestaltet. Sie konnte das Wild und die Vögel herbeilocken, und dann schlachtete sie, kochte und briet es. Wenn jemand auf hundert Schritte dem Schloss nahe kam, so musste er stille stehen und konnte sich nicht von der Stelle bewegen, bis sie ihn lossprach; wenn aber eine keusche Jungfrau in diesen Kreis kam, so verwandelte sie dieselbe in einen Vogel und sperrte sie dann in einen Korb ein und trug den Korb in eine Kammer des Schlosses. Sie hatte wohl siebentausend solcher Körbe mit so raren Vögeln im Schlosse.

Aus: Kinder- und Hausmärchen. Gesammelt durch die Gebrüder Grimm. Aufbau Verlag, Berlin/Weimar 1989, S. 315 (Auszug)

Einen Fabel-Dichter genauer kennenlernen: Lessing

Gotthold Ephraim Lessing wurde am 22. Januar 1729 in Kamenz in der Oberlausitz geboren. Er starb am 12. Februar 1781 in Braunschweig. Er gilt bis in unsere Zeit als wichtigster Autor der Epoche der sogenannten Aufklärung (18. Jahrhundert), der es darum ging, die Freiheit und die Vernunft an die Stelle von religiöser und politischer Bevormundung zu setzen. Lessings Dramen, d. h. seine Theaterstücke wie z. B. „Minna von Barnhelm", werden bis heute regelmäßig an deutschen Bühnen gespielt und diskutiert. Auch als Fabeldichter machte er sich einen Namen, sogar eine eigene Fabeltheorie trägt seinen Namen.

Gotthold E. Lessing war das zweite Kind des Kamenzer Archidiakons Johann Gottfried Lessing und seiner Frau Justina. Lessings Vater kann als für die damalige Zeit durchaus gelehrter Mensch bezeichnet werden, der in Glaubensfragen jedoch sehr streng verfuhr. Die religiöse Erziehung spielte vor fast 300 Jahren eine deutlich größere Rolle als heute, sodass man in der Familie Lessing bei Tisch vor allem über die Bibel, den christlichen Glauben und die Sorge um das tägliche Brot sprach.

Lessing durfte – und das war für die damalige Zeit eher eine Ausnahme – eine Schule besuchen, auf die ihn sein Vater durch Hausunterricht vorbereitete. Schon mit fünf Jahren war er in der Lage, aus der Bibel vorzulesen. In der Lateinschule und später der Fürstenschule St. Afra hatte der intelligente Junge schnell Erfolg, sodass er 1741 sogar ein Stipendium erhielt, das ihm den Besuch der berühmten Fürstenschule in Meißen ermöglichte. Hier wurde er umfassend gebildet, gerade auch in den alten Sprachen Latein, Griechisch und Hebräisch. Auch machte er hier erstmals Bekanntschaft mit der sog. „schönen Literatur" seiner Zeit und er fing an, selbst eigene Texte zu verfassen. 1746 wurde der begabte Schüler vorzeitig entlassen, aber nicht weil er gegen bestimmte Regeln verstoßen hatte, sondern weil die Schule angesichts der herausragenden Leistungen Lessings der Meinung war, ihm nichts mehr beibringen zu können.

Es folgte ein Studium an der Universität Leipzig, wo er sich später mit dem berühmten deutschen Dichter Goethe anfreundete. Gemäß dem Wunsch seines frommen Vaters studierte Lessing zuerst Theologie. Das Studium interessierte den an den Künsten hängenden Studenten jedoch wenig, lieber beschäftigte er sich mit Dichtung und Theater. Auch als er später Medizin in Wittenberg studierte, besuchte er Vorlesungen in Geschichte, Poetik, Philosophie und Literatur, später sogar in Mathematik und Physik. Für den so umfassend gebildeten jungen Mann stellte die das Studium abschließende Arbeit zum Magister der *Sieben Freien Künste* keine echte gedankliche Herausforderung dar, so begabt war er.

Nach dem Ende seines Studiums schlossen sich Aufenthalte in Berlin und Leipzig an, die geprägt waren von Bildungsreisen und dem Austausch mit anderen Denkern. Lessing veröffentlichte zahlreiche Schriften zur Rolle der Literatur in der Gesellschaft bzw. zur Funktion des Theaters, sodass es kein Wunder war, dass er 1767 aus Berlin an das Hamburger Nationaltheater wechselte. Hier wurde z. B. sein Theaterstück „Minna von Barnhelm" aufgeführt und hier lernte er auch seine spätere Ehefrau Eva König kennen und lieben. Insgesamt war Lessings Versuch, sein Leben als freier Schriftsteller zu gestalten, überaus mühsam. Eine bedeutende Episode im Leben Lessings bildete daher seine gut bezahlte Arbeit als Bibliothekar in der „Herzog August Bibliothek" in Wolfenbüttel, einer Stadt im heutigen Niedersachsen. Er entdeckte hier verloren geglaubte mittelalterliche Werke, verfasste weitere bis heute wichtige Schriften und wurde Mitglied der Freimaurer, eines damals populären Geheimbundes, der sich die Förderung der Humanität (Menschlichkeit) zum Ziel gesetzt hatte. Lessings Leben blieb aber auch von Tiefschlägen nicht verschont. So starb nur einen Tag nach seiner Geburt am Weihnachtsabend 1777 der gemeinsame Sohn Traugott, und nur wenige Tage später verstarb auch seine geliebte Frau Eva an Kindbettfieber. Ein gutes Jahr später verschlechterte sich auch der Gesundheitszustand des Dichter gravierend: Am 15. Februar 1781 starb Lessing nach 14-tägiger Krankheit an Brustwassersucht, einer Krankheit, bei der sich Flüssigkeit in der Brusthöhle ansammelt und die infolgedessen zu Kreislaufstörungen, Herzschwächen oder Nierenentzündungen führt. Sein Grab befindet sich auf einem Friedhof in Braunschweig.

Lessing ist auch im 21. Jahrhundert ein nicht nur in Fachkreisen bekannter Dichter, Denker und Kritiker. Seine Berühmtheit rührt vor allem daher, dass er als führender Denker seiner Zeit – wir nennen sie die Epoche der Aufklärung – zum wichtigsten Vertreter des selbstbewusst werdenden Bürgertums wurde. Zu Lessings Lebenszeit bricht eine Epoche an, die wir bis heute die moderne Zeit nennen. In den Städten bildete sich ein neues Bürgertum heraus, das Handel trieb, reicher und daher unabhängiger wurde. Dadurch wurde die alte Herrschaftsform nach und nach verdrängt und die Konflikte zwischen dem Adel und dem Bürgertum wuchsen. Das Bürgertum, dem Lessings Sympathie gehörte, wehrte sich immer mehr gegen die angeblich gottgegebene Vorherrschaft der Adligen und wollte das eigene Leben zunehmend selbst bestimmen. Dabei berief sich das Bürgertum auf aufklärerische Denker wie Lessing, die für die Herrschaft der Vernunft statt der Tradition und Religion eintraten.

Aufklärerische Denker und Dichter wie der Philosoph Kant und Lessing forderten die Menschen auf, mehr Mut zu zeigen, sich ihres eigenen Verstandes zu bedienen, statt ihr Leben unmündig von anderen Menschen dominieren zu lassen. Kein Wunder, dass gerade im 18. Jahrhundert die Fabel ihren Höhepunkt erlebte, obwohl die Geschichte dieser kleinen Textsorte schon über 2000 Jahre alt war. Lessing schrieb selbst viele eigene kleine Fabeln und verfasste sogar eine eigene Fabeltheorie, in der er deutlich machte, welche positiven Effekte man beim Fabel-Leser erzielen konnte: Lessing wollte den Menschen durch das Lesen von Fabeln zum Nachdenken über sein eigenes Verhalten anregen, ihn erziehen und belehren. Er wollte das Selbstwertgefühl des Lesers und die besondere Bedeutung der Freiheit für jeden Menschen stärken, indem er die Schwächen des Menschen – humorvoll verpackt in der tierischen Erzählung der Fabel – aufdeckte, manchmal ironisch-witzig, manchmal aber auch spöttisch. Lessings Fabeln sind vom Stilmittel des Dialogs geprägt, da es dem Denker der Freiheit immer darum ging, eine strittige Sache von mehreren Seiten aus zu betrachten und auch den Argumenten der Gegenseite Gehör zu schenken.

Autorentext

Einen informativen Sachtext über einen Dichter erarbeiten

1. **Überfliege** den Text zunächst. Lies ihn quer. Worum scheint es hier zu gehen, was ist wohl sein Thema?

2. **Lies** den Text ein erstes Mal, **ohne** etwas zu **markieren**. Mache dir klar, was das Thema des Sachtextes ist und welche Informationen er dazu enthält.

3. **Gliedere** den Text in **Sinnabschnitte**. Gib jedem Sinnabschnitt eine **passende Überschrift** und notiere sie in der Randspalte zu Beginn des jeweilige Abschnitts. Häufig kannst du dafür wichtige Wörter aus den jeweiligen Abschnitten nutzen. Einen Sinnabschnitt erkennst du daran, dass das (Teil-)Thema wechselt oder eine neue Frage beantwortet wird.

4. **Hebe das Wichtigste durch farbige Markierungen oder Unterstreichungen hervor.** Markiere sparsam: Überlege bei jedem Wort, ob du es wirklich farbig markieren musst.

5. Notiere unter den Überschriften am Rand des Textes in **Stichworten** die wichtigsten Informationen der einzelnen Textabschnitte.

   ▪ Jetzt hast du den Text gut verstanden. Setze dich nun mit deinen Gruppenmitgliedern zusammen. Besprecht noch offene Fragen und überlegt, wie ihr eure Wandzeitung zu Lessing gestalten wollt.

   <u>Wichtig</u>: Sucht – zum Beispiel im Internet oder in der Schülerbücherei – nach einer typischen Fabel Lessings und notiert sie auch auf eurer Wandzeitung.

Einen Fabel-Dichter genauer kennenlernen: Äsop

Äsop gilt bis heute als der wohl bekannteste Fabel-Dichter aller Zeiten. Dabei ist nicht einmal sicher, ob der Grieche, der zugleich als Begründer der Fabel-Dichtung gilt, überhaupt gelebt hat. Alles, was wir wissen, ist aus seinen Fabeln, die aus dem 6. Jahrhundert vor Christus stammen, abgeleitet. Äsop schrieb so viele Fabeln, dass mancher Experte meint, alle weiteren Fabeln, die im Laufe der Geschichte entstanden, seien bloße Kopien oder Ableitungen der ursprünglichen Texte des Äsop. Viele spätere Autoren wie Luther oder Lessing hatten ihren Spaß daran, Fabeln des Äsop umzudichten und ihren Sinn so zu verändern.

Unabhängig von der Frage, ob er wirklich gelebt hat – schon der berühmte Martin Luther hatte daran seine Zweifel –, gilt der griechische Sklave Äsop als der Erfinder der Fabel. Äsop lebte wohl im 6. Jahrhundert
5 vor Christus in der Stadt Delphi. Es ist heute sehr schwierig, genauere Details über sein Leben herauszufinden, da schon im 6. Jahrhundert vor Christus eine Art „Volksbuch" im Umlauf war, der sogenannte „Äsop-Roman". In dieser Sammlung von Schriften
10 wird der Urvater aller Fabeln als körperlich missgestalteter Mensch beschrieben, der aber seiner Behinderung zum Trotz als überaus sprachgewandt und weise galt. Nachdem sein Leben als abhängiger Sklave auf glückliche Weise ein Ende fand, zieht der beim
15 einfachen Volk für seine klaren Worte geschätzte Erzähler durch die Länder Kleinasiens, er wirkt wohl auch im heutigen Griechenland. Auf diesen langen Wanderschaften in den Orient zeichnet Äsop sich durch seine Schlauheit, seinen Witz und seine Fähig-
20 keit, Konflikte beim Namen zu nennen, aus und er erlangt große Berühmtheit.
Es gilt als gesichert, dass Äsop ein Mann des einfachen Volkes war, von niederer Herkunft wie die Menschen, die seinen kurzen Erzählungen lauschten. Dass
25 er dabei immer auf der Seite des einfachen Volkes stand, davon zeugt die Überlieferung, denn irgendwann wurde dieser Bestand uralter mündlicher Literatur von späteren Zeitgenossen aufgeschrieben und so für die Nachwelt gesichert. Anders als der Vater
30 der hohen Literatur und des hohen literarischen Stils – Homer – erzählte Äsop in seinen Fabeln von Konflikten, Streiten und Ungerechtigkeiten im Leben der einfachen Menschen, die deren alltägliches Leben oftmals unerträglich machten. Über die Ursachen des
35 Leidens der Menschen ließ Äsop keinen Zweifel: Er kritisierte nämlich keinesfalls nur menschliches Fehlverhalten, das sich noch individuell erklären ließe, sondern er sah auch vielfältige soziale Ungerechtigkeiten, die er für unfair hielt und bekämpfte.
40 Kein Wunder, dass sich dieser mutige Mann, der für die Rechte der Armen und sogar für deren Teilhabe (Demokratie) am gesellschaftlichen Leben war, bei seiner Rückkehr in die griechische Heimat keine Freunde machte. Häufig geriet er in Konflikt mit der Aristokratie, den Mächtigen und Wohlhabenden und vor allem 45 der Priesterschaft, deren Machtausübung und Reichtum er kritisierte. Weil er jedoch schlau war und wusste, dass zu viel Kritik auch für ihn persönlich gefährlich werden konnte, nutzte Äsop einen Trick: Er erzählte kurze, auf eine einzige interessante Handlung 50 konzentrierte Geschichten, deren Figuren aus dem Tierreich stammten – Fabeln. Diese tierischen Texte schützten ihn, denn so konnte er der Entrüstung der Kritisierten immer entgegensetzen, dass sie ja gar nicht gemeint seien, da es sich bei den Figuren seiner Fabeln 55 ja um Tiere handele, eine reine Schutzbehauptung.
Aber am Ende seines legendären, sagenumwobenen Lebens half ihm dieser Trick nicht weiter. In Delphi hatte Äsop die mächtigen Priester hart kritisiert; diese mussten fürchten, ihre bessere Stellung in Griechen- 60 land zu verlieren. Daher ersannen sie eine bösartige List, um ihren ärgsten Rivalen loszuwerden: Als Äsop kurz vor seiner Abreise stand, versteckten die Priester eine goldene Schale aus dem Tempel des Apoll in seinem Gepäck. Auf diese hinterhältige Weise war es ih- 65 nen nur kurze Zeit später möglich, den Fabel-Dichter als einen banalen Tempelräuber darzustellen, der sich an der Gottheit Apoll habe bereichern wollen. Wie ein Kirchenräuber wurde Äsop umhergeführt und ins Gefängnis geworfen. Die Priesterschaft wollte sich diese 70 einmalige Chance, die auf einer Lüge basierte, nicht entgehen lassen. So wurde Äsop zum Tode verurteilt, indem man beschloss, ihn einen Felsen hinabzustoßen. Kurz vor seinem Tode erzählte der Verurteilte seine letzte Fabel und versuchte, sich auf diese intelli- 75 gente Weise zu verteidigen:

Zu der Zeit, als die unvernünftigen Tiere noch in Frieden miteinander lebten, gewann eine Maus einen Frosch lieb und lud ihn zum Nachtmahl ein. Sie gingen miteinander in die Speisekammer eines reichen Mannes, in der sie Brot, Honig, Feigen und mancherlei leckere Sachen fanden. Da sprach die Maus zum Frosch: „Nun iss von diesen Speisen, welche dir am besten schmecken!" Als sie sich nach Herzenslust satt gefressen hatten, sprach der Frosch zu der Maus: „Nun sollst du auch meine Speisen versuchen. Komm mit mir! Weil du aber nicht schwimmen kannst, will ich deinen Fuß an meinen binden, damit dir kein Leid geschieht." Als er aber die Füße zusammengebunden hatte, sprang der Frosch ins Wasser und zog die Maus mit sich hinab. Als die Maus merkte, dass sie sterben musste, begann sie zu schreien und klagte: „Ich werde ohne Schuld das Opfer gemeiner Hinterlist. Aber von denen, die am Leben bleiben, wird einer kommen, der meinen Tod rächt."

Während sie das sagte, kam ein Habicht heran, ergriff die Maus und den Frosch und fraß sie beide.

So werde ich ohne Schuld von euch getötet, und ihr werdet um der Gerechtigkeit willen dafür bestraft, wenn Babylon und Griechenland über das Verbrechen reden werden, das ihr an mir begeht.

Obwohl die Priester das hörten, ließen sie ihn nicht los, sondern führten ihn an die Stelle, wo er sterben sollte.[1]

---

[1] Heinrich Steinhöwel: Äsop in Delphi. Fabel zitiert nach: http://www.udoklinger.de/Deutsch/Fabeln/Absicht.htm (Abruf: 09.04.15)

Einen informativen Sachtext über einen Dichter erarbeiten

1. **Überfliege** den Text zunächst. Lies ihn quer. Worum scheint es hier zu gehen, was ist wohl sein Thema?

2. **Lies** den Text ein erstes Mal, **ohne** etwas zu **markieren**. Mache dir klar, was das Thema des Sachtextes ist und welche Informationen er dazu enthält.

3. **Gliedere** den Text in **Sinnabschnitte**. Gib jedem Sinnabschnitt eine **passende Überschrift** und notiere sie in der Randspalte zu Beginn des jeweilige Abschnitts. Häufig kannst du dafür wichtige Wörter aus den jeweiligen Abschnitten nutzen. Einen Sinnabschnitt erkennst du daran, dass das (Teil-)Thema wechselt oder eine neue Frage beantwortet wird.

4. **Hebe das Wichtigste durch farbige Markierungen oder Unterstreichungen hervor.** Markiere sparsam: Überlege bei jedem Wort, ob du es wirklich farbig markieren musst.

5. Notiere unter den Überschriften am Rand des Textes in **Stichworten** die wichtigsten Informationen der einzelnen Textabschnitte.

   ■ Jetzt hast du den Text gut verstanden. Setze dich nun mit deinen Gruppenmitgliedern zusammen. Besprecht noch offene Fragen und überlegt, wie ihr eure Wandzeitung zu Äsop gestalten wollt.

   Wichtig: Die von Äsop kurz vor seinem Tode erzählte Fabel von der Maus und dem Frosch sollte auf eurer Wandzeitung auftauchen. Macht an ihrer Aussage deutlich, wie Äsop seine eigene Situation veranschaulicht, eine Warnung gegenüber der Priesterschaft ausspricht sowie versucht, diese von ihrem hinterhältigen Plan abzubringen.

Einen Fabel-Dichter genauer kennenlernen: Luther

Martin Luther kann man getrost als einen Giganten der deutschen Geschichte bezeichnen. Mit dem Anschlag seiner 95 Thesen löste der streitbare Mönch eine der wichtigsten Reformbewegungen in Europa aus. Luther gilt als Vater der evangelischen Kirche. Neben seinem theologischen Wirken ist auch seine Sprache bis heute überaus bekannt, was daher rührt, dass er als Erster die Bibel in die deutsche Sprache übersetzt hat und so dafür sorgte, dass auch einfache Leute sie lesen konnten.

Martin Luther wird am 10. November 1483 in Eisleben geboren. Sein Vater, ein Bauernsohn, zieht mit der Familie bald nach Mansfeld, wo sie es durch eine Beteiligung am Kupferbergbau schnell zu Wohlstand und Ansehen bringt. In der Folge kann der kleine Martin die Lateinschule besuchen, ab 1498 die Pfarrschule in Eisenach. Das Lateinische, die Sprache der Gebildeten und Gelehrten, konnte er bald fließend sprechen und schreiben. Ein großer Vorteil für seine spätere Konfrontation mit der katholischen Kirche.

Im Jahre 1501 beginnt Luther ein Studium an der Universität in Erfurt, wo er zunächst wie üblich die sog. Artisten-Fakultät besuchte, um Grundkenntnisse in den „sieben freien Künsten" (z. B. Grammatik, Geometrie oder Musik) zu erwerben. Wir würden heute sagen, dass Luther hier eine Art akademische Grundausbildung erwarb. Erst im Anschluss setzte er sein Jurastudium fort, ein Fach, das ihn selbst wenig interessierte und das er vor allem seinem strengen Vater zuliebe erlernte. Dennoch ist Luther ein erfolgreicher Student, der nur sehr gute Noten nach Hause bringt.

Doch im Jahr 1505 hat Luther ein einschneidendes Erlebnis, das sein Leben komplett auf den Kopf stellen wird: Am 2. Juli 1505 wird er nach einem Besuch bei seinen Eltern auf dem Rückweg zum Studienort von einem schweren Gewitter überrascht. In Todesangst schreit der junge Mann voller Panik: „Hilf du, heilige Anna, ich will ein Mönch werden!" Er überlebt das Unwetter, sein Gelübde Gott gegenüber vergisst er jedoch nicht. Er macht Ernst und tritt schon am 17. Juli 1505 gegen den Willen seines ehrgeizigen Vaters in ein Augustinerkloster in Erfurt ein. Hier herrscht ein strenges Regiment: Sein Tag beginnt um drei Uhr in der Frühe, Beten und Fasten bestimmen seinen Alltag. Luther beschäftigt sich hier ausführlich mit der Kernfrage seines Glaubens: „Wie kriege ich einen gnädigen Gott?" Nach seiner Priesterweihe studiert Luther Theologie. Er hat schnell großen Erfolg, wird Doktor und dann sogar zum Professor der Theologie ernannt.

Inhaltlich beschäftigt er sich mit der Auslegung der Bibel, da ihn die Erfahrungen seiner Rom-Reise 1511 nicht mehr loslassen. Hier hatte er erfahren, wie moralisch verkommen und skrupellos sich die katholische Kirche verhielt: Um an das Geld ihrer Gläubigen zu kommen, erfand der damalige Papst den sogenannten Ablass-Handel. Wer einen Ablass-Brief erwarb, konnte sich – so die falsche Lehre der Kirche – von seinen Sünden freikaufen. Auch weil Luther sich ärgerte, dass viele seiner eigentlich armen Kirchgänger diese Ablass-Briefe kauften, verfasste der wütende Luther einen Brief an seine Vorgesetzten, in welchem er die moralischen Missstände innerhalb der Kirche, vor allem aber den Ablass-Handel, anprangerte. Eine Legende besagt, dass der wütende Luther diese 95 Thesen mit lauten Hammerschlägen an die Kirchentür zu Wittenberg nagelte und damit veröffentlichte.

Dieser 31. Oktober 1517 gilt bis heute als sog. Reformationstag, weil er die Welt veränderte. Die Folgen des Protests Luthers zeigten sich sehr schnell: Die katholische Kirche und sogar der Kaiser Karl V. („Reichstag zu Worms") forderten Luther zum Widerruf auf und bekämpften dessen für ihre Interessen gefährliche Lehre, dass der Mensch allein durch die Gnade Gottes das Heil erwerbe. Der Kaiser erklärte den mutigen Mönch sogar für rechtlos und vogelfrei, sodass Luthers Leben in Gefahr geriet. Doch Luther hatte auch Unterstützer. Der ihm wohlgesonnene Kurfürst Friedrich der Weise versteckte ihn für zwei Jahre auf der Wartburg bei Eisenach, wo Luther die Bibel ins Deutsche übersetzte.

Das erste Neue Testament in deutscher Sprache erscheint bereits 1522 und findet reißenden Absatz. Die berühmte Luther-Bibel macht die biblischen Inhalte erstmals dem einfachen Volk zugänglich. Luthers Sprache war dabei eine Sensation, denn er übersetzte nicht wörtlich, sondern sinngemäß. Er wollte „dem Volk aufs Maul schauen" und von ihm verstanden werden. Daher verwendete er eine bilderreiche und volkstümliche Sprache, für die er sogar neue Ausdrücke erfand, zum Beispiel die Wörter „Feuertaufe", „Bluthund", „Schandfleck", „Gewissensbisse", „Lästermaul" und „Lockvogel", die bis heute von uns genutzt werden. Auch viele metaphorische Redewendungen wie „ein Herz und eine Seele" oder „Wolf im Schafspelz" stammen von ihm.

Und Luther schrieb nicht nur theologische Texte. Er hat auch dreizehn Fabeln übersetzt und häufig sogar inhaltlich verändert. Als Mann des Wortes war er der Auffassung, dass Fabeln gelesen und über ihre Deutung diskutiert werden sollte. Da er selbst die Erfahrung gemacht hatte, dass „die Kinder und Jugendlichen mit Fabeln und Märchen leicht beeinflussbar sind und so mit Lust und Liebe zu Kunst und Weisheit geführt werden" können, nutzte er die Fabeln vor allem zur trickreichen Erziehung: „Nicht nur die Kinder, sondern auch die großen Fürsten und Herren kann man nicht besser zur Wahrheit betrügen und zu ihrem Nutzen, als dass man ihnen durch die Narren die Wahrheit sagen lässt. (...) es will niemand die Wahrheit hören, (...) und doch kann man sie nicht entbehren. So wollen wir sie schmücken und unter einer lustigen Lügenfarbe und hübschen Geschichten verstecken. Und weil man sie nicht aus Menschenmund hören will, höre man sie eben aus dem Mund von Tieren und Fabelwesen." (Zitiert nach: E. Leibfried: Fabel. Bamberg 1984, S. 12) Die Fabel soll dem Menschen also eine Art Lebenshilfe sein und ihn geschickt erziehen.

Luthers Aufbegehren gegen die katholische Kirche hat Folgen bis heute. Neben der katholischen Kirche bildet sich die evangelische heraus, die christliche Kirche spaltet sich. In den letzten Jahren seines Lebens entwickelt er aber auch fragwürdige Ansichten gegenüber Andersgläubigen, vor allem gegenüber Juden. Seine letzte Reise nach Eisleben im Jahr 1546 überlebt der herzkranke Reformator nicht. Er stirbt am 18. Februar und wird vier Tage später in Wittenberg beerdigt.

Autorentext

Einen informativen Sachtext über einen Dichter erarbeiten

1. **Überfliege** den Text zunächst. Lies ihn quer. Worum scheint es hier zu gehen, was ist wohl sein Thema?

2. **Lies** den Text ein erstes Mal, **ohne** etwas zu **markieren**. Mache dir klar, was das Thema des Sachtextes ist und welche Informationen er dazu enthält.

3. **Gliedere** den Text in **Sinnabschnitte**. Gib jedem Sinnabschnitt eine **passende Überschrift** und notiere sie in der Randspalte zu Beginn des jeweilige Abschnitts. Häufig kannst du dafür wichtige Wörter aus den jeweiligen Abschnitten nutzen. Einen Sinnabschnitt erkennst du daran, dass das (Teil-)Thema wechselt oder eine neue Frage beantwortet wird.

4. **Hebe das Wichtigste durch farbige Markierungen oder Unterstreichungen hervor.** Markiere sparsam: Überlege bei jedem Wort, ob du es wirklich farbig markieren musst.

5. Notiere unter den Überschriften am Rand des Textes in **Stichworten** die wichtigsten Informationen der einzelnen Textabschnitte.

   ■ *Jetzt hast du den Text gut verstanden. Setze dich nun mit deinen Gruppenmitgliedern zusammen. Besprecht noch offene Fragen und überlegt, wie ihr eure Wandzeitung zu Luther gestalten wollt.*

   Wichtig: Sucht nach einer typischen Fabel Luthers und notiert sie auch auf eurer Wandzeitung.

Einen Fabel-Dichter genauer kennenlernen: La Fontaine

> **Jean de la Fontaine** wurde am 8. Juli 1621 in Chateau-Thierry geboren. Er starb am 13. April 1695 in Paris. Der jedem französischen Schulkind bekannte Schriftsteller gilt als klassischer, d. h. anerkannter Autor und erhob durch seine Bücher mit Fabeln in Versen die Fabel zum Kunstwerk.
> Seine Fabeln wurden von dem französischen Grafiker, Maler und Bildhauer Gustave Doré illustriert.

Jean de La Fontaine wurde als Sohn eines bürgerlichen, aber mit seinen Werken zum niederen Amtsadel zählenden Königlichen Rats sowie Jagd- und Fischereiaufsehers geboren. Allein durch den Zufall seiner Geburt bekam er Privilegien, also Vorteile zugesprochen, die dem einfachen Volk vorenthalten waren. 1658 erbte er das hohe Amt seines Vaters, welches er aber nie regelmäßig ausübte und 1670 gewinnbringend verkaufte. 1637 ging er nach Paris, um dort seine Schulzeit abzuschließen.

1641 entschloss er sich, ein Theologiestudium an der Universität aufzunehmen, doch schnell zeigte sich, dass er sich bei dieser Wahl vertan hatte, sodass er seinen Orden bereits am Ende der Probezeit 1643 verließ. Die nächsten zwei Jahre verbrachte er mit sehr viel privater Lektüre, im Anschluss studierte er von 1645 bis 1647 Rechtswissenschaften in Paris. Hier heiratete er auch die 14-jährige Marie Hericart, mit der er meist im Haus eines Onkels seiner Ehefrau lebte.

Es ist nicht bekannt, was La Fontaine beruflich tat, außer dass er 1659 als Anwalt am Obersten Gericht Erwähnung findet.

Häufig verkehrt er wohl in Literatenkreisen. Es entstehen einige aus heutiger Sicht eher unbedeutende Werke, z. B. Gelegenheitsgedichte. Fabeln veröffentlichte er anfangs noch nicht, galten sie doch zu seiner Zeit nur noch als eine Art missachtete Hilfserzählung. Wer als Dichter etwas auf sich hielt, schrieb Dramen oder Liebesgedichte, aber keine Fabeln. Vermutlich arbeitet La Fontaine auch in dieser Zeit bereits an Fabeln, die er aber aus den genannten Gründen nicht veröffentlichte und die ihn erst später berühmt machen sollten.

Nach einer Zeit politischer Unruhen, die auch sein eigenes Leben zwischenzeitlich bedrohten, fängt La Fontaine an, hauptsächlich Fabeln zu verfassen. Die Stoffe und Motive für sie, die zu seinem Hauptwerk werden sollten, nahm er aus vielerlei antiken und zeitgenössischen Quellen. 1668 erscheint eine erste Ausgabe in zwei Bänden, die bereits viele seiner heute bekannten Texte enthält. In diesen Jahren wird er auch Dauergast im Haus der Bankierswitwe Mme de La Sablière, die einen der führenden schöngeistigen Salons (Treffpunkt) von Paris unterhielt. Dort tauschen sich die intellektuellen Künstler der Pariser Oberschicht über künstlerische Fragen aus.

Doch wenige Jahre später – 1675 – bekam er zu spüren, dass der Wind in Frankreich sich langsam drehte: Einige seiner Stücke wurden nach dem Erscheinen verboten. Die 1677 und 1679 gedruckten Bände III und IV der Fabeln zeigen denn auch eine erheblich skeptischere Sicht des Autors von der Welt, insbesondere des Verhältnisses von oben und unten. In einer sich spaltenden Gesellschaft gehörte La Fontaine zur Partei der „Alten". Diese vertrat die Ansicht, dass die Kultur der griechisch-römischen Antike unübertroffen sei und bleibe. Davon zeugen auch viele seiner Fabeln, die er formal „aufpolierte", indem er ihnen Reim und Vers wiedergab. Die völlig kunstlosen Erzählungen vom Fuchs und vom Raben, von der Grille und von der Ameise, die in der Tradition des großen griechischen Fabel-Dichters Äsop standen, erhielten durch die Neufassungen La Fontaines neuen Glanz. Die Fabel, die bisher von den Dichtern und der Gesellschaft nicht ernst genommen wurde, entwickelte sich durch diese formalen Veränderungen sozusagen zu einer literarischen Kunstform. Waren viele Fabelwesen vorher gesichts- und charakterlose Verkörperungen menschlicher Eigenschaften, so erfüllte La Fontaine die Figuren seiner Fabeln zu neuem Leben, indem er sie mit weiteren Wesenszügen, aber auch mit einem eigenen Verstand und eigener Seele, kurz: mit echter Persönlichkeit ausstattete. Auch vermenschlichte er die in seinen Fabeln vorkommenden Tiere noch weiter. Wenn die Fabeltiere den Menschen bisher nur dadurch ähnelten, dass sie eine typische menschliche (Charakter-)Eigenschaft verkörperten, so versah der Dichter sie nun sogar mit menschlichen Berufen, Namenstagen oder er ließ die Tiere sogar Krieg führen. „Wie die Menschen beginnen diese Tiere ihr Leben in der Wiege und beenden es auf dem Siechbett [Totenbett]; wenn sie krank sind, lassen sie einen Arzt kommen; wenn sie zu dick werden, leben sie Diät." (Hermann Lindner: Sämtliche Fabeln.

Nachwort. 1981; zitiert nach: E. Leibfried: Fabel. a.a.O., S. 65)
1692 brachte er eine durchgesehene Gesamtausgabe der Fabeln heraus. Ende 1692 erkrankte La Fontaine schwer und wurde danach fromm, d. h. streng gläubig, weil er spürte, wie nah ihm der Tod doch gekommen war. Er starb im Jahr 1695 im Alter von 74 Jahren.
Autorentext

Einen informativen Sachtext über einen Dichter erarbeiten

1. **Überfliege** den Text zunächst. Lies ihn quer. Worum scheint es hier zu gehen, was ist wohl sein Thema?

2. **Lies** den Text ein erstes Mal, **ohne** etwas zu **markieren**. Mache dir klar, was das Thema des Sachtextes ist und welche Informationen er dazu enthält.

3. **Gliedere** den Text in **Sinnabschnitte**. Gib jedem Sinnabschnitt eine **passende Überschrift** und notiere sie in der Randspalte zu Beginn des jeweilige Abschnitts. Häufig kannst du dafür wichtige Wörter aus den jeweiligen Abschnitten nutzen. Einen Sinnabschnitt erkennst du daran, dass das (Teil-)Thema wechselt oder eine neue Frage beantwortet wird.

4. **Hebe das Wichtigste durch farbige Markierungen oder Unterstreichungen hervor.** Markiere sparsam: Überlege bei jedem Wort, ob du es wirklich farbig markieren musst.

5. Notiere unter den Überschriften am Rand des Textes in **Stichworten** die wichtigsten Informationen der einzelnen Textabschnitte.

   ▪ Jetzt hast du den Text gut verstanden. Setze dich nun mit deinen Gruppenmitgliedern zusammen. Besprecht noch offene Fragen und überlegt, wie ihr eure Wandzeitung zu Jean de La Fontaine gestalten wollt. Verwendet auch die folgende Fabel und zeigt das Typische daran auf.

Jean de La Fontaine: Der Fuchs und der Storch[1]

Eines Tages hatte der Fuchs den Storch zum Mittagessen eingeladen. Es gab nur eine Suppe, die der Fuchs seinem Gast auf einem Teller vorsetzte. Von dem flachen Teller aber konnte der Storch mit seinem langen Schnabel nichts aufnehmen. Der listige Fuchs indessen schlappte alles in einem Augenblick weg.
Der Storch sann auf Rache. Nach einiger Zeit lud er seinerseits den Fuchs zum Essen ein. Der immer hungrige Fuchs sagte freudig zu. Gierig stellte er sich zur abgemachten Stunde ein. Lieblich stieg ihm der Duft des Bratens in die Nase. Der Storch hatte das Fleisch aber in kleine Stücke geschnitten und brachte es auf den Tisch in einem Gefäß mit langem Halse und enger Öffnung. Er selbst konnte mit seinem Schnabel leicht hineinlangen. Aber die Schnauze des Fuchses passte nicht hinein. Er musste hungrig wieder abziehen. Beschämt, mit eingezogenem Schwanz und hängenden Ohren schlich er nach Hause.
Wer betrügt, muss sich auf Strafe gefasst machen.

[1] Zitiert nach: Fabeln: Braunschweig: Georg Westermann Verlag 1965

Einen Fabel-Dichter genauer kennenlernen: Thurber

James Grover Thurber wurde am 8. Dezember 1894 in Columbus im US-amerikanischen Bundesstaat Ohio geboren. Er erlangte Berühmtheit durch seine witzigen Zeichnungen im bekannten Magazin „The New Yorker". In Deutschland ist er vor allem durch seine lustig-ironischen Fabeln bekannt, die neben dem Verfassen von Kurzgeschichten seine Leidenschaft waren. James Thurber starb am 2. November 1961 in New York.

Von James Thurbers Kindheit ist überliefert, dass er bereits sehr früh durch einen Unfall stark sehbehindert war. Weil er daher nicht so viel Zeit draußen im Freien verbringen konnte, begann er schon sehr früh zu schreiben, was von seiner Mutter, Mary Thurber, die über ein großes komisches Talent verfügte, stark gefördert wurde.

Nach seiner Schulzeit studierte James Thurber an der State Universität in Ohio in den Jahren 1913–1918. Wegen seiner Sehbehinderung wurde er nicht als Soldat im furchtbaren Ersten Weltkrieg eingesetzt. Im Anschluss arbeitete er als Beamter im US-Außenministerium. Später begann er, seine Leidenschaft – das Schreiben – zum Beruf zu machen: Sein buntes Journalistenleben – Thurber schrieb für sehr viele Zeitungen als sogenannter freier Mitarbeiter – führte ihn nach Columbus, Paris und New York. In der französischen Hauptstadt arbeitete er für die dortige Ausgabe der „Chicago Tribune". Ab dem Jahr 1926 war er als Reporter für die „Evening Post" tätig. Im Jahr 1927 stieg er zum Chefredakteur der berühmten Kulturzeitschrift „The New Yorker" auf und er wurde zu einem Helden der studierten Oberschicht, die seine kurzen Geschichten und Zeichnungen für ihren Humor und ihre Kaltschnäuzigkeit liebten. Mit Kollegen und einem Jugendfreund schrieb Thurber auch humoristische Bücher und sogar ein Theaterstück (1940), in dem er selbst auftrat. Neben den Fabeln, die ihn auch in Europa berühmt machten, schrieb er auch Märchen, Satiren und kleinere, absurde Geschichten, die häufig von der Problematik der Geschlechter handelten.

In Deutschland wurde James Thurber auch in jüngster Zeit durch die gelungene Verfilmung seiner Erzählung „The Secret Life of Walter Mitty" eine Berühmtheit. Der Held des Films ist – typisch für Thurbers Themen – ein ganz normaler, in der Großstadt lebender Mensch names Walter Mitty, der seinen Job als Archivar verliert und sich traurig in Tagträume flüchtet, bis ihn schließlich die Liebe zu einer Frau und die Jagd auf ein verschollenes Foto dazu bringen, sein Leben in die Hand zu nehmen und aktiv zu gestalten. Immer auch eine Kritik an der Kultur seiner Zeit – die in der Medienbranche arbeitenden Menschen werden großteils als oberflächlich und unfreundlich dargestellt – verliert der Stoff Thurbers trotz seiner kritischen Bemerkungen zur zeitgenössischen amerikanischen Gesellschaft niemals seinen warmen, menschenfreundlichen und humorvollen Ton.

Bei aller Gesellschaftskritik verbitterte der Autor nicht. Dieser Charakterzug James Thurbers zeigt sich auch vielfach in seinen Satiren, Skizzen, Fabeln und Geschichten, die oftmals ins Absurde (kaum Glaubliche) abglitten.

Gegen Ende seines Lebens verschlimmerte sich seine Augenkrankheit, Thurber erblindete nahezu und konnte daher seine erfolgreiche Arbeit als Karikaturist (Zeichner) nicht mehr fortführen. Mit seiner zweiten Ehefrau lebte er trotz einer Alkoholkrankheit und gelegentlichen Depressionen glücklich in der Nähe von New York, wo er im Jahre 1961 starb.
Autorentext

Einen informativen Sachtext über einen Dichter erarbeiten

1. **Überfliege** den Text zunächst. Lies ihn quer. Worum scheint es hier zu gehen, was ist wohl sein Thema?

2. **Lies** den Text ein erstes Mal, **ohne** etwas zu **markieren**. Mache dir klar, was das Thema des Sachtextes ist und welche Informationen er dazu enthält.

3. **Gliedere** den Text in **Sinnabschnitte**. Gib jedem Sinnabschnitt eine **passende Überschrift** und notiere sie in der Randspalte zu Beginn des jeweilige Abschnitts. Häufig kannst du dafür wichtige Wörter aus den jeweiligen Abschnitten nutzen. Einen Sinnabschnitt erkennst du daran, dass das (Teil-)Thema wechselt oder eine neue Frage beantwortet wird.

4. **Hebe das Wichtigste durch farbige Markierungen oder Unterstreichungen hervor**. Markiere sparsam: Überlege bei jedem Wort, ob du es wirklich farbig markieren musst.

5. Notiere unter den Überschriften am Rand des Textes in **Stichworten** die wichtigsten Informationen der einzelnen Textabschnitte.

■ Jetzt hast du den Text gut verstanden. Setze dich nun mit deinen Gruppenmitgliedern zusammen. Besprecht noch offene Fragen und überlegt, wie ihr eure Wandzeitung zu James Thurber gestalten wollt. Verwendet auch die folgende Fabel und macht deutlich, warum es sich bei diesem Text um eine moderne Fabel aus dem 20. Jahrhundert handelt!.

James Thurber: Die Kaninchen, die an allem schuld waren[1]

Es war einmal – die jüngsten Kinder erinnern sich noch daran – eine Kaninchenfamilie, die unweit von einem Rudel Wölfe lebte. Die Wölfe erklärten, die Lebensweise der Kaninchen gefalle ihnen nicht. (Die Wölfe waren begeistert von der Art, wie sie selber lebten, denn das war die einzig richtige Art zu leben.) Eines Nachts kamen einige Wölfe bei einem Erdbeben ums Leben, und die Schuld daran wurde den Kaninchen zugeschoben, denn es ist allgemein bekannt, dass die Kaninchen mit ihren Hinterbeinen auf den Erdboden aufstoßen und Erdbeben verursachen.
In einer anderen Nacht wurde einer der Wölfe von einem Blitz erschlagen und schuld daran waren wieder die Kaninchen, denn es ist allgemein bekannt, dass Salatfresser Blitze verursachen. Die Wölfe drohten, die Kaninchen zu zivilisieren[2], wenn sie sich nicht anständig betrügen, und die Kaninchen beschlossen, auf eine verlassene Insel zu flüchten. Aber die anderen Tiere, die weit entfernt wohnten, beschämten sie, indem sie sagten: „Ihr müsst bleiben, wo ihr seid, und tapfer sein. Dies ist keine Welt für Ausreißer. Wenn die Wölfe euch angreifen, werden wir euch zu Hilfe kommen, aller Wahrscheinlichkeit nach." So blieben die Kaninchen in der Nachbarschaft der Wölfe wohnen, und eines Tages kam eine schreckliche Überschwemmung, die eine große Anzahl Wölfe ersäufte. Daran waren die Kaninchen schuld, denn es ist allgemein bekannt, dass Mohrrübenknabberer mit langen Ohren Überschwemmungen verursachen. Die Wölfe fielen über die Kaninchen her, zu ihrem eigenen Besten, und sperrten sie in eine finstere Höhle, zu ihrem eigenen Schutz. Als man ein paar Wochen lang nichts von den Kaninchen zu hören bekam, richteten die anderen Tiere eine Anfrage an die Wölfe, was mit ihnen geschehen sei. Die Wölfe erwiderten, die Kaninchen seien gefressen worden, und da sie gefressen worden seien, sei der Fall eine rein innere Angelegenheit. Die anderen Tiere drohten jedoch, sie würden sich möglicherweise gegen die Wölfe verbinden, wenn kein Grund für die Vernichtung der Kaninchen angegeben würde. So gaben die Wölfe einen Grund an. „Sie versuchten auszureißen", sagten die Wölfe, „und wie ihr wisst, ist dies keine Welt für Ausreißer."

Moral: Gehe, nein, galoppiere zur nächsten verlassenen Insel.

---

[1] In deutscher Übersetzung: http://www.hekaya.de/fabeln/die-kaninchen-die-an-allem-schuld-waren--thurber_2.html (Abruf: 04.04.2015); Urheberrecht bei Guido Adam, http://www.hekaya.de/impressum.html
[2] vermenschlichen

Baustein 3

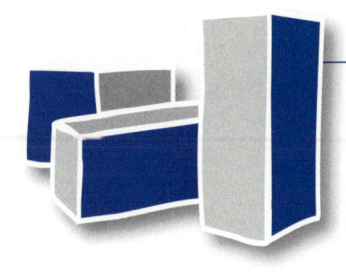

Mit Fabeln kreativ umgehen – Die Fabelwerkstatt

Der folgende Baustein bietet umfangreiches Material für einen kreativen, handlungs- und produktionsorientierten Deutschunterricht zum Thema „Fabeln". Gerade in den jüngeren Jahrgangsstufen bietet sich aufgrund der Strukturelemente der über 2500 Jahre alten Gattung ein kreatives, fantasievolles Arbeiten mit Fabeln an, da ein allein formalanalytischer Zugang wenig altersgerecht und motivierend erscheint und gerade durch textproduktive Methoden wesentliche Einsichten in die Grundstrukturen der Gattung und die Arbeit mit epischen Kurzformen erzielt werden können. Fabeln eignen sich auch daher gut für kreative und produktionsorientierte Methoden im Literaturunterricht, da ihre typischen Gestaltungsprinzipien ein solches Vorgehen geradezu fordern: Die Tatsache, dass Tiere die Handlungsakteure darstellen, motiviert jüngere Schülerinnen und Schüler. Die Typisierung der Fabelfiguren – der böse, hinterlistige Wolf gerät in einen Konflikt mit dem einfältigen Esel – kommt dem vielfach noch altersgemäßen schematischen Denken in Gegensätzen aufseiten junger Schülerinnen und Schüler entgegen. In dieser Antithetik liegt eine Einladung an die Lerngruppe, selbst eigene Texte durch die Gegenüberstellung zweier gegensätzlicher Verhaltensweisen zu produzieren. Dabei werden gängige Klischees jedoch nicht bloß reproduziert, sondern durch eine in der Regel überraschende, witzige Pointe gebrochen und die Schüler auf diese Weise zum Hinterfragen üblicher Einschätzungen und Typisierungen angeregt.

Auch im Bereich der Textproduktion werden weniger leistungsstarke Schülerinnen und Schüler durch die Aufgabe, selbst eine Fabel zu verfassen, nicht abgeschreckt, da die Textsorte sprachliche Kürze und Prägnanz fordert, weniger Quantität. Die Ort- und Zeitlosigkeit der Gattung erleichtert den Einstieg in die Textproduktion zudem, weil auf umfassendere epische Einführungen, zum Beispiel auf die umständliche Beschreibung von Schauplätzen und Orten, verzichtet werden kann.

Eine weitere Chance bietet die Verbindung von epischen und dramatischen Elementen, die der klassischen Fabel zu eigen ist. Natürlich ist die Fabel einerseits eine epische Textart, sie erzählt uns eine Geschichte. Andererseits steckt eben diese Geschichte voller Dramatik, da die Handlung in aller Regel im Rahmen eines Gesprächs dargeboten wird. Diese Darbietungsweise führt in äußerster Zuspitzung sogar dazu, dass im Kern nicht mehr erzählt, sondern nur noch gesprochen wird: Der Dialog ersetzt den Erzähler. Dieses Strukturelement der Fabel hilft vor allem leistungsschwächeren Schülerinnen und Schülern der Sekundarstufe enorm, da es hier anders als bei einer stärker episierenden Fabel, die den Sachverhalt weiter ausführt, auf die Produktion von Dialogen ankommt, was dieser Zielgruppe erfahrungsgemäß deutlich leichter fällt. Ebenso sind Schülerinnen und Schüler eher bereit, einen selbst verfassten Text vorzutragen, wenn er gemeinsam mit einem Mitschüler dialogisch gespielt werden kann. Gerade der dramatische Charakter der Fabel fordert zum Spiel, zur szenischen Interpretation heraus. Mehrere Unterrichtsideen tragen dieser Einschätzung Rechnung und bieten die Möglichkeit, Fabel-Texte einer interessierten Teilöffentlichkeit gestaltend vorzutragen. Ein solches Rollensprechen bietet gerade denjenigen Schülerinnen und Schülern Partizipationsmöglichkeiten, die sich im traditionellen Unterrichtsgespräch sonst eher zurückhalten. Auf diese Weise kann das freie Sprechen vor der Klasse geübt werden, natürliche Sprechängste und Schüchternheit können bekämpft werden.

Zugleich üben die Schülerinnen und Schüler, auf welche Weise gute Texte entstehen, indem sie sich ein dreiphasiges Vorgehen aneignen: In der ersten Phase der Planung geht es darum, Thema, Figuren und Handlungsverlauf gedanklich vorzubereiten. Erst wenn ein solches systematisches Gerüst geplant ist, können sich die Schülerinnen und Schüler an die zweite Phase, die Textproduktion, machen; die Fabel in ihrer ersten Erzählfassung entsteht. In einer dritten Phase der Redaktion erhalten die Schülerinnen und Schüler Gelegenheit, ihre Fabeln zu sichten, kriterienorientiert zu überarbeiten und zu präsentieren.

3.1 Eine eigene Fabel verfassen, überarbeiten und vortragen

In der folgenden Sequenz werden Vorschläge gemacht, auf welche Weise Schülerinnen und Schüler der Jahrgangsstufen 5–7 systematisch an die schriftliche Produktion von eigenen Fabeln herangeführt werden können: In einer ersten Phase geht es dabei um die **Planung**. Die Schüler lernen, dass es Sinn macht, nicht einfach loszuschreiben, sondern mithilfe eines Schreibplans eine gründliche Vorstrukturierung vorzunehmen, die die anschließende Phase der **Textproduktion** deutlich entlastet und die Qualität des Endprodukts in aller Regel erhöht. Textproduktion ist ein fließender, kreativer und niemals abgeschlossener Prozess. Diese Erfahrung machen die Schülerinnen und Schüler in der dritten Phase, der **Redaktion**. Hier geht es darum, die erste (Roh-)Fassung eines Textes kriterienorientiert zu überarbeiten und ihn auf diese Weise zu verbessern. In einem letzten, nicht zwingend notwendigen Schritt sollen die Schülerinnen und Schüler die Gelegenheit bekommen, ihre eigenen, dialogisch angelegten Texte vor der Klasse zu präsentieren, sei es in einem gestaltenden Vortragen oder aber gar in einer kurzen szenischen Inszenierung („Theater"), die dem dramatisch-dialogischen Charakter der Textsorte gerecht wird.

Zu Beginn wird den Schülerinnen und Schülern das **Arbeitsblatt 16** (S. 81) ausgeteilt. Gerade in jüngeren Lerngruppen ist es häufig sinnvoll, die einzelnen Aufgaben zentral zu besprechen und sich zu Beginn davon zu überzeugen, dass diese auch verstanden wurden. Der eigentliche Schreibprozess kann in leistungsheterogenen Lerngruppen auch in Partnerarbeit ablaufen, was den Vorteil mit sich bringt, dass innerhalb der Teamarbeit eine Art Coaching stattfinden kann. In der Regel kommt für den Akt der Schreibproduktion jedoch v. a. die Sozialform der Einzelarbeit in Betracht, die sich zeitgewinnend auch in die Hausarbeit auslagern lässt. Dies lässt mehr Spielraum für die dritte Phase der Textrevision/-redaktion.

In geeigneten Lerngruppen kann die erste Aufgabe des Arbeitsblattes auch gemeinsam bearbeitet werden, was den Vorteil bietet, dass die Schülerinnen und Schüler auch eigene Weisheiten und Lehren einbringen können und sich nicht allein mit den inhaltlichen Vorgaben des Arbeitsblattes begnügen müssen:

> ■ *Welche Lehren und Weisheiten kennt ihr? Sammelt in der Klasse möglichst viele verschiedene Sprichwörter.*

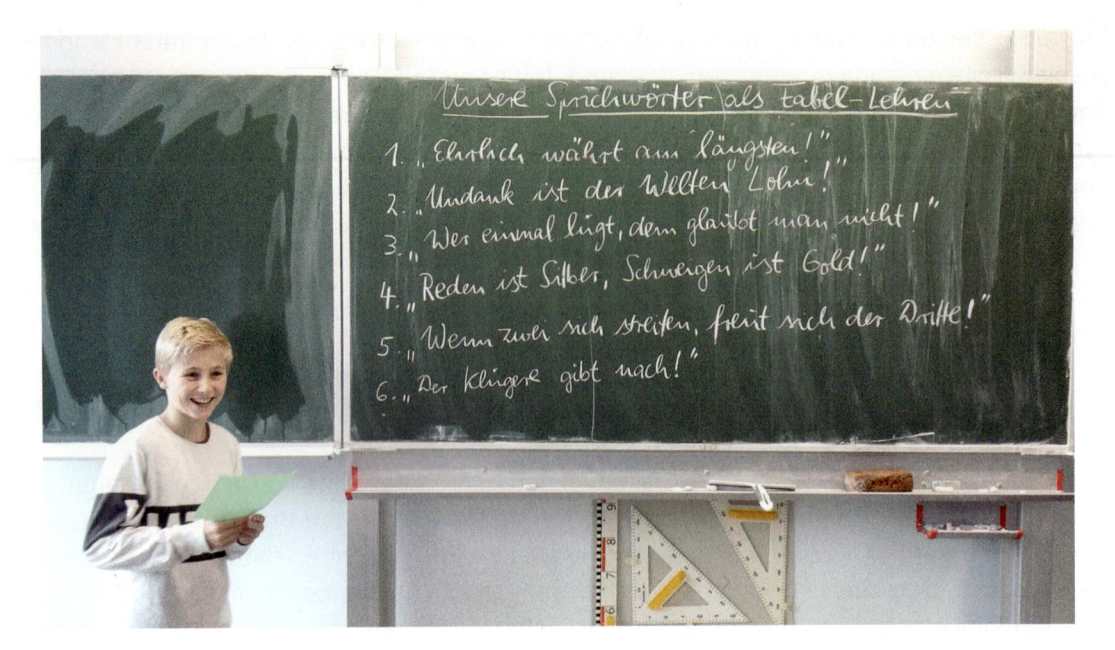

Baustein 3: Mit Fabeln kreativ umgehen – Die Fabelwerkstatt

Bei ausreichend zur Verfügung stehender Zeit kann die Aufgabe in einem ersten Schritt in Kleingruppen bearbeitet werden. Dafür bietet es sich an, diesen Karteikarten zur Verfügung zu stellen. Auf diesen Kärtchen können die entsprechenden Sprichwörter notiert werden. In einem zweiten Schritt werden die Gruppen aufgefordert, ihre Sprichwörter vor der Klasse vorzustellen. Die jeweilige Karteikarte wird dann an der Tafel befestigt. Es ist darauf zu achten, dass nicht eine Gruppe sämtliche Sprichwörter zu Beginn präsentiert, sondern möglichst alle Gruppen die Gelegenheit zur Präsentation bekommen. Unbekannte oder unverstandene Sprichwörter können noch gemeinsam im Plenum im Hinblick auf ihre Bedeutung analysiert werden, sodass sie in der folgenden Phase der Textproduktion als inhaltliche Vorgabe überhaupt infrage kommen.

In leistungsheterogenen Klassen kann für einige Schüler anstelle der Aufgabe, eine eigene Fabel zu einer Lehre zu schreiben, das **Arbeitsblatt 17** (S. 82) als **Differenzierungsmaterial** eingesetzt werden. Leistungsschwächeren Schülern wird hier die Aufgabe abgenommen, die gesamte Rahmenhandlung eigenständig zu entwerfen. Stattdessen wird dem Schüler oder der Schülerin die Aufgabe gestellt, zu einem vorgegebenen Fabel-Anfang eine kleinere Geschichte zu verfassen. Ein solches Vorgehen entlastet den leistungsschwächeren Schüler vor allem um die kognitiv anspruchsvolle Aufgabe, ein in seiner Antithetik passendes Tierpaar zu konstruieren, deren typische Eigenschaften bzw. Verhaltensweisen im Fabelgeschehen aufeinanderprallen. Nach Beendigung der Schreibphase und der anschließenden Textredaktion (Überarbeitung) kann es interessant sein, die Schülerfassung mit der Originalversion Äsops zu vergleichen. (**Lösungen zum Arbeitsblatt 17**, S. 83)

- *Welches Ende wählt Äsop für seine Fabel?*
- *Was ist wohl die Lehre aus dieser alten Fabel? Was sollen wir aus ihr lernen?*
- *Vergleicht die Fabel Äsops mit unserer Fassung. Welche Gemeinsamkeiten/ Unterschiede werden deutlich?*
- *Was bedeuten diese Gemeinsamkeiten bzw. Unterschiede?*

Im Hinblick auf die Ergebnisse von Überarbeitungen von Schülertexten in der Schule hat die Schreibprozessforschung mittlerweile eindeutige Empfehlungen präsentieren können: Das übergeordnete Lernziel der „Reflexion über Sprache" lässt sich insbesondere dann erfolgreich erreichen, wenn es an konkrete Schreibvorgänge angebunden wird, also nicht isoliert im traditionellen Grammatikunterricht, sondern im integrativen Deutschunterricht erfolgt. Wenn Schüler erfahren, dass ein einmal verfasster Text noch nicht fertiggestellt ist, sondern der Überarbeitung bedarf, fördert dies den „bewussten Blick auf alles, was bei Überarbeitungsprozessen sprachlich geschieht". Das Ziel einer erhöhten „Sprachaufmerksamkeit"[1] kann jedoch nur dann erreicht werden, wenn dem Schüler bzw. der Schülerin vor dem eigentlichen Beginn der Revisionsphase klar ist, was wie verbessert werden kann.

Über die Kriterien, die auch für die Beurteilung einer Schülerfabel gelten sollen, kann auch bereits in jüngeren Jahrgangsstufen gemeinsam nachgedacht werden:

- *Wie sollte eine Fabel sprachlich verfasst sein?*
- *Worauf müssen wir beim Überarbeiten unserer Texte sprachlich achten?*
- *Worauf sollten wir inhaltlich Wert legen? Nennt Kriterien.*

Ein **Tafelbild** kann diese kurz gehaltene, in jüngeren Lerngruppen aber zumeist notwendige **Plenumsphase**, die zwischen der Textproduktion und der Textrevision liegt, sinnvoll abschließen:

Die vier Verständlichmacher[2]

EINFACHHEIT: kurze, anschauliche Sätze, wenig Nebensätze u. Passiv, geläufige Wörter

GLIEDERUNG: Überschriften, Leerzeilen, Zwischenüberschriften, Absätze, Zusammenfassung

PRÄGNANZ: knapp, genau, notwendig, ohne Wiederholungen, nicht weitschweifig

STIMULANZ: interessante Handlung, bildhafte Sprache, direkte Rede, Wortwitz, Beispiele

Über die Frage, ob die Schüler eher ihren eigenen Text oder aber eine Fabel ihrer Mitschüler überarbeiten, herrscht fachdidaktisch Dissens. Für die Eigentextkorrektur spricht ein eventuell höherer Motivationsgrad. Auf der anderen Seite sieht ein fremdes Auge aufgrund des Phänomens der Betriebsblindheit häufig mehr. In Abhängigkeit von der konkreten Lerngruppe wird hier daher für die Arbeit mit Fremdtexten plädiert. Nachdem die Schülerinnen und Schüler das **Arbeitsblatt 18** (S. 84) ausgehändigt bekommen haben und es im Plenum besprochen wurde, verlassen sie ihren eigenen Sitzplatz, allein mit einem geeigneten Korrekturstift ausgestattet. Ihre eigene Fabel verbleibt aufgeschlagen auf dem nun verlassenen Platz, neben dem Text liegt das Arbeitsblatt 18 aus. Jeder Schüler sucht sich nun einen neuen Sitzplatz, liest in Stillarbeit die Fabel und bearbeitet diese im Anschluss mithilfe des Kriterienrasters.

- *Lies die Fabel deines Mitschülers oder deiner Mitschülerin. Bewerte sie mithilfe des Korrekturbogens. Beachte die vier Verständlichmacher eines Textes.*

---

[1] http://www.fachdidaktik-einecke.de/9g_Meine_Publikationen/autorenmskr_textueberarbeitg_s2.htm (Abruf: 09.04.2015)

[2] In Anlehnung an Friedemann Schulz von Thun: Miteinander reden. 1/2. (1981/1989) Reinbek: Rowohlt 1999, S. 140 ff.; zitiert nach: http://www.fachdidaktik-einecke.de/9g_Meine_Publikationen/autorenmskr_textueberarbeitg_s2.htm

Es ist sinnvoll, einen Text mehrmals von verschiedenen Schülern lesen zu lassen. Dafür sieht das Arbeitsblatt in der rechten Spalte zwei Felder („S1" und „S2") vor, in der die jeweiligen Eintragungen durch den entsprechenden Mitschüler notiert werden sollen. Nach Beendigung der Lektüre- und Korrekturphase kehrt nun jeder Schüler wieder an seinen ursprünglichen Sitzplatz zurück und liest die Korrekturen bzw. Anmerkungen auf seinem Arbeitsblatt. Mithilfe dieser Fremdeinschätzungen hat nun jeder Schüler/jede Schülerin die Aufgabe, am eigenen Text Korrekturen vorzunehmen. Dabei liegt die Autonomie allein beim korrigierenden Schüler, der zu entscheiden hat, welche der Fremdeinschätzungen er annimmt und wie er sie sprachlich bzw. inhaltlich umsetzen möchte. Grundsätzliche Korrekturverweigerungen aufseiten eines Schülers sollten jedoch nicht akzeptiert werden.

- *Lies dir die Anmerkungen deiner Mitschüler zu der von dir verfassten Fabel durch. Überlege, welche Einschätzung dich inhaltlich oder sprachlich überzeugt. Überarbeite nun deine Fabel und nimm konkrete Veränderungen vor.*

Sind die Texte am PC verfasst, können die Veränderungen von den Schülerinnen und Schülern leicht eingefügt werden. Aber angesichts der zu erwartenden Kürze der Schülerfabeln erscheint ein komplettes Neuformulieren der Texte in der Regel zumutbar und sinnvoll, eventuell kann die Aufgabe auch als nachbereitende Hausaufgabe gestellt werden. Eine methodische Alternative kann – falls bereits im Zusammenhang mit den Inhalten des zweiten Bausteines in diesem Unterrichtsmodell erarbeitet – die Nutzung der ESAU-Regel darstellen. (**Zusatzmaterial 3**, S. 161)

Als dritter und letzter Schritt dieser Teilsequenz sollte den Schülerinnen und Schülern die Möglichkeit gegeben werden, einige ihrer selbst verfassten Fabeln zum Vortrag zu bringen und so vor der Klasse zu präsentieren.

- *Probt eine Lesung eurer Fabel. Überlegt genau, an welchen Stellen ihr besonders betonen könntet, um die Aufmerksamkeit des Lesers zu erhalten. Baut bewusst Pausen in euren Vortrag ein, um Spannung aufzubauen. Legt auch besonderen Wert auf die Betonung der Lehre am Schluss eures Textes.*

In den Reflexionsphasen zu den einzelnen Vorträgen sollten zuerst positive Aspekte hervorgehoben und betont werden. Inhaltliche Impulse in der Nachbereitung können sich darauf beziehen, welche fundamentale menschliche Situation in dieser tierischen Geschichte widergespiegelt wird oder auf welche Weise der Text in der Redaktionsphase überarbeitet, d. h. verbessert wurde. Natürlich können auch formale Aspekte wie das Kompositionsprinzip der Fabel vertieft werden, indem z. B. die Ausgangssituation, die Konfliktsituation mit Rede und Gegenrede sowie die Lösung mit folgender Lehre im Unterrichtsgespräch nachgewiesen werden:

- *Was hat euch an dieser Fabel besonders gut gefallen? Begründet.*
- *Auf welche menschliche Gelegenheit passt das in dieser Fabel erzählte Denkmodell? Was hat das Verhalten der Tiere in dieser Fabel mit uns Menschen zu tun?*
- *Wie hättet ihr euch in einer ähnlichen Situation verhalten?*
- *Wie ist diese Fabel verbessert worden? Wie hast du sie überarbeitet?*
- *Entspricht diese Fabel dem typischen Aufbau? Belegt eure Einschätzung am Beispiel.*

Fabeln, die längere Dialogteile aufweisen, können auch in Dreiergruppen vorgetragen werden: Ein Schüler schlüpft in die Rolle des Erzählers und trägt die Ausgangssituation (Rahmenhandlung) und die Lehre bzw. das Sprichwort am Ende des Textes vor. In der Mitte der Fabel, die von einer Dialogsituation geprägt sein sollte, kommen die beiden Gegenspieler mit ihren jeweiligen Gesprächsbeiträgen zu Wort. Eine solche Gesprächsinszenierung kann den dramatischen Charakter der Fabel betonen und bewirkt bei geringem Aufwand einen häufig hohen Effekt aufseiten der Zuhörerschaft:

> ■ *Wie wirkte dieser Vortrag auf euch? Wie lässt sich diese Wirkung auf den Zuhörer erklären?*

Ist unklar, warum sich in einer Schülerfabel ein Tier auf eine bestimmte Weise verhält, können „tierische Interviews" verfasst und im Anschluss vorgespielt werden. Bei leistungsstärkeren Schülerinnen und Schülern ist auch aus Gründen der Zeitersparnis eine Ad-hoc-Inszenierung denkbar, in der ohne schriftliche Vorbereitung ein spontanes Gespräch in den jeweiligen Rollen entwickelt wird.

> ■ *Ihr bekommt die Möglichkeit, einige Zeit nach diesem Fabelgeschehen mit dem Tier XY ein Gespräch zu führen. Stellt ihm eure Verständnisfragen zu seinem Verhalten und notiert sowohl die Fragen als auch die Antworten dieses Interviews in eurem Heft. Tragt das Interview der Klasse vor.*

3.2 Eine Fabel zu einem Theaterstück umschreiben: Das Regiebuch

Wie keine anderen epischen Texte neben ihnen sind Fabeln dafür geeignet, in ein kleines Theaterstück umgeschrieben zu werden. Grund für diese grundsätzliche methodische Eignung ist ihr Aufbauprinzip, das – wie bereits aufgezeigt – sowohl epische (Beschreibung der Ausgangssituation und abschließende Lehre) als auch dramatische (Rede – Gegenrede, Aktion – Reaktion) Elemente beinhaltet. Dieser typische Hang der dramatisierenden Fabel zur Stichomythie (Wechselrede) bietet ein hohes didaktisches Potenzial, indem die Schülerinnen und Schüler dazu angeregt werden, geeignete Fabeltexte so umzugestalten, dass sie vorgespielt werden können. Gerade dieses Rollensprechen bietet für im klassischen Unterrichtsgespräch sonst eher stillere Schülerinnen und Schüler die Möglichkeit, sich im Schutz der Rolle ohne Angst vor Fehlern aktiv zu beteiligen.

Zu Beginn erhalten die Schülerinnen und Schüler das **Arbeitsblatt 19 (S. 85)**. Gemeinsam wird die berühmte Fabel Janoschs „Die Grille und der Maulwurf" gelesen. Vor dem Kern der folgenden Erarbeitungsphase ist es wichtig, sicherzustellen, dass der Klasse die zentrale Aussageabsicht der Fabel klar ist. Zu diesem Zweck können folgende Impulse hilfreich sein:

> ■ *Warum wohl schicken der Hirschkäfer und die Maus die Grille weg?*
> ■ *Welche der folgenden Aussagen trifft auf diese Fabel zu? Ohne Fleiß kein Preis/Undank ist der Welten Lohn/Einer hilft dem anderen/Sei gütig.*

In einem bewusst kurz gehaltenen Gespräch, in dem im Hinblick auf eine möglichst ertragreiche Auswertungsphase nach Möglichkeit keine Detailaspekte thematisiert werden sollten, ist auf rein nutzenorientierte Einstellung von Hirschkäfer und Maus einzugehen, die mitleidlos der Auffassung sind, dass die Grille für ihre Faulheit im Sommer nicht auch noch belohnt werden sollte. Auf der anderen Seite wird durch die Aufwertung der Musik der Grille durch den blinden Maulwurf vor allem der antikapitalistische Einwurf des Fabelmärchens deutlich, denn durch das auf den ersten Blick großherzige und gütige Verhalten des Maulwurfs wird offenbar, dass Grille und Maus ein falsches bzw. zu einseitiges Verständnis von Mehrwert haben. Dieser ist nicht allein an seiner Zählbarkeit – hier in Form von Nüssen oder dem Wohnwert des Geweihs verkörpert – festzumachen, sondern ebenso an der Lebensqualität. Diese ist aufseiten des Maulwurfs durch die schöne Musik der Grille während der Sommerzeit gestiegen. Dafür verdient sie es – so die Logik des hier gar nicht blinden Maulwurfs –, belohnt zu werden.

- *Arbeitet die Fabel Janoschs in eine Theaterszene um, indem ihr in Gruppen ein Regiebuch entwerft. Übernehmt dafür die folgende Tabelle in euer Heft. Spielt die Szene am Ende vor der Klasse.*

Nach der Präsentation einzelner Theaterszenen sollten zuerst die Zuschauer, also die Mitschüler, Gelegenheit bekommen, ihre Fragen zu formulieren. Ein Auswertungsgespräch kann mithilfe der nachfolgend aufgeführten Impulsfragen strukturiert werden.

- *Kannst du den Hirschkäfer und die Maus verstehen? Was stört sie wohl am Verhalten der Grille?*

- *Warum reagiert der Maulwurf ganz anders als seine Vorgänger? Ist seine Botschaft an die Grille nicht problematisch, weil sie deren Faulheit im Sommer auch noch belohnt?*

Eine zeitaufwendige, aber sich in aller Regel lohnende Alternative ist es, die Schülerinnen und Schüler ein sog. „Papiertheater" zu einer Fabel basteln zu lassen und den Text zusammen mit dem „Theater" zu präsentieren. Dafür eignen sich besonders die von den Schülerinnen und Schülern selbst verfassten Texte. Eine Bastelanleitung findet sich im **Zusatzmaterial 12** (S. 172).

Eine mögliche nachbereitende **Hausaufgabe**:

- *Schreibe zu dieser Fabel eine Erzählung, die in der Welt der Menschen (z. B. in der Schule) spielt. Man nennt dies auch eine Parallelgeschichte, in der sich Menschen ähnlich wie Grille, Hirschkäfer, Maus und Maulwurf verhalten. Es ist wichtig, dass du deine Parallelgeschichte zuerst gut planst, indem du die vorkommenden Personen mit bestimmten Eigenschaften notierst und die Handlung in Stichworten aufschreibst.*

3.3 Eine Fabel zu einer Bildergeschichte entwickeln: Formen wörtlicher Rede üben (Zeichensetzung)

Den dramatisch-dialogischen Charakter vieler Fabeln kann sich auch ein integrativer Deutschunterricht zunutze machen, der sich funktional an spezifischen Verwendungszusammenhängen im Kontext von Lese- und Schreibvorgängen orientiert statt am isolierten Sprach- oder Grammatikunterricht. Insbesondere die unterschiedlichen Formen der direkten Rede können im Kontext einer kreativen, an kleineren Schreibproduktionen ausgerichteten Fabeleinheit erstmalig eingeübt oder aber wiederholt werden. Einzuübende sprachliche Phänomene werden in dieser Konsequenz an den Inhalt des Literaturunterrichts angebunden. Auch eine eventuell am Ende stehende „Reflexion über Sprache", die in diesem Fall die

Leistungen und Wirkung der jeweiligen Form der wörtlichen Rede für die Aussage der Fabel in den Blick nimmt, wird im Idealfall nicht isoliert vorgenommen, sondern integrativ und situationsgebunden, indem ein expliziter Wechsel von der Inhalts- auf die Sprachebene vonseiten der Lehrkraft intendiert und eingeleitet wird. In einem solchen integrativen Deutschunterricht geht es um „funktionale Sprachbetrachtung, bei der nicht die Form, sondern die Bedeutung sprachlicher Erscheinungen (Grammatik nie ohne Semantik), ihre Leistung und Funktion im Kontext und in Sprachverwendungssituationen im Vordergrund" der Betrachtung stehen.[1]

Den Schülerinnen und Schülern wird das **Arbeitsblatt 20** (S. 86) zur Verfügung gestellt. Gemeinsam wird im Plenum der obere informierende Teil gelesen und im Anschluss werden mögliche Verständnisfragen, insbesondere zur Zeichensetzung und zu Satzschlusszeichen, geklärt. Danach arbeiten die Schülerinnen und Schüler inhaltlich an der Bildergeschichte:

- *Mache dir gemeinsam mit einem Mitschüler oder einer Mitschülerin die Bildergeschichte von den zwei Eseln klar, indem ihr die Handlung nacherzählt.*

- *Teilt die Fabel in Ausgangssituation, Konfliktsituation, Lösung (überraschende Wende) und Lehre ein. Welche Bilder gehören in welchen Teil der Fabel? Ordnet zu.*

- *Schreibt nun die Fabel in euer Heft. Achtet dabei besonders auf die sprachliche Ausgestaltung der Konfliktsituation im Mittelteil der Fabel. Was bereden die beiden Esel miteinander? Nutzt für diese zentralen Dialoge alle drei Formen der wörtlichen Rede und achtet besonders auf die Zeichensetzung. Wichtig: Notiert auch die Gedanken der beiden Esel in wörtlicher Rede.*

- *Tragt eure Fabel in dialogischer Form der Klasse vor.*

Eine methodische Alternative zum skizzierten Vorgehen bietet sich, wenn den Schülerinnen und Schülern die sechs einzelnen Abschnitte der Bildergeschichte „Die zwei Esel" ausgeteilt werden. Dafür kann auf ein Austeilen des Arbeitsblatts 20 verzichtet werden. Die Lehrkraft muss stattdessen im Vorfeld die groß kopierte Bildergeschichte in sechs einzelne Streifen schneiden, um ein anschließendes Sortieren durch die Lerngruppe zu ermöglichen. Dies kann in Kleingruppen geschehen, aber auch zentral im Plenum. Dafür genügt es, wenn die groß kopierte Bildergeschichte von den zwei Eseln auf Folie gezogen wird, die sechs Abschnitte im Anschluss in einzelne Folienstreifen abgetrennt werden und diese dann auf einem OH-Projektor in gemeinsamer Puzzle-Arbeit sortiert werden. Auf diese Weise kann ein noch dichteres inhaltliches Arbeiten an der Fabel zustande kommen, weil der Fokus zunächst nicht auf der (formalen) Ausgestaltung der Konfliktsituation im Mittelteil liegt, sondern auf der (Re-)Konstruktion eines sinnhaften Handlungsgeschehens.

3.4 Schreiben zu Bildern: Zu einer Geschichte aus der Menschenwelt eine Fabel verfassen

Die folgenden Unterrichtsvorschläge machen es sich didaktisch zunutze, dass Kinder der Jahrgangsstufen 5/6 noch sehr gerne zu Bildern schreiben. Der Aufforderungscharakter eines außergewöhnlichen Bildes unterstützt die Kinder dabei, ihrem natürlichen Interesse am Fabulieren nachzugehen, Zusammenhänge aufzuzeigen und Kausalitäten auch auf unge-

---

[1] http://www.fachdidaktik-einecke.de/3_Sprachdidaktik/lexikonartikel_integrativer_deutschunterricht_2013.pdf

wöhnliche, originelle Weise herzustellen. Wie auch beim klassischen kreativen Schreiben, das den Schülerinnen und Schülern – angeregt zum Beispiel durch einen Bildimpuls – die Möglichkeit zur vollkommen freien Assoziation bietet, sollen die folgenden Unterrichtsvorschläge vor allem die Freude am Erzählen und Schreiben, die man bei jungen Menschen häufig noch wahrnimmt und die bedauerlicherweise im Laufe der Schulzeit abnimmt, fördern. Dabei haben sie jedoch eher den Charakter einer Schreibwerkstatt, bei der das Produktionsergebnis – die Fabel – vorliegt. Zugleich sind den Schülerinnen und Schülern die wesentlichen formalen Merkmale der Textsorte bekannt, diese gilt es, im Rahmen der eigenen Textproduktion zu erfüllen. Von einem völlig freien Schreiben, das seinen berechtigten Platz in den Lehrplänen der Primarstufe hat, kann man in diesem Fall also nicht mehr sprechen. Der jeweils angebotene Bildimpuls hilft den Schülerinnen und Schülern bei der fantasievollen Ausgestaltung eines Erzählkerns, um den herum eigenständig eine Fabel konstruiert werden muss. In aller Regel gehen die Kinder einer solchen kreativen Schreibaufgabe mit Begeisterung nach, da sie mehr Freiheiten und Spielräume für den Einzelnen ermöglicht, als dies im traditionellen Aufsatzunterricht der weiterführenden Schulen in der Regel der Fall ist.

Zum **Einstieg** wird den Schülerinnen und Schülern als Bildimpuls auf Folie die Abbildung des **Arbeitsblattes 21** (S. 87) präsentiert:

■ *Beschreibe das Foto. Was daran hältst du für bemerkenswert?*

Die Abbildung zeigt einen der bemerkenswertesten Momente der olympischen Spiele von München aus dem Jahr 1972. Der deutsche Ringer Wolfgang Dietrich sieht sich in seinem ersten Vorrundenkampf im griechisch-römischen Stil dem US-amerikanischen Koloss Chris Taylor gegenüber, der nicht nur wegen seiner bemerkenswerten Körperfülle von über 200 Kilogramm, sondern auch wegen seines letzten, siegreichen Kampfes gegen den Deutschen im Vorfeld der Olympiade als hoher Favorit gilt. Kaum ein Experte gibt dem „Kran von Schifferstadt", der im Herbst seiner Karriere steht, eine reelle Chance. Doch dann geht alles ganz schnell: Flink umfasst Dietrich den Riesen, hebt ihn tatsächlich hoch und schultert ihn mit einem spektakulären Überwurf. Taylor kann nicht mehr reagieren, da der Schiedsrichter den Kampf für beendet erklärt. Das Bild vom Sieg des Kleinen über den Großen geht bis heute um die Welt. Die sporthistorische Begebenheit, die es zeigt, eignet sich sehr gut für eine produktive Schreibaufgabe zum Thema „Fabeln", doch anders als üblich wird den Schülerinnen und Schülern keine tierische Ausgangssituation vorgestellt, sondern eine menschlich-reale. Dieser didaktische „Kniff" hat den Vorteil, dass verdeutlicht wird, dass es bei der Fabel nicht um Tiere, sondern um Menschen, deren Verhalten, Probleme und Konflikte, geht, die in einer auf den Kern zugespitzten Ur-Situation modelliert werden. Der Kampf des kleinen Underdogs gegen den großen Favoriten spiegelt eine fundamentale menschliche Situation wider, die parabolischen Charakter zeigt und somit eine allgemeine Bedeutung erlangt. Diese Erkenntnis kann über den folgenden, zweiten Arbeitsauftrag, der im gemeinsamen Unterrichtsgespräch geklärt werden sollte, eingefordert werden:

■ *Ein Schüler sagt: „Dieser Kampf ist ja wirklich fabelhaft." Was könnte damit gemeint sein? Inwiefern eignet sich diese Geschichte gut als Vorlage für eine Fabel?*

Baustein 3: Mit Fabeln kreativ umgehen – Die Fabelwerkstatt

Die Schülerinnen und Schüler erkennen, dass die Geschichte des Underdogs Wilfried Dietrich, der gegen einen fast doppelt so schweren Gegner antreten muss, der Grundstruktur einer Fabel entspricht, was durch ein **Schaubild** verdeutlicht werden kann:

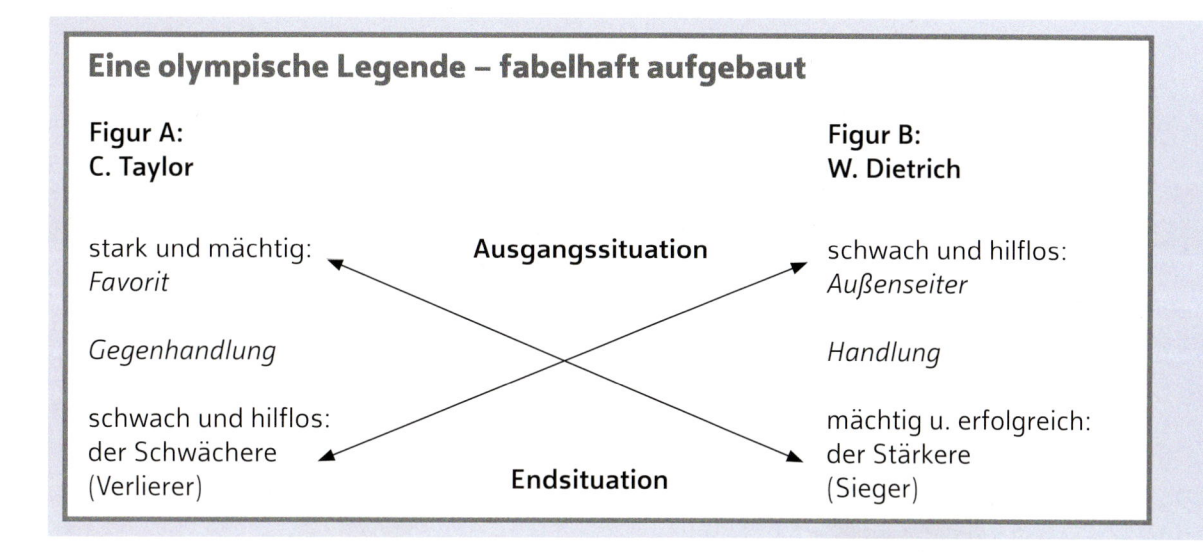

Eine olympische Legende – fabelhaft aufgebaut

Figur A:		Figur B:
C. Taylor		W. Dietrich

stark und mächtig:	**Ausgangssituation**	schwach und hilflos:
Favorit		*Außenseiter*
Gegenhandlung		*Handlung*
schwach und hilflos:		mächtig u. erfolgreich:
der Schwächere		der Stärkere
(Verlierer)	**Endsituation**	(Sieger)

Auf dieser inhaltlichen Grundlage kann der Lerngruppe die Aufgabe gestellt werden, die reale Geschichte aus dem Jahr 1972 in eine zeitlose Fabel umzuschreiben. Dabei müssen sich die Schülerinnen und Schüler vorab an die Gestaltungsmerkmale einer Fabel erinnern und sich diese bewusst machen. Im Hinblick auf das vorausgegangene Tafelbild wird erkennbar, dass die Figuren A (Chris Taylor) und B (Wilfried Dietrich) nur durch entsprechend typisierte tierische Fabel-Figuren ersetzt werden müssen.

> ▪ *Verfasse zu dieser realen Geschichte aus der Menschenwelt eine (tierische) Fabel, also eine Parallelgeschichte. Lege dafür zuerst einen Schreibplan an.*

In leistungsschwächeren Lerngruppen ist es sinnvoll, die Schülerinnen und Schüler nicht sofort losschreiben zu lassen, sondern zuerst einen genauen Schreibplan zu entwerfen, auf dessen inhaltlicher Grundlage in der Regel weitaus bessere Ergebnisse zu erwarten sind. Im Unterrichtsgespräch kann dabei folgende Strukturskizze entwickelt werden, die von den Schülerinnen und Schülern in ihr Deutschheft zu übernehmen ist:

Ein **Tafelbild:**

Mein fabelhafter Schreibplan

Tier I (groß, eindrucksvoll, schwerfällig, evtl. naiv oder arrogant): ....

Tier II (klein, körperlich unterlegen, schlau, gewitzt, mutig): ....

Ausgangssituation: ....

Konfliktsituation: ....

....

Lösung/Wende: ....

Lehre: ....

Überschrift der Fabel: ....

Baustein 3: Mit Fabeln kreativ umgehen – Die Fabelwerkstatt

Anschließend verfassen die Schülerinnen und Schüler auf Grundlage des Schreibplans ihre Fabel. In einer abschließenden **Plenumsphase** können einzelne Fabeln präsentiert werden. Dabei kann der Akzent am Anfang auf die Frage der Tierwahl gelegt werden:

Hast du passende Tiere ausgewählt?

Wilfried Dietrich
Eigenschaften/Attribute:
körperlich unterlegen, mutig, schlau, klein, gewitzt, strategisch, überlegt, schnell

Chris Taylor
Eigenschaften/Attribute:
groß, kraftvoll, gefürchtet, arrogant, gigantisch, naiv, gefährlich, eindrucksvoll, schwerfällig, stark

---

Im weiteren Verlauf kann der Akzent stärker auf die inhaltliche Botschaft und die Wirkungsabsicht der Schülerfabeln gelenkt werden. Dafür lohnt es sich, die von den Schülerinnen und Schülern gewählten Fabeln in den Mittelpunkt zu stellen.

- *Aus welchen Gründen ist das kleinere Tier siegreich? Welchen Fehler begeht das größere?*

- *Welche Lehre passt gut zu dieser Fabel? Warum hast du sie ausgewählt?*

- *Was hat die Fabel bzw. der olympische Ringkampf mit unserem eigenen Leben heute zu tun?*

- *Die olympische Legende aus dem Jahr 1972 fasziniert viele Menschen bis heute, weil sie eine Mutmach-Geschichte ist. Erläutere.*

- *Inwiefern sind auch eure eigenen Fabeln solche Mutmach-Geschichten? Begründet.*

Als zusätzliches Material zur Vertiefung oder aber zur **Differenzierung** werden die **Arbeitsblätter 22 und 23** (S. 88 f.) zur Verfügung gestellt. Diese bieten interessantes und schülernahes Bildmaterial von ungewöhnlichen Tierfreundschaften an. Die fotografischen Impulse können als außergewöhnliche Schreibanlässe für weitaus freiere und kognitiv nicht ganz so anspruchsvolle Textproduktionen genutzt werden, als es die relative Engführung des Arbeitsblattes 21 rund um den olympischen Mythos des Ringkampfes zuließ.

- *Wähle eine der beiden Fotografien aus und verfasse passend zum Bild eine Fabel. Erstelle vorab einen Schreibplan. Kläre darin die Gegensätzlichkeit deiner Tiere, die Ausgangssituation, die Konfliktsituation, die Lösung sowie die Lehre.*

Eine eigene Fabel schreiben: Der Schreibplan

Du hast jetzt bereits so viele Fabeln kennengelernt und erarbeitet, dass man dich getrost als Fabelexperten bezeichnen kann. Weil du weißt, wie eine Fabel typischerweise aufgebaut ist, wird es dir auch nicht schwerfallen, eine eigene, selbst ausgedachte Fabel zu erfinden. Dies ist deine Aufgabe. Aber Vorsicht: Schreibe nicht einfach los, sondern halte dich an folgenden **Schreibplan**:

1. Lies die Sprüche an der Pinnwand und wähle dann ein Sprichwort aus, zu dem du deine Fabel verfassen möchtest. Male es dafür bunt an, sodass du immer weißt, was dein Thema ist.

Sprichwörter an der Pinnwand:
- Reden ist Silber, Schweigen ist Gold.
- Was du heute kannst besorgen, das verschiebe nicht auf morgen.
- Der Klügere gibt nach.
- Wer andern eine Grube gräbt, fällt selbst hinein.
- Wer zuletzt lacht, lacht am besten.
- Undank ist der Welt Lohn!
- Wenn zwei sich streiten, freut sich der Dritte.

2. Welche beiden Tiere mit ihren typischen Eigenschaften sollen als Spieler und Gegenspieler in deiner Fabel auftreten? Welche passen besonders gut zu deiner Handlung? Notiere in Stichpunkten.

TIER 1: _____ typische Eigenschaften: _____

TIER 2: _____ typische Eigenschaften: _____

3. Was geschieht in deiner Fabel? Welche Handlung hat sie? Notiere stichpunktartig.

Ort: _____

Ausgangssituation: _____

Aktion: _____

Reaktion: _____

Ende: _____

4. Finde eine treffende und prägnante, d. h. auf den Punkt gebrachte Überschrift für deine Fabel:

_____

5. Schreibe nun deine vorab gut geplante Fabel in das Deutschheft.

Einen Fabelanfang weiterschreiben: Der Schreibplan

■ *Schreibe die vorliegende Fabel zu Ende. Halte dich dabei an deinen Schreibplan.*

Ein Löwe lag alt und schwach in seiner Höhle und war nicht mehr fähig, selbst auf die Jagd zu gehen. Er wäre elend zugrunde gegangen. Doch in seiner Not ließ er in seinem Reich die Botschaft von seinem nahen Tode verbreiten und allen Untertanen befehlen, an den königlichen Hof zu kommen. Er wolle von jedem persönlich Abschied nehmen. Nacheinander trudelten die Tiere vor der Höhle des Löwen ein, und der König der Tiere rief jeden zu sich. Mit kleinen Geschenken gingen sie einzeln zu ihm hinein, denn sie erhofften sich alle großen Vorteil davon. Ein gerissener Fuchs hatte eine Zeit lang in der Nähe der Höhle verbracht und das Kommen beobachtet. „Seltsam", dachte er, „alle Tiere gehen in die Höhle hinein, aber niemand kehrt daraus zurück. Die Burg des Königs ist zwar geräumig, so groß ist sie nun auch nicht, dass sie alle Untertanen aufnehmen kann. Eigentlich müsste sie schon lange überfüllt sein."

....

Äsop: Der alte Löwe und der Fuchs. Zitiert nach: http://www.big-cats.de/fabel_der_alte_loewe_und_der_fuchs.htm; nacherzählt von Frank Huber

1. *Welche beiden Tiere mit ihren typischen Eigenschaften treten als Spieler und Gegenspieler in der Fabel auf? Notiere ihre Eigenschaften in Stichpunkten.*

   TIER 1: Löwe   typische Eigenschaften: _____

   TIER 2: _____ typische Eigenschaften: _____

2. *Was geschieht in deiner Fabel? Welche Handlung hat sie? Notiere stichpunktartig.*

   Ort: _____

   Ausgangssituation: _____

   _____

   Aktion: _____

   _____

   Reaktion: _____

   _____

   Ende: _____

3. *Finde eine treffende und prägnante, d. h. auf den Punkt gebrachte Lehre für deine Fabel:*

   _____

4. *Schreibe nun deine vorab gut geplante Fabel in das Deutschheft.*

Lösungen

Äsop: Der alte Löwe und der Fuchs

(nacherzählt von Frank Huber)

Ein Löwe lag alt und schwach in seiner Höhle und war nicht mehr fähig, selbst auf die Jagd zu gehen. Er wäre elend zugrunde gegangen. Doch in seiner Not ließ er in seinem Reich die Botschaft von seinem nahen Tode verbreiten und allen Untertanen befehlen, an den königlichen Hof zu kommen. Er wolle von jedem persönlich Abschied nehmen. Nacheinander trudelten die Tiere vor der Höhle des Löwen ein, und der König der Tiere rief jeden zu sich. Mit kleinen Geschenken gingen sie einzeln zu ihm hinein, denn sie erhofften sich alle großen Vorteil davon.

Ein gerissener Fuchs hatte eine Zeit lang in der Nähe der Höhle verbracht und das Kommen beobachtet. „Seltsam", dachte er, „alle Tiere gehen in die Höhle hinein, aber niemand kehrt daraus zurück. Die Burg des Königs ist zwar geräumig, so groß ist sie nun auch nicht, dass sie alle Untertanen aufnehmen kann. Eigentlich müsste sie schon lange überfüllt sein."

Vorsichtig trat der Fuchs vor den Eingang und rief höflich: „Herr König, ich wünsche Euch ewige Gesundheit und einen guten Abend."

„Ha, Rotpelz, du kommst sehr spät", ächzte der Löwe, als läge er wirklich schon in den letzten Zügen, „hättest du noch einen Tag länger gezögert, so wärest du nur noch einem toten König begegnet. Sei mir trotzdem herzlich willkommen und erleichtere mir meine letzten Stunden mit deinen heitern Geschichten."

„Seid Ihr denn allein?", erkundigte der Fuchs sich mit gespieltem Erstaunen. Der Löwe antwortete grimmig: „Bisher kamen schon einige meiner Untertanen, aber sie haben mich alle gelangweilt, darum habe ich sie wieder fortgeschickt. Jedoch du, Rotpelz, bist lustig und immer voll pfiffiger Einfälle. Tritt näher, ich befehle es dir."

„Edler König", sprach der Fuchs demütig, „Ihr gebt mir ein schweres Rätsel auf. Unzählige Spuren im Sand führen in Eure Burg hinein, aber keine einzige wieder heraus, und Eure Festung hat nur einen Eingang. Mein Gebieter, Ihr seid mir zu klug. Ich will Euch nicht mit meiner Dummheit beleidigen und lieber wieder fortgehen. Eines aber will ich für Euch tun, ich werde dieses Rätsel für mich behalten." Der Fuchs verabschiedete sich und ließ den Löwen allein.

http://www.big-cats.de/fabel_der_alte_loewe_und_der_fuchs.htm (Abruf: 08.04.2015)

Eine selbst verfasste Fabel untersuchen: Kriterien

AB 18

Mithilfe des folgenden Rasters kannst du eine selbst verfasste Fabel daraufhin untersuchen, ob und inwiefern sie gelungen ist oder eher nicht. Indem du herausfindest, an welchen Stellen noch etwas fehlt, lassen sich wertvolle Hinweise darauf finden, wo und wie man den Text überarbeiten, also noch besser und interessanter machen kann. Gehe so vor: Ist ein Teilaspekt voll erfüllt, gib dem Text die maximale Punktzahl. Ist ein Aspekt nur zum Teil erfüllt, gib nur einen Teil der maximalen Punktzahl. Fehlt ein Aspekt völlig, vergib gar keine Punkte.

Name des Schülers: .... *Klasse:* ....

Titel der Fabel: ....

Liebe/r ...., du ...	Maximale Punktzahl	S1	S2	Mein Verbesserungs-vorschlag:
Inhaltsseite				
– findest eine **fabelhafte Überschrift**, da sie zu deiner Handlung passt (und du erwähnst darin deine Tiere).	2			
– formulierst eine Einleitung, in der die zwei Tiere u. die **Ausgangssituation** gut beschrieben werden, da der sich anbahnende Konflikt schon erkennbar wird.	5			
– verfasst im Hauptteil deiner Fabel ein **Streit-Gespräch** (Dialog) zwischen den beiden Tieren, aus dem das jeweilige Interesse (Ziel) hervorgeht.	8			
– wählst von ihrer Art her **gegensätzliche Tiere**, deren **typische Eigenschaften** deutlich werden.	2			
– beschreibst den **Ausgang des Konflikts**, indem eine Lösung (z. B. Pointe) vorgestellt wird.	5			
– ziehst als Erzähler der Fabel eine sich aus der Handlung logisch ableitbare begründete **Lehre**, die am Ende deiner Fabel steht und den Leser zum Nachdenken über sein eigenes Verhalten anregen soll.	3			
– baust die Fabel **nachvollziehbar** auf, der Leser kann dem Geschehen gedanklich gut folgen, da alles zum Verständnis Notwendige erklärt ist.	3			
Sprachliche Darstellung				
– formulierst einfach (kurze anschauliche Sätze, wenig Nebensätze) und prägnant (ohne Wiederholungen).	2			
– gliederst deine Fabel (Überschrift, Absätze, Lehre).	2			
– hast eine interessante Geschichte zu erzählen.	2			
– nutzt wörtliche Rede und eine bildhafte Sprache mit treffenden Adjektiven.	2			
– schreibst sprachlich richtig (Rechtschreibung, Grammatik, Zeichensetzung).	6			
Maximale Punktzahl	42			

BS 3

Eine Fabel zu einem Theaterstück umschreiben – Janosch: Die Grille und der Maulwurf

Eine Grille hatte den ganzen Sommer über nichts anderes getan, als gegeigt und gegeigt und gegeigt. Und als dann der Winter kam, hatte sie nichts zu essen, denn sie hatte das Feld nicht bestellt, also auch keine Ernte. Hatte keine Wolle gezupft, also auch keine Handschuh. Hatte kein Winterhaus gebaut, also auch keinen Ofen. Und sie fror bitterlich und sehr. Da ging sie zum Hirschkäfer und sprach: „Sie sind doch der Oberförster im Wald, denn Sie haben ein Geweih. Könnte ich bitte ein bisschen bei Ihnen wohnen?" „Oh nein", sagte der Hirschkäfer, „oh nein, gewiss nicht ..." Und die Grille ging weiter, fragte die Maus, ob sie ein bisschen von ihren Nüsschen ... „Oh nein", sagte die Maus, „oh nein, gewiss nicht und gar nicht." Da stapfte die Grille weiter in dieser jämmerlichen Kälte und ging zum Maulwurf, der dort hinten in einer Kellerwohnung haust, mit Ofen.
„Oh, Besuch", rief der Maulwurf. „Kommen Sie, damit ich Sie etwas befühlen kann, sehe nämlich nicht gut, weil ich blind bin. Kommt von der schwarzen Erde, wo ich arbeite. Macht nix." Als er die Grille erkannt hatte, freute er sich, denn er hatte im Sommer oft ihrem Gefiedel gelauscht. Wer schlecht sieht, der hört gern zu, wenn einer Musik spielt. „Ach, bleib doch bei mir", sagte der Maulwurf, „und spiel mir was auf deiner Fiedel, ja!" Und die Grille blieb, und sie machten sich ein schönes, warmes Leben zusammen. Sie kochten sich gute Krautsuppe mit Mausespeck oder zwei süße Erbsen. Pro Person. Abends lasen sie zusammen in der Waldzeitung, hinten bollerte der Ofen. Das Sofa war schön weich, und sie haben sich nie, nie, nie gezankt. Ach, war das eine gemütliche Zeit. Wohl die schönste Zeit in ihrem ganzen Leben.

Aus: Die Maus hat rote Strümpfe an. Weinheim/Basel 1978: Verlag Beltz & Gelberg 1978

1. Warum wohl schicken der Hirschkäfer und die Maus die Grille weg?

_____

_____

2. Welche der folgenden Aussagen trifft auf diese Fabel zu? Kreuze an und begründe.

☐ *Ohne Fleiß kein Preis.* ☐ *Undank ist der Welten Lohn.* ☐ *Einer hilft dem anderen.* ☐ *Sei gütig.*

Begründung: _____

_____

_____

3. Arbeitet die Fabel Janoschs in eine Theaterszene um, indem ihr ein Regiebuch entwerft. Übernehmt dafür die folgende Tabelle in euer Heft. Spielt die Szene am Ende vor der Klasse.

Rolle	Text	Sprech-/Spielanweisung
Grille	Oh, was sehe ich denn da? Ich habe ja gar kein Futter den kommenden Winter. Was soll ich denn jetzt nur machen?	guckt in einen leeren Kochtopf, mit verzweifelter Mimik und Gestik, fragender Gesichtsausdruck ....

Eine Fabel zu einer Bildergeschichte entwickeln/Formen wörtlicher Rede üben (Die zwei Esel)

Klassische Fabeln sind immer ähnlich aufgebaut: Auf die Ausgangssituation (Welche Tiere treffen an welchem Ort aufeinander?) folgt die Konfliktsituation, in der die Tiere sprechen und handeln (Dialog), um den Konflikt zu lösen. Auf eine meist überraschende Wende (Lösung) am Schluss kann eine Lehre (Moral) folgen. Den Kern einer jeden Fabel, die Konfliktsituation, sollte man durch verschiedene Formen der wörtlichen Rede ausgestalten. Dabei muss man besonders auf die Zeichensetzung achten.

> *Möglichkeit 1:* Den **Redebegleitsatz vor der wörtlichen Rede** trennst du durch einen Doppelpunkt von der wörtlichen Rede ab, z. B.: Die Grille fragt die Maus: „Gibst du mir etwas ab?"
>
> *Möglichkeit 2:* Den **Redebegleitsatz nach der wörtlichen Rede** trennst du durch ein Komma ab, z. B.: „Gibst du mir von deinen Vorräten etwas ab?", fragte die Maus die Grille.
>
> *Möglichkeit 3:* Den **Redebegleitsatz zwischen der wörtlichen Rede** trennst du durch zwei Kommas von der wörtlichen Rede ab, z. B.: „Wenn alle Tiere so geizig wären wie du", sagte die Maus zur Grille, „dann würden wir alle der Reihe nach aussterben."

1. Mache dir gemeinsam mit einem Mitschüler die Bildergeschichte von den zwei Eseln klar, indem ihr die Handlung nacherzählt.

2. Teilt die Fabel in Ausgangssituation, Konfliktsituation, Lösung (überraschende Wende) und Lehre ein. Welche Bilder gehören in welchen Teil der Fabel? Ordnet entsprechend zu.

3. Schreibt nun die Fabel in euer Heft. Achtet dabei besonders auf die sprachliche Ausgestaltung der Konfliktsituation im Mittelteil der Fabel. Was bereden die beiden Esel miteinander? Nutzt für diese zentralen Dialoge alle drei Formen der wörtlichen Rede und achtet besonders auf die Zeichensetzung. Wichtig: Notiert auch die Gedanken der beiden Esel in wörtlicher Rede.

4. Tragt eure Fabel in dialogischer Form der Klasse vor.

Zu einem wirklichen Ereignis eine Fabel entwickeln: Den Riesen besiegen

1. Beschreibe das Foto. Was daran hältst du für bemerkenswert?

Bei den olympischen Spielen von München im Jahr 1972 steht der deutsche Ringer Wilfried Dietrich bereits im Herbst seiner Karriere. Schon 12 Jahre zuvor hatte der hochdekorierte Ringer in Rom olympisches Gold gewonnen, doch seine Karriere möchte der Weltmeister – von seinen Fans der „Kran von Schifferstadt" genannt – mit der Goldmedaille in München beenden. Leider wird ihm im griechisch-römischen Stil in der ersten Runde der US-Amerikaner Chris Taylor zugelost, gegen den Dietrich bereits in einem früheren Kampf deutlich verloren hatte. Der amerikanische Ringer wird wegen der 200 kg, die er auf die Waage bringt, auch „Riesenbaby" genannt. Ist solch ein Koloss überhaupt zu besiegen? Kaum ein Experte gibt dem Deutschen eine Chance. Doch Dietrich beschert den olympischen Spielen von München seinen wohl spektakulärsten Moment: Blitzschnell umfasst er Taylor, hebt ihn tatsächlich hoch und schultert ihn mit einem spektakulären Überwurf. Der Kampf ist bereits nach wenigen Sekunden zu Ende, das Bild davon geht bis heute um die Welt.

Autorentext

2. Ein Schüler sagt: „Dieser Kampf ist ja wirklich fabelhaft." Was könnte damit gemeint sein? Inwiefern eignet sich diese Geschichte gut als Vorlage für eine Fabel?

*3. Verfasse zu dieser realen Geschichte aus der Menschenwelt eine (tierische) Fabel, also eine Parallelgeschichte. Lege dafür zuerst einen **Schreibplan** an:*

- *Suche passende, **gegensätzliche Tiere** aus.*
  Dabei sollte das von dir für den Giganten Chris Taylor ausgesuchte Tier über folgende typische Attribute verfügen: groß, eindrucksvoll, naiv, evtl. arrogant, schwerfällig, stark.
  Das Parallel-Tier für Wilfried Dietrich sollte hingegen als klein, körperlich unterlegen, mutig, schlau und gewitzt bekannt sein.

- *Skizziere die **Ausgangssituation**: Welche Tiere treffen wo aufeinander?*

- *Beschreibe die Konfliktsituation: Was ist das Problem? Worum geht der Streit? Was wird gesprochen (Dialog), wie wird gehandelt (Handlung)?*

- *Was ist die **Lösung**? Kommt es zu einer überraschenden Wende?*

- *Wie lautet deine **Lehre**?*

Bildanlässe I: Eine Fabel zu einem Bild verfassen

▪ *Wähle eine der beiden Fotografien aus und verfasse passend zum Bild eine Fabel. Erstelle vorab einen **Schreibplan**. Kläre darin*

1. *die Gegensätzlichkeit deiner Tiere (typisches Verhalten),*
2. *die Ausgangssituation (Welche Tiere treffen wo zu welchem Zweck aufeinander?),*
3. *die Konfliktsituation (Was ist das Problem, worüber gibt es Streit? Wie handeln die Tiere, was könnten sie zueinander im Dialog sagen?),*
4. *die Lösung (Worin besteht die überraschende Wende? Welches Tier ist siegreich?),*
5. *die Lehre (Wie lautet deine Moral für den Leser? Was ist die Botschaft deiner Fabel?).*

▪ *Wähle für die Verben „sagen" und „gehen" abwechslungsreiche Formulierungen, wie z. B. rufen, flüstern, jammern, sprechen, antworten oder laufen, flitzen, rennen, schleichen, humpeln.*

Bildanlässe II: Eine Fabel zu einem Bild verfassen

■ *Wähle eine der beiden Fotografien aus und verfasse passend zum Bild eine Fabel. Erstelle vorab einen Schreibplan. Kläre darin*

  1. *die Gegensätzlichkeit deiner Tiere (typisches Verhalten),*
  2. *die Ausgangssituation (Welche Tiere treffen wo zu welchem Zweck aufeinander?),*
  3. *die Konfliktsituation (Was ist das Problem, worüber gibt es Streit? Wie handeln die Tiere, was könnten sie zueinander im Dialog sagen?),*
  4. *die Lösung (Worin besteht die überraschende Wende? Welches Tier ist siegreich?),*
  5. *die Lehre (Wie lautet deine Moral für den Leser? Was ist die Botschaft deiner Fabel?).*

■ *Wähle für die Verben „sagen" und „gehen" abwechslungsreiche Formulierungen, wie z. B. rufen, flüstern, jammern, sprechen, antworten oder laufen, flitzen, rennen, schleichen, humpeln.*

Baustein 4

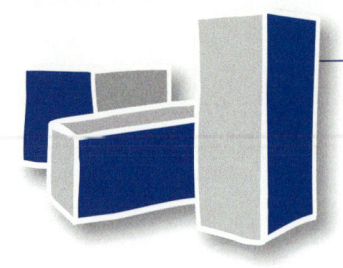

Die Fabel im Zeitalter der Aufklärung

Der folgende Baustein richtet sich – im Gegensatz zu den anderen dieses Unterrichtsmodells – an Schülerinnen und Schüler der Oberstufe. Am Beispiel ausgewählter Fabeln bietet er einen knappen Einstieg in die Literatur des 18. Jahrhunderts, die durch die Epoche der Aufklärung (1720 – 1800) geprägt ist.

Die Fabeldichtung – bereits Jahrtausende alt – erreicht im Zeitalter der Aufklärung ihren Höhepunkt, gleichzeitig markiert das 18. Jahrhundert auch den Beginn des Verfalls der Textsorte, der – von wenigen Ausnahmen abgesehen – bis heute andauert. Während aber die Fabel als literarische Kleinform ihre Popularität mit dem Tode Lessings, spätestens mit dem Ende der Epoche, einbüßt, sind die Ideen und Ziele der Aufklärung heute aktueller denn je, ist sie es doch, die erstmals die Rechte des Menschen als Individuum einfordert und – man denke nur an die Errungenschaften, welche die Französische Revolution 1789 erkämpft – einlöst:

Es sind die Denker der Aufklärung, Literaten, Philosophen, Künstler, Intellektuelle, die das Bild, welches der einzelne Mensch von sich machte, grundsätzlich veränderten. Denn nicht mehr überkommene Traditionen, Riten oder durch Religion verfestigte Ordnungen sollten das Leben des Menschen prägen, sondern Ausgangspunkt für die Ausgestaltung menschlicher Biografien sollte ab nun der Mensch selbst sein, der – nach Kant – zum Zwecke seines eigenen Lebens wird und niemals „verzweckt" werden darf. Statt wie bisher in eine seit Jahrhunderten geordnete Gesellschaft, in ein träges soziales Rollensystem hineingeboren zu werden und dort einen vorherbestimmten Platz einzunehmen, wird dem Einzelnen nun Würde, Freiheit und Autonomie zugesprochen. Ebenso zurückgedrängt wird die alleinige Ausrichtung des Lebens auf ein zukünftiges, aber spekulatives Jenseits sowie die klerikale Forderung, die irdische Existenz zu überwinden. In den Vordergrund rückt das Bemühen, die Welt und das angebliche Schicksal in die eigenen Hände zu nehmen. Kann man den durchschnittlichen Menschen des Mittelalters noch als unselbstständig geführt und geleitet von ritterlichen wie kirchlichen Vorgaben charakterisieren, so findet im 18. Jahrhundert eine Entwicklung zum nach Selbstbehauptung und Emanzipation strebenden Menschen statt, der sich zunehmend seines eigenen Wertes und seiner persönlichen Gestaltungsoptionen bewusst wird und fordert, diese auch selbst zu realisieren. Maßstab dieses menschlichen Handelns soll dabei eben nicht mehr sein sozialer, gesellschaftlicher oder politischer Stand bzw. dessen Vorgaben sein, sondern allein die Vernunft. Rationales Denken wird als die dem Menschen ureigene Kompetenz verstanden, reale Unfreiheit zu überwinden. In der berühmten Formel des deutschen Philosophen Immanuel Kant (1724 – 1804) heißt es dann: „Aufklärung ist der Ausgang des Menschen aus seiner selbstverschuldeten Unmündigkeit." In einer Zeit des politischen Absolutismus, in der die alleinige Macht beim absolutistischen Monarchen lag, der seine Herrschaft von Gottes Gnaden ableitete, ist ein solcher Anspruch revolutionär, denn Mündigkeit bedeutet, bisher unhinterfragte Bestände einer kritischen Prüfung zu unterziehen, und zwar durch eigenes, selbstverantwortliches Denken. Kein Wunder, dass auf die geistige Revolution – die Verpflichtung, neu, d.h. vernünftig, zu denken und den Mut zu haben, sich seines eigenen Verstandes zu bedienen – eine politische folgte. Der absolutistische Staat und mit ihm die (katholische) Kirche verlieren durch von der Aufklärung inspirierte Bewegungen, Ideen und Anstöße ihre Legitimität; eine neue, auf Volkssouveränität gründende Gesellschaftsordnung, die die Würde und die Freiheitsrechte des einzelnen Bürgers respektieren will, tritt an deren Stelle.

Damit verbunden ist der Glaube und die Überzeugung, diese neue Ordnung permanent verbessern zu können: Das alles durchdringende Sonnenlicht wird zum vorherrschenden Symbol der Epoche. Das Licht soll in alle Bereiche menschlicher Existenz eindringen und inhumane Strukturen „ans Licht bringen". Mit dem Glauben an die Macht der Vernunft und die Notwendigkeit des Zweifelns und Infragestellens alter Wissensbestände verbunden ist also ein starker Fortschrittsoptimismus, der sich beispielsweise auch im Siegeszug der modernen Naturwissenschaften wie der Medizin spiegelt. Skepsis und Kritik – das Hinterfragen bis dato gültiger Maßstäbe – sollen das Leben der Menschen perfektionieren und humanisieren. Der Fokus liegt dabei zwangsläufig auf dem Diesseits, der empirischen Realität. Religion und Glaube verlieren als nicht beweisbare Bestände an Legitimität, während Wissenschaft und Forschung aufsteigen.

Angesichts der Ziele der Epoche ist der mit ihr verbundene Aufstieg der Gattung Fabel leicht erklärbar. Auch dieser geht es seit ihren Anfängen in der Antike um Erziehung und Kritik. Die Fabel ist von ihrem Anspruch her mehr als bloße Erbauungsliteratur oder banale, da folgenlose, Unterhaltung. Ihr geht es unter dem Deckmantel der Tierdichtung immer auch darum, den Leser zum Mitdenken zu veranlassen. Schon die Fabeln des Äsop zeigen einen deutlichen Realitätsbezug, immer kann der aufgeweckte Leser die Didaktik, die kritische Intention der Fabel, wahrnehmen. Und so wie schon Äsop, der häufig mit der Obrigkeit in Konflikt geriet, seine Kritik unter dem Deckmantel der Fabeldichtung formuliert und sich auf diese Weise auf die Seite der Schwachen und Unterdrückten stellt, arbeiten im Zeitalter der Aufklärung auch viele mit den Verhältnissen unzufriedene Dichter. Das gilt jedoch keinesfalls für sämtliche Fabeldichter der Epoche. Für viele eher konservativ ausgerichtete Dichter ist anfangs der Franzose Jean de La Fontaine (1621 – 1695) mit seinen ausschweifenden, in Versen verfassten Fabeln das künstlerisch-literarische Vorbild. In diesen Texten stehen v.a. Fragen der bürgerlichen Lebensführung und Ethik im Mittelpunkt. Christian Fürchtegott Gellert beispielsweise ist zu seiner Zeit ein überaus populärer Autor, der mit seinen Fabeln keinerlei sozialrevolutionäre Tendenzen verfolgt. Seine Fabeln zielen nicht auf eine revolutionäre Veränderung der gesellschaftlichen oder politischen Ordnung, sondern sie sollen im Kleinen wirken: Gellerts Fabeln prangern menschliche Defizite wie Stolz, Arroganz oder Anmaßung an. Für Gellert sind nicht ungerechte politisch-gesellschaftliche Verhältnisse ursächlich für das Unglück des Einzelnen, sondern er sucht die Lösung in der Verbesserung des moralischen Mangels. Diese neue (bürgerliche) Moral wird hochgehalten, und sie wird auch genutzt, um sich als zu neuem Selbstbewusstsein erwachtes Bürgertum vom moralisch verkommenen Adel abzusetzen. Das neue Moralbewusstsein des Bürgertums, das in vielen Fabeln der Zeit – parallel dazu im neuen Drama des bürgerlichen Trauerspiels – seinen Ausdruck findet, ist zugleich aber auch nicht mehr als der wirkungslose Kompensationsversuch politischer Ohnmacht. Kein Wunder, dass sich spätere Autoren wie Gotthold Ephraim Lessing (1729 – 1781) durch die Hinwendung zur freieren Prosafabel mit der bloßen, konservativen Selbstthematisierung des Bürgertums nicht mehr zufriedengeben.

Die probürgerlich-affirmative Tendenz, die den Fabeln Gellerts, Lichtwers oder Trillers noch zu eigen ist, wird in der zweiten Hälfte des 18. Jahrhunderts durch eine zunehmend antiabsolutistisch-sozialkritische Stoßrichtung der Fabel abgelöst. Die Fabel wird zum literarischen Medium, in dem wesentliche Fragen politischer Macht zum Gegenstand werden: „Macht stellt das geheime Zentrum aller Fabelhandlungen dar." Deutlich – kaum noch versteckt unter dem Tarnmantel der nur scheinbar harmlosen Tierdichtung – wird soziale Kritik am Despotismus und der Willkür der herrschenden Adelsklasse geübt. Der Literaturwissenschaftler Spoerri spricht vom „Aufstand der Fabel", in der das Lebensgefühl der niedrigen sozialen Schichten seinen adäquaten Ausdruck finde. Die Fabel legt für ihn den „Feuerbrand, der aus den Kellergewölben der Paläste aufsteigt"[1]. Demnach entwickelt sich dieser

---

[1] Christoph Siegrist: Die Wahrheiten der Fabel. Zitiert nach: D. Steinbach (Hg.): Fabel und Parabel. Editionen für den Literaturunterricht. Klett: Stuttgart 1982, S. 48

Fabeltypus aus gesellschaftlichen Widersprüchen heraus und wird zum Sprachrohr der unterdrückten gesellschaftlichen Schichten, denen es um Freiheit und Selbstbestimmung geht.

Dabei ist die Fabel zumindest bei ihren großen Autoren wie Lessing immer auch mehr als ein bloßes Agitationswerkzeug oder gar als eine Waffe in der politischen Arena, denn die hier dargestellte gesellschaftskritische Ausrichtung der Fabel in der zweiten Hälfte des 18. Jahrhunderts verbindet diese kritische Intention mit literarischer Unterhaltung. Fabelautoren der Epoche der Aufklärung behalten immer auch den Leitsatz des Horaz (65–8 v. Christus) im Auge, wonach es die Aufgabe der Literatur sei, zu nützen, aber auch gleichzeitig zu unterhalten („aut prodesse aut delectare"). Mit den Errungenschaften, welche die Französische Revolution für den einzelnen Bürger mit sich bringt, flaut auch die Renaissance der Textsorte Fabel schnell wieder ab. Nach Lessing wird die Fabel nie wieder ihre alte Bedeutung zurückgewinnen, auch wenn in den kommenden literarischen Epochen namhafte Autoren wie Franz Kafka oder Wolfdietrich Schnurre mit bekannten Fabelmotiven spielen und durch spezifische Abwandlungen typisch moderne Aussagen formulieren.

Insgesamt ist dieser Baustein so aufgebaut, dass die Lehrkraft sich zwischen unterschiedlichen Zugangs- und Vertiefungsmöglichkeiten entscheiden kann. Nach einem Einstieg (5.1) können bei ausreichend zur Verfügung stehender Lernzeit die beiden grundsätzlichen Fabeltypen – die pädagogische Versfabel mit klarer moralischer Botschaft zur Förderung vor allem des bürgerlichen Moralbewusstseins sowie die gesellschaftskritische Prosafabel mit häufig auch politischer Intention – nacheinander systematisch erarbeitet werden (5.2. und 5.3). Alternativ können diese zwei zentralen Tendenzen der Fabeldichtung zur Zeit der Aufklärung auch eigenständiger in Form eines Partnerpuzzles erarbeitet werden (5.4). Ein solches Vorgehen bietet sich v.a. in leistungsstärkeren Kursen, z. B. in Leistungskursen an. Im Anschluss (5.5) bietet die Arbeit mit theoretischen Texten zur Epoche der Aufklärung und Poetik der Fabel Möglichkeiten der Weiterarbeit und Vertiefung.

Die Bearbeitung dieses Bausteins im Unterricht ermöglicht den Einsatz des **Klausurvorschlags** für die gymnasiale Oberstufe (**Zusatzmaterial 13**, S. 172 f.).

4.1 Ein Einstieg: Blitzlicht und Wortwolke

Zu Beginn einer Unterrichtseinheit zum Thema „Fabeln der Aufklärung" ist es sinnvoll, Klarheit über die Wissensbestände der Lerngruppe, die sich in der Regel stark voneinander unterscheiden, zu erzielen. Dies kann zeitökonomisch über die „Blitzlicht"-Methode erreicht werden. Da sich die Schülerinnen und Schüler nur in aller Kürze äußern sollen, ist die Methode leicht einsetzbar. Da keine große Redeleistung erwartet wird, gelingt es häufig, auch stillere Schülerinnen und Schüler zu einer Aussage zu bewegen.

Zum Ablauf: Die Lehrkraft notiert zu Beginn der Methode drei Satzanfänge an der Tafel, die von der Lerngruppe ergänzt werden sollen:

> ■ *Ergänzen Sie einen der folgenden drei Satzanfänge:*
> - *„Zum Thema ‚Fabeln' fällt mir noch ein, dass ..."*
> - *„Am Thema ‚Fabeln' gefällt mir ..."*
> - *„Mit dem Thema ‚Fabeln' verbinde ich ..."*

Im Idealfall sitzen die Schülerinnen und Schüler in einem Stuhlkreis. Steht ein kleiner Ball zur Verfügung, werfen sie sich den Ball im Stuhlkreis zu. Nur derjenige, der den Ball gerade hat, darf sprechen. Die Beiträge der einzelnen Schüler werden nicht kommentiert, die Lehrkraft hat insbesondere darauf zu achten, dass einzelne Beiträge durch Kommentare nicht abgewertet werden. Es ist weder notwendig noch sinnvoll, dass die Teilnehmer sich zu diesem frühen Zeitpunkt der Unterrichtsreihe rechtfertigen müssen.

Die Erfahrung hat gezeigt, dass gerade ältere Schülerinnen und Schüler das Thema „Fabeln" häufig nicht ernst nehmen, da die ersten und prägendsten Lektüre-Erfahrungen mit der Textsorte in der frühen Kindheit und Schulzeit verortet sind. Aus diesem Grund kann es sinnvoll sein, der Lerngruppe neben den Satzanfängen eine weitere inhaltliche Hilfestellung zu leisten. Das **Arbeitsblatt 24** (S. 117) stellt eine sog. „Wortwolke" dar, die zahlreiche semantische Anspielungen auf das Thema beinhaltet. Die Schülerinnen und Schüler können diese Schlagwörter wie aus einem Steinbruch herausbrechen und für ihre eigenen Zwecke nutzbar machen, indem sie eigene Vorerfahrungen damit in Verbindung bringen. Ein solches, das klassische Blitzlicht ergänzendes Vorgehen hat zudem den Vorteil, dass ermüdende Redundanzen in aller Regel vermieden werden können. Selbstverständlich können alle der in der Wortwolke genannten Begriffe Ausgangspunkt für weitere Überlegungen werden. Von zentraler Bedeutung sind allerdings die fett gedruckten Begrifflichkeiten wie Aufklärung, Kritik oder Fabeln.

- *Was ist „Aufklärung"?*
- *Wann sprechen wir davon, aufgeklärt zu sein? In welchen Zusammenhängen ist es hilfreich, aufgeklärt zu sein? Gehen Sie auch auf umgangssprachliche Bedeutungen des Begriffs ein.*

Angesprochen werden könnte in diesem Zusammenhang zum Beispiel die sexuelle Aufklärung, welche die biologischen Unterschiede zwischen den Geschlechtern, den Geschlechtsakt, Verhütungsmöglichkeiten oder Schwangerschaft betreffen kann. Im umgangssprachlichen Sinne kann man auch aufgeklärt werden über die Folgen eines naiven Drogenkonsums, von Gewaltakten im rechtlichen oder von Krankheiten im medizinischen Sinne. In der Folge kann im Unterrichtsgespräch eine Verständigung über das Ziel der Aufklärung angestrebt werden:

- *Was soll Aufklärung bewirken? Welchen Zweck hat sie?*

Dabei sollte deutlich werden, dass der Begriff der Aufklärung im Allgemeinen positiv konnotiert ist, da er zunächst auf die Wissensvermittlung abzielt. Das durch den Akt der Aufklärung neu gewonnene Wissen fungiert dabei nicht als Selbstzweck. Es ist sich nicht selbst genug und soll nicht bloß angehäuft werden, sondern dient dazu, das eigene Verhalten an die neuen Erkenntnisse und eventuellen neuen Sachverhalte adäquat anzupassen, woraus in aller Regel Vorteile für das Individuum erwachsen. Konkret kann Aufklärung helfen, Gefahren zu erkennen, sie zu minimieren und diesen infolgedessen mit neu gewonnenem Selbstvertrauen zu begegnen. Das durch die Aufklärung erlangte Wissen bildet demnach die Basis für eine ausgeprägtere Fähigkeit, in der Welt kompetent zu agieren. Ebenso möglich ist eine Verständigung über die Personen oder Medien, die heutzutage am Prozess der Aufklärung beteiligt sind:

- *Durch wen kann man aufgeklärt werden? Welche Personen oder Medien sind am Prozess der Aufklärung beteiligt?*

In diesem Zusammenhang kann auch eine gemeinsame Rangliste, die die Schülerbeiträge hierarchisiert, vorgenommen werden. Dafür werden die Beiträge in einem ersten Schritt an der Tafel notiert, im Anschluss findet eine Abstimmung zu den einzelnen Aspekten statt. Stefan Volk nennt als mögliche Rangliste das Fernsehen und das Internet, Freunde, Zeitschriften, Lehrer und Geschwister, Eltern, Bücher sowie – bei Mädchen – Frauenärzte.

Nach Beendigung der Einstiegsmethode kann eine kurze Zusammenfassung durch einen Schüler oder die Lehrkraft erfolgen. Zugleich ist es denkbar, dass auf Grundlage des soeben veröffentlichten Vorwissens gemeinsam ein Plan für die kommenden Unterrichtsinhalte erarbeitet wird.

Aufklärung im Alltagsverständnis[1]

Gegenstand	Zielsetzung	Träger/Vermittler
Sexualität	Wissen/Erkenntnis	Fernsehen
Drogen	↓	Internet
Krankheiten	Handlungskompetenz	Lehrer + Eltern
Gewaltakte		Freunde

- *Haben Sie das Gefühl, in einer Zeit zu leben, in der jeder die Möglichkeit bekommt, aufgeklärt zu leben? Oder sind Sie der Auffassung, dass der Prozess der Aufklärung auch im 21. Jahrhundert noch nicht abgeschlossen ist?*

- *Benötigen wir also heute überhaupt noch Texte wie Fabeln, um aufgeklärt zu werden?*

- *Ein Medienwissenschaftler behauptet: „Wir leben in einem Medienzeitalter, in dem wir uns umfassend über alles informieren können. Zum Beispiel wegen der Recherchemöglichkeiten, die einem das Internet bietet, kann man sagen, dass Aufklärung für jeden jederzeit möglich ist." Nehmen Sie kritisch Stellung.*

Verfügt die Lerngruppe insgesamt über eher wenig Hintergrundwissen zur Epoche, etwa weil diese im Geschichts-, Politik- oder Kunstunterricht noch nicht Thema war, kann es notwendig sein, bereits an dieser frühen Stelle der Unterrichtseinheit einen informativen Sachtext mit wichtigen Hintergrundinformationen zu den Hauptströmungen und Leitaspekten der Aufklärung bearbeiten zu lassen. Mithilfe des **Zusatzmaterials 8** (S. 166f.) lässt sich in der historischen Rückschau eine Schnittmenge von Grundideen und -prinzipien der Aufklärungsepoche rekonstruieren, die trotz des vielschichtigen und oft auch widersprüchlichen Gedankenguts für die Epoche insgesamt charakteristisch waren. Angesichts der inhaltlichen Dichte und Qualität des Textes kann dieser gut im Rahmen einer vorbereitenden Hausaufgabe eigenständig erschlossen werden. Dafür bietet das Arbeitsblatt als methodischen Zugang das sogenannte „Haus des Fragens" an, dessen Qualität darin besteht, dass in der vorgeschriebenen Chronologie dieser Sachtextanalyse-Methode alle drei Anforderungsbereiche integriert werden: Im „Erdgeschoss" müssen zentrale inhaltliche W-Fragen beantwortet werden (Anforderungsbereich I: Darstellung/Inhaltswiedergabe). Erst nach der Sicherung eines inhaltlichen Fundaments können die Fragen der ersten Etage bearbeitet werden, welche die Schülerinnen und Schüler dazu anregen, Zusammenhänge zu erschließen, die eventuell nicht wörtlich im Text

---

[1] In Anlehnung an Stefan Volk: Zeitalter der Aufklärung. Paderborn: Schöningh 2008, S. 28

stehen und die weitergehende analytische Kompetenzen einfordern (Anforderungsbereich II: Analyse). Das „Haus des Fragens" findet sein Ende im „Dachgeschoss": Hier werden Fragen gestellt, bei denen die Schülerinnen und Schüler urteilen und reflektieren sowie einen eigenen Standpunkt finden müssen (Anforderungsbereich III: Urteilen/Bewerten).

Ist ausreichend Zeit vorhanden, um den Sachtext im Unterricht selbst zu behandeln, wird ein methodisches Vorgehen empfohlen, das sich am **Think-Pair-Share-Dreischritt** des Kooperativen Lernens orientiert. Für die Bearbeitung des Sachtextes mithilfe des „Hauses des Fragens" ist eine Unterrichtsstunde einzuplanen:

- *Lesen Sie den Text und markieren Sie wichtige Passagen. Lesen Sie die Hinweise im Erdgeschoss des „Hauses des Fragens" und entwickeln Sie mind. je zwei Fragen zu jedem der vier Sinnabschnitte des Textes. Stellen Sie diese Fragen den Mitgliedern Ihrer Gruppe. Formulieren Sie die Fragen so, dass sich die Antworten direkt im Text finden lassen.*

- *In der Gruppenarbeit stellt nun ein Schüler zunächst seine Fragen vor und lässt diese von seinen Mitschülern beantworten. Der fragende Schüler ruft auf, die anderen müssen sich melden. Danach stellt der nächste Schüler eine andere Frage und die anderen antworten. Jeder stellt so mindestens eine Frage und veröffentlicht am Ende seine Musterlösung.*

- *Jetzt geht es im ersten Stockwerk weiter. Sie starten in Einzelarbeit, danach folgt wieder die Frage-Antwort-Runde in der Tischgruppe. Anschließend geht es in der gleichen Weise im Dachgeschoss weiter.*

- *Stellen Sie die interessantesten und unbeantworteten Fragen in Ihrem Kurs zur Diskussion.*

Die Kernaussagen des Sachtextes können in Form eines Tafelbildes gesichert werden:

Zentrale Aspekte der Epoche der Aufklärung[1]

Vernunft	Erziehung des Menschen	Wissenschaft	Säkularisierung
→ Rationalismus und Empirismus	→ Publizistik, Literatur, Pädagogik	→ Erkenntnisdrang	→ Diesseitigkeit
	→ Leitsatz: aut prodesse aut delectare	→ Erkenntnisglaube (Natur basiert auf Vernunftprinzipien)	→ Glaube an menschliche Vernunft
		→ rationale, empirische Methodik	→ Autoritätsverlust der Kirche
			→ Glücksanspruch und -streben des Einzelnen

---
[1] Ebd., S. 38

Baustein 4: Die Fabel im Zeitalter der Aufklärung

■ *Beschreiben Sie das Verhältnis, in welchem die dargestellten Hauptströmungen und Leitaspekte der Aufklärung zueinander stehen.*

Wesentliche Voraussetzung und Movens der Aufklärung ist der Wechsel vom theozentrischen zum anthropozentrischen Weltbild. Nicht mehr Gott, sondern der einzelne Mensch wird zum Mittelpunkt des Denkens. Die Vernunft stellt „den Glauben in Frage, was zu einer Säkularisierung der Gesellschaft führt, wodurch wiederum das Vernunftpostulat an Spielraum gewinnt. Vernunftdenken und Säkularisierung bedingen sich gegenseitig", was Konsequenzen sowohl für die Erziehung als auch für die Wissenschaft hat. Doch auch diese Relation ist nicht einseitig, denn es sind schließlich nicht zuletzt auch die wissenschaftlichen Erkenntnisse, welche das jahrhundertelang dominierende und die Macht der Kirche konstituierende theozentrische Weltbild ins Wanken bringen.[1]

4.2 Die probürgerlich-affirmative Richtung: Gellerts Fabel „Das Pferd und die Bremse"

In der ersten Hälfte des 18. Jahrhunderts orientiert sich eine konservative Mehrheit der deutschen Dichter anfangs an den in Versen verfassten Fabeln des französischen Vorbilds Jean de La Fontaine (1621 – 1695). Die wieder aktuelle und beim gemeinen Lesepublikum überaus populäre Gattung wird ausgiebig genutzt, um Fragen der Lebensführung und des Moralbewusstseins des aufstrebenden Bürgertums zu diskutieren. Da politisch weiterhin ohnmächtig, nutzen die Autoren die Gelegenheit im Medium der Kunst, um sich über Werte wie Anstand und Moral von dem ihrer Ansicht nach verdorbenen Adel abzusetzen und auf diese Weise die politische Handlungsunfähigkeit zu kompensieren. Einer der wohl berühmtesten Fabeldichter seiner Zeit ist Christian Fürchtegott Gellert (1715 – 1769), dessen Fabel „Das Pferd und die Bremse" im Mittelpunkt der folgenden Ausführungen stehen soll.

Im **Einstieg** wird die Fabel Gellerts gemeinsam gelesen (**Arbeitsblatt 25,** S. 118). Den Schülerinnen und Schülern wird in einer Spontanphase Gelegenheit gegeben, mögliche und angesichts des veralteten Sprachduktus durchaus wahrscheinliche Verständnisfragen zu klären. Vor der detaillierteren Weiterarbeit sollte der inhaltliche Ablauf der Fabel Gellerts von allen Schülerinnen und Schülern im Wesentlichen sichergestellt sein. Dies kann über folgenden Arbeitsauftrag, der im Plenum formuliert wird, hergestellt werden:

■ *Geben Sie den Inhalt des Textes in eigenen Worten wieder, indem Sie wesentliche Handlungsschritte darlegen und zentrale W-Fragen beantworten.*

Nach dieser für die Weiterarbeit notwendigen gemeinsamen Sicherung des ersten Textverständnisses ist es hilfreich und sinnvoll, sich zu Beginn der Arbeit an Fabeln der Aufklärung mit der Textsorte zu beschäftigen bzw. vorhandenes Wissen über die Gattung abzurufen. In aller Regel liegt die letzte Beschäftigung der Schüler einige Jahre – meist wird die Fabel in den Jahrgangsstufen 5 und 6 thematisiert – zurück. Liegt dennoch viel Hintergrundwissen vor, kann dies noch vor der Lektüre des kurzen Informationskastens auf dem Arbeitsblatt aktiviert werden:

■ *Welche Textsorte liegt hier vor? Begründen Sie Ihre Zuordnung.*

---
[1] Ebd., S. 38

Gellerts Text entspricht im Wesentlichen der gegebenen Definition. Seine Versfabel ist kurz, lehrhaft, menschliche Eigenschaften werden von Tieren – hier einem Pferd und einer Bremse – verkörpert, die eigentliche Erzählung („narratio") ist durch drei kleine Sternchen von der den Text abschließenden Lehre („Epimythion") abgetrennt. Auch der idealtypische dreigliedrige Aufbau liegt hier vor. An diese erste, absichtlich längere Einführungsphase in das Thema schließt sich eine **Erarbeitungsphase** an. In ihr bearbeiten die Schüler in Kleingruppen die Aufgaben 2 – 4. In leistungsschwächeren Lerngruppen kann die vierte, auf die Intention der Fabel abzielende Aufgabe auch in einer abschließenden Plenumsphase gemeinsam thematisiert werden. Kann die folgende Präsentationsphase mithilfe eines OHPs erfolgen, ist es hilfreich, die Schüler zu Beginn mit Folien/Folienstiften auszustatten.

In der abschließenden **Präsentationsphase** stellen die einzelnen Kleingruppen ihre Ergebnisse im Plenum zur Diskussion. Es ist sinnvoll, dass einzelne Gruppen nur jeweils eine Lösung vorstellen, sodass möglichst viele Gruppen zur Präsentation kommen und ermüdende Redundanzen vermieden werden können.

Im Hinblick auf den Arbeitsauftrag 2 trifft Lösung b) zu. Die 22 Verse der Narratio sind – was schon typografisch deutlich wird – durch einen Absatz untergliedert: Die ersten 16 Verse beschreiben einen einlinigen Handlungsverlauf im Sinn des selbstbewussten Pferdes. Dann – ab Vers 17, der durch einen Absatz auch formal vom ersten Teil der Erzählung getrennt ist, – folgt die Reaktion der beleidigten Bremse, was dazu führt, dass das stolze Pferd am Ende zu Fall kommt.

Gliederung der Narration in der Fabel „Das Pferd und die Bremse"

Vers 1 – 16	Vers 17 – 22
einliniger Handlungsverlauf im Sinne des **Pferdes**: • dieses ist charakterisiert durch Stolz, Hochmut, Arroganz, Anmaßung, Selbstbewusstsein, ein starkes Überlegenheitsgefühl	Reaktion der **Bremse**: • diese ist charakterisiert durch Rachsucht, nachtragendes Verhalten, Bösartigkeit, Hinterlist

Im Hinblick auf den Arbeitsauftrag 3 (Reimschema und Metrum) kann eine ähnliche strukturelle Sinnhaftigkeit im Aufbau festgestellt werden: Die ersten acht Verse sind durch einen regelmäßigen Kreuzreim untereinander verbunden und fungieren als Exposition. Es schließen sich weitere acht Verse an, die nach dem Prinzip des umarmenden Reims angeordnet sind und in ihrer zunehmenden Bewegtheit Handlung und wörtliche Rede liefern.[1] „Der durch keinen Absatz angekündigte Übergang vom Kreuzreim zum umarmenden Reim mit dem dadurch gebotenen (...) unerwarteten Aufeinanderprallen von Zeile 10 und 11 entspricht (...) dem geschilderten Vorgang, der harten Konfrontation von Pferd und Bremse."[2] Die sechs Verse, die im Schweifreim verbunden sind, geben nach dem Absatz den Handlungsfortlauf wieder und bilden den Abschluss.

■ *Inwiefern kann man im Hinblick auf das Reimschema von einem Zusammenhang von Form und Inhalt sprechen?*

---

[1] Vgl. Wolfgang Martens: Hochmut kommt vor dem Fall. Zu Gellerts Fabel *Das Pferd und die Bremse*. In: Karl Richter (Hg.): Gedichte und Interpretationen. Aufklärung und Sturm und Drang. Stuttgart: Reclam 1983, S. 162 – 178, hier: S. 164.
[2] Ebd.

Das Verhältnis von Form und Inhalt

Verse 1 – 8	Verse 9 – 16	Verse 17 – 22
Kreuzreim	umarmender Reim	Schweifreim
Exposition	Handlung/wörtliche Rede	Fortgang/Abschluss der Handlung

↓

Strukturierung der Fabel durch Reimanordnung

Ganz ähnlich verhält es sich mit Blick auf das Metrum des Fabelgedichtes: Mit Ausnahme der letzten Verszeile des Erzählteils (V. 22) liegen – und das gilt auch für das abschließende Epimythion – vierhebige Jamben mit jeweils weiblichem oder männlichem Versausgang vor. Die Funktion des letzten Verses des Erzählteils, der durch seinen fünfhebigen Jambus metrisch aus dem Rahmen fällt, liegt auf der Hand. Der Satz „Und brach ein Bein; hier lag der stolze Gaul." besiegelt den brutal-realistischen Ausgang der Streitsache, indem der voraussichtliche Tod des Pferdes lakonisch konstatiert wird.

> *Inwiefern kann man mit Blick auf den Verlauf der Schilderung von einer zunehmenden Dramatisierung sprechen? Gehen Sie hierfür auch auf den Satzbau des Gedichtes ein.*

Eine ähnliche Entsprechung von Inhalt und Form zeigt sich im Übrigen auch im Syntaktischen: Zu Beginn (V. 1 – 4) wird ein erstes Bild des Protagonisten, des stolzen Pferdes, entworfen, worauf sich eine funktionale Präsentation seines Gegenspielers, der Bremse, anschließt (V. 5 – 8). In der hier vorliegenden Form von Haupt- und Nebensatz kann man von einem gemeinsamen größeren Gefüge sprechen, auf welches sich zunehmend kürzer werdende Satzgebilde anschließen. Den Höhepunkt bildet der Vers 15: „(…) vier ganz kurze Hauptsätze, je zwei in einen Vers gedrängt, kennzeichnen die Heftigkeit der Auseinandersetzung." Die beiden Berichtsätze in Vers 16 („Es schüttelte; die Bremse wich.") stehen sich in auffälliger Kürze und Schroffheit gegenüber: „äußerster Lakonismus zur Kennzeichnung des Bruchs zwischen den Kontrahenten". Und auch in der Schlussgruppe der Narratio finden sich keine kausalen, temporalen oder konditionalen Satzverknüpfungen mehr. Einem Automatismus folgend vollzieht sich die Handlung, die keiner weiteren Erläuterung mehr bedarf.[1]

Den Schwerpunkt im **Auswertungsgespräch** bildet die Beschäftigung mit der Frage, was Gellert mit seinem Text erreichen möchte. Bei schleppendem Verlauf kann vonseiten der Lehrkraft die berühmte Definition des Autors selbst eingebracht werden: „Eine gute Fabel nutzt, indem sie vergnügt, sie trägt andern die Wahrheit unter glücklich erdachten und wohlgeordneten Bildern vor."[2] Mit Blick auf die didaktische Intention der Fabel ist also zu fragen, worin die „Wahrheit" des Textes besteht. Der zweite Lehrsatz des Epimythions (V. 25 f.) gibt eine überaus allgemeine Antwort: Wer dir als Freund nicht nutzen kann, kann aber doch als Feind Schaden zufügen. Interessant in diesem Zusammenhang ist das scheinbar ausschließlich nutzenorientierte Verständnis von Freundschaft.

---

[1] Ebd., S. 165
[2] Zitiert nach W. Martens, a.a.O., S. 171

Interessanter, da konkreter, wird die Beschäftigung mit dem ersten Teil der Lehre, der auf den ersten Blick durchaus als Warnung gegenüber einer ungerechten ständischen Gesellschaftsordnung bzw. deren Vertretern verstanden werden kann. Pferde gelten in der Hierarchie der Tierwelt schließlich traditionell als edel und elegant, während Bremsen als störende, lästige, eventuell gar verletzende Insekten angesehen sind. Diese Deutung der Fabel wird in aller Regel auch durch erste Schülerbeiträge unterrichtsrelevant. Dem großen und kräftigen Pferd steht das kleine und unscheinbare Insekt gegenüber, was aus oberflächlicher Sicht eine Übertragung auf das Verhältnis von (absolutistischer) Obrigkeit und Bürger möglich macht.

Dieser wahrscheinlichen ersten Deutungshypothese ist im Unterrichtsgespräch auch Raum zu geben. Weiterführende Impulse, falls erforderlich vonseiten der Lehrkraft, sollten jedoch auf die Einsicht abzielen, dass das Bild des Pferdes auf einen willkürlich herrschenden, despotischen Fürsten im Absolutismus nicht anzuwenden ist, denn – und das ist der entscheidende Einwand – das Pferd hat einen Herrn. Im besten Fall entspräche es einem hohen Funktionär im Staate, schließlich kann sein Verhalten durchaus als anmaßend, hochfahrend und stolz charakterisiert werden, womit es durchaus aristokratische Züge tragen könnte.

> ■ *Das Pferd hat selbst einen Herrn. Es wird von einem Herrn geritten und gelenkt, es kann nicht frei laufen. Welche Bedeutung hat diese auch in der Fabel erwähnte Tatsache für die Deutung, dass die Fabel Gellerts auf den Adel und seinen respektlosen Umgang mit Bürgern, Bauern und Bedienten bezogen werden könnte?*

Die scheinbare Nebensächlichkeit, dass das Pferd selbst einen Herrn hat, kann nicht vernachlässigt werden. Sie ist mehr als ein Indiz dafür, dass Gellerts Text keineswegs die Ungleichheit der ständischen Gesellschaft oder gar die rücksichtslose Arroganz der herrschenden aristokratischen Klasse kritisieren möchte. Ein Blick auf den Auszug aus Gellerts Gedicht „Zufriedenheit mit seinem Stande", den der vierte Arbeitsauftrag ermöglicht, kann den Schülerinnen und Schülern hier eine Hilfe sein, die auch nicht zu weit weg von der Fabelvorlage führt:

Genieße, was dir Gott beschieden, entbehre gern, was du nicht hast.
Ein jeder Stand hat seinen Frieden, ein jeder Stand auch seine Last.

Wenn auch nicht derart explizit sozialkonservativ, lässt sich doch konstatieren, dass Gellerts Text nicht auf Revolution abzielt. Die Botschaft seiner Fabel ist nicht politisch, sondern allgemein-menschlich. Indem am stolzen, anmaßenden und arroganten Pferd ein Exemplum statuiert wird, erteilt Gellert seiner (bürgerlichen) Leserschaft eine entsprechende Warnung: Hochmut kommt vor dem Fall. Die Fabel Gellerts „empfiehlt nicht insgeheim Abschaffung des Adels, soziale oder staatsbürgerliche Gleichheit, sondern (...) immanent kluge Leutseligkeit und Vorsicht im Umgang mit Nichtgleichgestellten."[1] Gellert hat die moralische Unzulänglichkeit seiner bürgerlichen Zeitgenossen im Blick, die gesellschaftlich-politischen Verhältnisse, die rücksichtslose Willkür, brutale Ausbeutung und Untergerechtigkeit der herrschenden Adelsklasse im Absolutismus bleiben beim ihm unhinterfragt. Es dominiert ein grundsätzlich konservativer gesellschaftlicher Quietismus, und stattdessen liegt der Fokus auf den Defiziten des Einzelnen, auf die es hinzuweisen und die es durch hohe Anstrengungsbereitschaft zu bearbeiten gelte. Eine solche soziale Diagnose deckt sich auch mit ähnlichen Ergebnissen der literaturwissenschaftlichen Forschung, die in Gellerts bei

---

[1] Ebd., S. 175

Zeitgenossen äußerst populären Fabeln ein Fehlen der seit Äsop fabeltypischen Themen wie Herrschaftswillkür, Unterdrückung, Ausbeutung oder Ungerechtigkeit konstatieren. Kein Wunder, dass in seinen Fabeln Raubtiere wie der Löwe oder Wolf durch eher harmlose, fast niedliche oder aber zivilisierte Tiere wie Fliegen oder Pferde ersetzt werden.

Zur Intention der Fabel „Das Pferd und die Bremse"

Deutungshypothese I	Deutungshypothese II
„Gellert kritisiert den Adel (Pferd) und seinen arroganten Umgang mit den Bürgern, Bauern u. Bedienten (Bremse) und droht diesem (Tod)."	„Gellert geht es nicht um Kritik an der politisch-gesellschaftlichen Ordnung seiner Zeit, sondern um moralische Werte, die auf den einzelnen Menschen zielen. Er kritisiert Stolz, Anmaßung und Arroganz u. warnt vor Hochmut."
Beleg: Das Pferd ist groß, edel und stark, die Bremse ein kleines, unbedeutendes Insekt.	**Beleg:** Auch das Pferd hat einen Herrn.

Intention:
moralische Unzulänglichkeit des Individuums/ keine sozialrevolutionäre Funktion der Fabel, stattdessen: Quietismus/Passivität

Die Ergebnisse werden am Ende festgehalten. Eine nachbereitende produktionsorientierte **Hausaufgabe** kann einen sinnvollen Abschluss bilden:

> *Verfassen Sie analog zur Fabel Gellerts eine Neufassung des Textes. Thematisieren Sie in Ihrer aktuellen Fabel aus dem 21. Jahrhundert z.B. das Verhältnis zwischen einem reichen Snob und einer armen Putzfrau oder einem arroganten Manager und einem Gastarbeiter.*

Eine **vertiefende Weiterarbeit**, beispielsweise zur Differenzierung, kann auch über Lichtwers Versfabel „Der Hänfling" (**Arbeitsblatt 26**, S. 119) ermöglicht werden. Das Gedicht gehört wie Gellerts Fabel vom Pferd und der Bremse zum älteren Typus der Aufklärungsfabel und weist daher noch ausdrücklicher als Gellert die Intention auf, die bürgerliche Leserschaft pädagogisch-moralisch zu belehren und gesellschaftlich zu verorten. Das literarische Vorbild Lichtwers waren die lyrisch verspielten, opulenten Versfabeln des französischen Dichters Jean de La Fontaine. Genau diese Länge, v.a. aber die „gemeine Moral" der Fabeln Lichtwers werden bereits 1758 zum Gegenstand der Kritik des Lessing-Freunds Moses Mendelsohns (1729–1786), den die holzschnittartige Anleitung Lichtwers zum Maßhalten, zur Zurücknahme und zur bürgerlichen Tugendhaftigkeit missfällt.

> *Teilen Sie das Gedicht in Handlungsschritte (z.B. Einleitung, Hauptteil, Schluss) ein und zeichnen Sie auf dieser Grundlage einen Spannungsbogen.*

Der narrative Spannungsbogen der Fabel ist klar erkennbar: Zu Beginn wird das Flüggewerden des jungen, erwartungsfrohen Vogels beschrieben. Dieser Exposition folgen die beiden ersten Versuche des Vogels, sich eine Heimat – ein Nest – zu besorgen, was aufgrund zu hoher Ansprüche (Eiche als edler Baum) und falscher Verortung (zu nah am Boden) misslingt. Erst der dritte Nestbau – ein klarer Kompromiss, der die Extreme vermeidet und sich mit der Mittelmäßigkeit bescheidet – ist erfolgreich, sodass auf dieses Gelingen abschließend die moralische Nutzanwendung für den bürgerlichen Leser folgt. Dieser soll die Zurücknahme und geforderte Bescheidenheit nicht als Beschränkung erfahren, sondern auch selbstbewusst als Anspruch vertreten, da er nur so „sein eigner Herr und Knecht" (V. 35) sein kann.

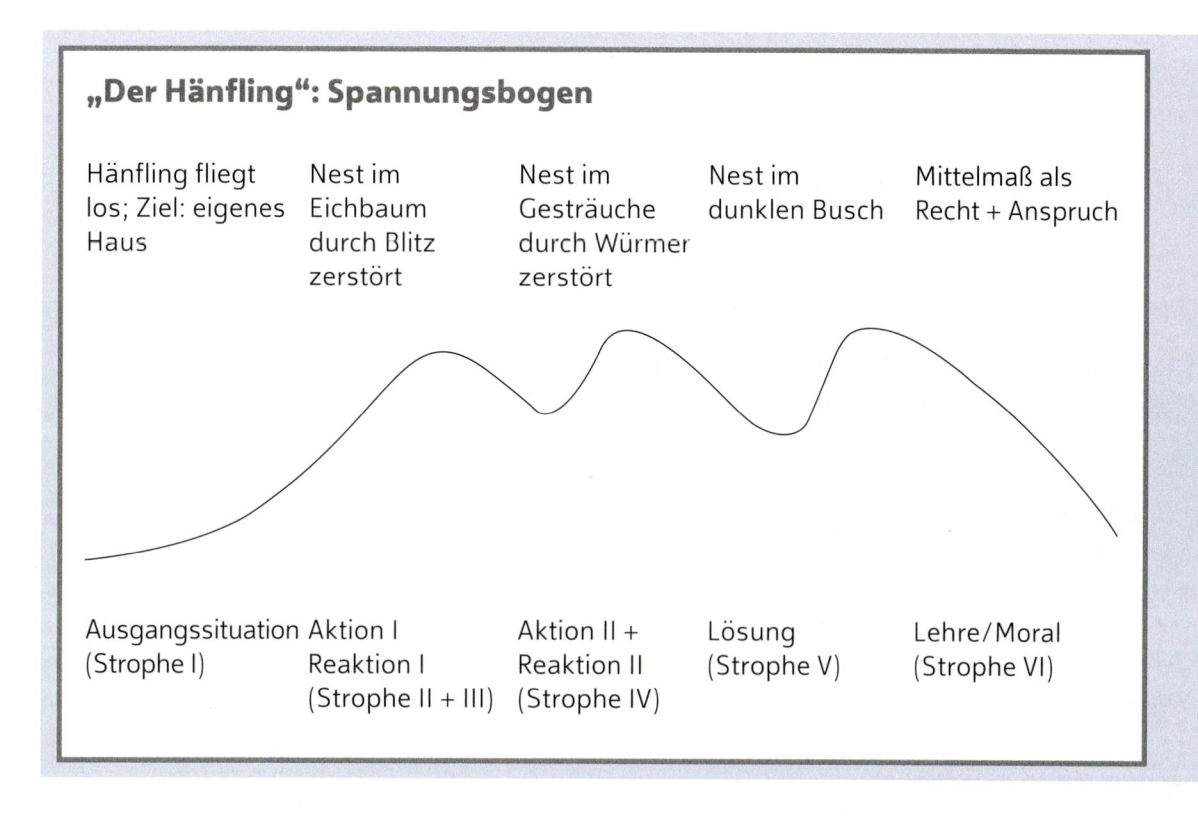

„Der Hänfling": Spannungsbogen

Hänfling fliegt los; Ziel: eigenes Haus	Nest im Eichbaum durch Blitz zerstört	Nest im Gesträuche durch Würmer zerstört	Nest im dunklen Busch	Mittelmaß als Recht + Anspruch
Ausgangssituation (Strophe I)	Aktion I + Reaktion I (Strophe II + III)	Aktion II + Reaktion II (Strophe IV)	Lösung (Strophe V)	Lehre/Moral (Strophe VI)

Die Visualisierung der einzelnen Handlungsschritte zwingt die Schülerinnen und Schüler zu einer vertiefenden Auseinandersetzung mit dem Fabelgeschehen. Auf dieser Grundlage sollte es keine Schwierigkeit darstellen, den Inhalt der Fabel kurz mit eigenen Worten wiederzugeben. Dieser inhaltlichen Grundlage kann sich eine formale Vertiefung anschließen:

■ *Warum kann man dieses Gedicht als Fabel bezeichnen? Nennen Sie Merkmale der Gattung.*

Der Arbeitsauftrag ruft auch bekanntes Wissen über die Gattung Fabel aus der Mittel- und Unterstufe ab:

„Der Hänfling": Typische Fabelmerkmale

Tiere verkörpern Menschen: Thema sind Menschen und ihr Verhalten, nicht Tiere
↓
Gefahren und Fehler bei der Suche nach gesell.-soz. Positionierung
– Typisierung der menschlichen Eigenschaften und Verhaltensweisen
↓
Hochmut (Eichenbaum) u. Unter-Wert-Verkaufen (Gesträuche)
– prototypischer Aufbau einer antiken Fabel: Ausgangssituation – Aktion – Reaktion – Lehre/Moral

Ausgangssituation	Aktion/Reaktion					Lehre/Moral
Strophe I – (erster Flug)	Strophe II	+ III	+ IV	+ V	–	Strophe VI
	(Zerstörung von Eiche + Gesträuche)		(ideal: dunkler Busch)			(Bescheidenheit + Anspruch)

Eine formale Besonderheit des „Hänflings" liegt darin begründet, dass der Vogel keinen realen Gegenspieler – beispielsweise einen Fuchs – hat, der ihm durch seine Gegenrede/Reaktion Kontra bietet und so auf den rechten Weg der Tugend zurückbringt. Dennoch gibt es einen Widerpart, der den zu ehrgeizigen Vogel wieder erdet: Es ist die Natur selbst, die den Ehrgeizling wieder auf den realen Boden der Tatsachen zurückbringt. Indem ein Gewitter das Nest im Eichbaum zerstört (vgl. V. 12), wird die „stolze Glut der jungen Brust" (V. 7) zuerst ernüchtert. Auch der zweite Versuch des eifrigen, aber noch desorientierten Vogels scheitert aufgrund der „Gegenrede" der Natur, denn „Staub und Würmer" (V. 23) zerfressen auch das zweite Nest, das in diesem Falle zu niedrig angesetzt ist. Erst mit der richtigen Wahl – ausgewählt wird ein „dunkles Büschen" (V. 26) in mittlerer Höhe – endet die natürliche Reaktion. Durch die Wahl des Mittelmaßes wird ein ruhiges und vergnügtes Leben möglich. Insgesamt erweist sich Lichtwers Gedicht als typische Fabel, in welcher ein Vogel und sein Werdegang menschliche, in diesem Fall bürgerliche Lebensführung vorführen. Der Hänfling handelt nicht wie ein Tier, sondern wie ein Mensch: „Hier wohn ich", sprach er, „wie ein König" (V. 9). Sein anfangs fehlerhaftes, dann erfolgreiches Handeln spiegelt den Wunsch des „Mittelstandes" (V. 36), eine seinem Stand adäquate Position und Rolle in der Gesellschaft zu finden.

■ *Formulieren Sie die Lehre/ Moral der Fabel. Nehmen Sie dazu kritisch Stellung.*

Es geht Lichtwer also nicht bloß um eine Warnung, sich einen Status anzumaßen, der der eigenen Position in der Gesellschaft aufgrund von Tradition, Sitte und Ritus nicht zukommt. Der Bürger sollte sich davor hüten, „wie ein König" (V. 9) leben zu wollen. Doch allein mit bürgerlicher Bescheidenheit und dem Einsehen, dass man kein Angehöriger des Adelsstandes sein könne, kommt man der Versfabel nicht bei. Denn unter Wert soll sich der Bürger auch nicht verkaufen. Mit dem Ausklang der vierten Strophe wird deutlich, dass der Bürger auch kein Angehöriger des vierten Standes sein soll, sondern sich nur dann selbst verwirklichen kann, wenn er sich seines eigenen Wertes und seiner Rolle bewusst ist. Der weiterhin vorhandenen Anpassung an die gegebenen Strukturen – symbolisiert durch das Sich-Einfügen des Hänflings in eine scheinbar starre, unveränderbare Welt – steht die in der letzten Strophe postulierte Abgrenzung von der Adelsklasse gegenüber, von der der Bürger Lichtwers nicht mehr andächtig seine Aufgabe oder seinen Ort zugeteilt bekommt, sondern der er selbstbewusst gegenübertreten kann, da er über Rechte verfügt. Das Verhältnis von Bürgertum und Adel kann in diesem Fall also eher als ein „Leben und leben lassen" beschrieben werden, duckmäuserisch-unterwürfig ist auch Lichtwers im Kern konservativer Text keinesfalls.

Da die Fabellehre fordert, dass sich der Einzelne auf einen festgeschriebenen Ort innerhalb der Gesellschaft beschränken soll, lädt der Text zu einer kontroversen Stellungnahme ein, die der vierte Arbeitsauftrag des Arbeitsblattes einholt. Eine Vielfalt an Optionen und möglichen Lebensmodellen, wie sie für heutige jungen Menschen ganz selbstverständlich erscheint, geht der konservativen Versfabel Lichtwers noch ab. Bei aller Kritik sollte im Unterrichtsgespräch dennoch deutlich werden, dass auch Lichtwers Konzeption aufklärerische und damit für die damalige Epoche moderne Intentionen verfolgt, da sie die Bedeutung der bürgerlichen Lebenssphäre und ein bürgerliches Selbstbewussten in Abgrenzung zu anderen Ständen betont.

4.3 Die antiabsolutistisch-sozialkritische Richtung: Fabeln von Schubert, Moser und Fischer

Die probürgerlich-affirmative Tendenz, die den Fabeln Gellerts, Lichtwers oder Trillers noch zu eigen ist, wird in der zweiten Hälfte des 18. Jahrhunderts durch eine zunehmend antiabsolutistisch-sozialkritische Stoßrichtung der Fabel abgelöst. Die Fabel wird zum literarischen Medium, in dem wesentliche Fragen politischer Macht zum Gegenstand werden. In Anlehnung an das antike Vorbild Äsop propagiert Lessing die Prosafabel, welche sich durch ihre pointierte Knappheit und schnörkellose Sprache von den sprachlich ausschweifenden und inhaltlich quietistischen Fabeln der ersten Jahrhunderthälfte unterscheidet. Das Medium der Fabel wird im Vorfeld der Französischen Revolution, einem Zeitalter, in dem die gesellschaftlichen Widersprüche zunehmen, dazu genutzt, um im Gewand von Tiergeschichten die politische Ohnmacht und Handlungsunfähigkeit weiter Kreise der Bevölkerung, v.a. aber des Bürgertums, zu thematisieren. War die Fabel bei Gellert und Lichtwer noch Medium der Selbstbescheidung und der Selbstbesinnung des Bürgers und niemals Ausdruck einer antifeudalen, gar revolutionären Stoßrichtung, so ändert sich dies zur Mitte des 18. Jahrhunderts gravierend: Mehr und mehr kritische Elemente der Fabelautoren zielen nun nicht mehr nur auf den einzelnen Menschen, auf die Verbesserung seiner persönlichen Moral, sondern ihnen geht es häufig dezidiert um soziale und politische Kritik an einer ungerechten Gesellschaftsordnung, deren Despotismus und Willkür aufgezeigt und nicht weiter hingenommen werden soll. Die Fabel soll also über den einzelnen Bürger hinaus eine gesellschaftliche Wirkung entfalten, sie dient beim oftmals sehr direkten Pfeffel der Auflehnung und dem Protest gegen ungerechte Verhältnisse. Seine Fabeln werden häufig zum Sprachrohr der unterdrückten gesellschaftlichen Schichten, denen es um Freiheit und Selbstbestimmung geht.

Die Schülerinnen und Schüler erhalten zum **Einstieg** das **Arbeitsblatt 27** (S. 120f.), das gleich drei für ihre Zeit typische Fabeln bereithält. Allen dreien ist die Stoßrichtung gegen die absolutistische Willkürherrschaft, gegen die Unterdrückung des Volkes durch eine ungerechte Gesellschaftsstruktur, die den Adelsstand allein bevorzugt, gemeinsam. Um einen orientierenden **Einstieg** zu ermöglichen, kann zu Beginn die erste Fabel Schubarts („Der Wolf und der Hund") gelesen werden. Durch die Beschäftigung mit der berühmten Fabel-Definition Lessings, die der erste Arbeitsauftrag einfordert, kann der Inhalt der Fabel gesichert werden.

> ■ „Wenn wir einen allgemeinen moralischen Satz auf einen besonderen Fall zurückführen, diesem besonderen Fall die Wirklichkeit erteilen und eine Geschichte daraus dichten, in welcher man den allgemeinen Satz anschauend erkennt: So heißt diese Erdichtung eine Fabel." (Lessing)
> Erläutern Sie für alle drei Fabeln, inwiefern sie der Theorie Lessings entsprechen.

Der „besondere Fall" im Sinne Lessings zeigt sich in diesem Fall im Aufeinandertreffen eines angeketteten, also seiner Freiheit beraubten Hundes und eines Wolfes. Dieser wundert sich über den schlechten körperlichen Zustand des Hundes und bedauert ihn: „Du armer Hund!" Der Wolf scheint sich über den hageren Hund lustig zu machen, indem er von seinem Glück erzählt, gemeinsam mit seinen Wolfskindern an der frischen Luft frisches Fleisch genießen zu dürfen, was ihn in gute Laune versetze. Auf diesen bissigen Beitrag antwortet der gefangene Hund grundsätzlich: Die Ursache für die ungleiche Lebensführung, letztlich für die Chancen auf Teilhabe und die Verwirklichung personalen, hier familiären Glücks, liege darin, dass der Wolf – Symbol für natürliche, ungezähmte Freiheit – eben kein Hund sei. Der Hund aber – als vom Menschen domestiziertes Haustier, das früher einmal auch ein Wolf gewesen ist – befinde sich in „Sklaverei". Damit ist die Botschaft an der ungerechten Gesellschaftsordnung derart deutlich und explizit, dass Schubart auf den „allgemeinen moralischen Satz" im Sinne Lessings scheinbar verzichten kann: „Und die Moral? – o die ist jedermann bekannt/ in Deutschland und in Engelland." Der besondere Fall – das Aufeinanderprallen des Wolfes und des Hundes und ihr kurzer Dialog – wird am Ende idealtypisch erweitert auf eine systemische, grundsätzliche Ebene, nämlich die ungerechter Gesellschaftsstrukturen in zwei Ländern, Deutschland und England. Obwohl die Fabel also nicht realistisch ist und die äußere Wirklichkeit nicht abzubilden versucht, geht es ihr doch und gerade um die Veränderung der Realität, indem sie eine Erkenntnis von einer inneren, moralischen Wirklichkeit äußert und veröffentlicht.

In der sich anschließenden **Erarbeitungsphase** erarbeiten sich die Schülerinnen und Schüler nun in Kleingruppen oder Partnerarbeit die beiden anderen Fabeln, auch indem sie sich mit den stichwortartigen Vorgaben des zweiten Auftrags befassen und auf diese Weise gezwungen werden, sich inhaltlich mit den Fabeln auseinanderzusetzen. Für den dritten Arbeitsauftrag ist es denkbar, einige Schüler zu einer Internetrecherche zu bewegen oder aber anderes Informationsmaterial zur Verfügung zu stellen, das Einblick in die historisch-politische Situation der zweiten Hälfte des 18. Jahrhunderts gibt. Im Idealfall kann hier fächerübergreifend mit dem Geschichtsbuch gearbeitet werden (vgl. **Zusatzmaterial 8**, S. 166 f.)

Eine zeitsparende **Alternative** kann darin bestehen, dass die Lerngruppe in zwei Hälften aufgeteilt wird, sodass ein **Lerntempoduett** möglich wird. Die zu vermittelnden Lerninhalte – in diesem Fall die beiden noch nicht behandelten Fabeln Mosers und Fischers – müssen dafür in zwei etwa gleich große Teile aufgeteilt werden können. In einer Phase der Aneignung erarbeiten sich die Lernenden in Einzelarbeit ihren Teil, z. B. durch das Beantworten der Aufgaben 2 und 3 des Arbeitsblattes 27. Jeder Schüler kann dabei in seiner eigenen Lerngeschwindigkeit arbeiten. Wer seine Aufgabe fertiggestellt hat, wartet an einem gemeinsam im Vorfeld vereinbarten Treffpunkt, z. B. an der Tür, bis jemand mit dem jeweils anderen

Aufgabenteil – in diesem Fall der anderen Fabel – fertig ist. In der sich nun anschließenden Vermittlungsphase des Lerntempoduetts erläutern sich nun zwei gleich schnell Lernende gegenseitig Inhalt und Deutung ihrer jeweiligen Teilaufgabe, nach Möglichkeit in einem separaten Raum. Die die Methode abschließende Vertiefungsphase findet wieder im Plenum statt. Damit entspricht der Unterrichtsablauf der schüleraktivierenden Think-Pair-Share-Struktur, wie sie in der WELL-Methodik (Wechselseitiges Lehren und Lernen) des Kooperativen Lernens initiiert wird.[1] Die Beiträge sollten inhaltlich gebündelt und gesichert werden:

Lessing: allgemeiner, abstrakter moralischer Lehrsatz

↓

veranschaulicht durch
konkrete, beispielhafte Handlung

Schubart: Der Wolf und der Hund	Moser: Wir haben gegessen	Fischer: Der Bauer und sein Esel
Armer, gefangener und hungriger Hund wird vom freien, satten u. glücklichen Wolf bedauert. Der Hund analysiert sein Leben als „Sklaverei".	Zu den Geburtstagsehren eines jungen Artgenossen gibt der Adlerkönig ein großes Festmahl, zu dem auch das gemeine, hungrige Vogelvolk geladen wird. Dieses darf jedoch trotz enormen Hungers nicht mitessen, sondern nur zuschauen, da der König spöttisch meint, dass er für alle seine Untertanen mitessen könne.	Ein Bauer fordert im Angesicht eines feindlichen Angriffs seinen Esel auf, zu den Waffen zu greifen. Doch der Esel verweigert den Kampf, da es für ihn einerlei sei, für wen er arbeite bzw. wem er gehöre. Die Lehre setzt die Ziele des Vaterlands mit dem fürstlichen Interesse gleich.

Lessing: konkret veranschaulichter moralischer Lehrsatz

| „Der Mensch ist frei geboren, doch überall liegt er in Ketten." | Die monarchistische Herrschaftslegitimation („L'Etat, c'est moi!") führt zu unmenschlicher Unterdrückung u. Verachtung. | Engagement lohnt sich nur, wenn es die Lebensverhältnisse (Eigentum) grundlegend verändert. |

↓ ↓ ↓

Erkenntnis beim Leser:
„Das absolutistische Herrschaftssystem ist ungerecht und muss vernichtet werden!"
(antiabsolutistische-sozialkritische Stoßrichtung)

---

[1] D. Wahl: Lernumgebungen erfolgreich gestalten. Vom trägen Wissen zum kompetenten Handeln. 2. Auflage. Bad Heilbrunn 2006, S. 293

4.4 Die historische Entwicklung der Fabel im 18. Jahrhundert: Fabeln im Vergleich

Im Hinblick auf die historisch-politische Situation in der zweiten Hälfte des 18. Jahrhunderts sollten an dieser Stelle die Rechercheergebnisse zum dritten Arbeitsauftrag des Arbeitsblattes 27 einfließen. Zentral ist hierbei, dass die Schülerinnen und Schüler eine Vorstellung vom absolutistischen Herrschaftssystem ausbilden können. Der Absolutismus kann als Folge von Unruhen, Kriegen, Hungersnöten und massivem Bevölkerungswachstum mit Beginn der Neuzeit und seit der Reformation betrachtet werden. Angesichts dieser enormen Herausforderungen und Probleme wuchs die Bedeutung, die Staatsphilosophen wie Jean Bodin (1529–1596) einem handlungsfähigen Staat zubilligen wollten. Nur die uneingeschränkte Souveränität des Fürsten könne Frieden und Sicherheit herstellen. Das Zeitalter des Absolutismus umfasst gemeinhin den Zeitraum von 1648, dem Ende des Dreißigjährigen Krieges, bis zur Französischen Revolution (1789). Damit kommt es zu einer zeitlichen Überschneidung mit der Epoche der Aufklärung, deren kritischer Rationalismus (Voltaire), Forderung nach Gewaltenteilung (Locke) und positives Menschenbild (Rousseau) dem unhinterfragbaren Herrschaftsanspruch des absolutistischen Fürsten widersprechen. Dieser Widerspruch zwischen willkürlich-despotischer Herrschaftsausübung absolutistischer Monarchen, die ihre Untertanen „versklaven" (s. Fabel Schubarts), verspotten und verhungern lassen (s. Fabel Mosers) oder für ihre politisch-militärischen Zwecke missbrauchen (s. Fabel Fischers), und dem rational-selbstbewussten Denkprinzip der Aufklärer zeigt bald politische Folgen, die in der amerikanischen Unabhängigkeitserklärung vom 4. Juli 1776 und der Erstürmung der Bastille durch das französische Volk am 14. Juli 1789 gipfeln. Das Denken der Aufklärer, und das schließt die Werke der Fabeldichtung ausdrücklich mit ein, hat also die ideellen, geistigen Grundlagen für die politischen Revolutionen gelegt, auf denen unser heutiges demokratisches System immer noch und weiterhin basiert. Zeigen die Ergebnisse der Recherche der Epoche, dass die Schülerinnen und Schüler weiterhin über bloß rudimentäres Wissen verfügen, kann der Einsatz des **Zusatzmaterials 8** (S. 166 f.) notwendig werden. Der inhaltlich dichte Sachtext von Peter-André Alt beschreibt zentrale Hauptströmungen und Leitaspekte der Epoche der Aufklärung und kann – z. B. um den Unterricht zeitlich zu entlasten – in häuslicher Arbeit vorbereitet werden. Als methodische Hilfe orientieren sich die Schülerinnen und Schüler an den jeweiligen Handlungsschritten des „Hauses des Fragens"[1], die das Zusatzmaterial vorgibt:

■ *Erarbeiten Sie sich den vorliegenden Sachtext möglichst eigenständig, indem Sie schrittweise die einzelnen Geschosse des „Hauses des Fragens" – einer Methode der Sachtextanaylse – abgehen und deren Fragen beantworten. Starten Sie im „Erdgeschoss" und enden Sie im „Dachgeschoss".*

In mit der Methodik der Sachtextanalyse ungeübten oder unsicheren Lerngruppen kann es sinnvoll sein, den inhaltlich durchaus komplexen Sachtext gemeinsam bearbeiten zu lassen. In diesem Fall wird ein Vorgehen empfohlen, das sich an der Think-Pair-Share-Methodik des Kooperativen Lernens orientiert. Hält man die Chronologie der Methode strikt ein, arbeiten die Schülerinnen und Schüler in sinnvoller Weise an allen drei Anforderungsbereichen der Sachtextanalyse: Im Erdgeschoss werden mithilfe der W-Fragen die zentralen Informationen des Textes erarbeitet und (mündlich in der Kleingruppe) gesichert. Damit ist die Basis für alle weiteren, kognitiv anspruchsvolleren Verständnisebenen gelegt (Anforderungsbereich I: Darstellung/Information). In der folgenden ersten Etage des „Hauses des Fragens" finden sich nicht wörtlich im Text stehende Zusammenhänge im Mittelpunkt, die auf analytische Weise erarbeitet werden sollen (Anforderungsbereich II: Analyse). Die Schülerinnen und

---
[1] Vgl. Praxis Schule 5/2012, S. 13

Schüler können an dieser Stelle über Ursache-Folge-Zusammenhänge reflektieren, nach Erklärungen suchen und ihr aus dem bisherigen Unterricht stammendes Wissen mit den neuen Informationen vernetzen. Im dritten Schritt sollen im „Dachgeschoss" des „Hauses des Fragens" Fragen formuliert werden, die zur Urteilsbildung anregen. Die Aussagen des Textes können dabei auch aktualisiert und auf die Lebenswelt der Schülerinnen und Schüler bezogen werden (Anforderungsbereich III: Urteil/Wertung).

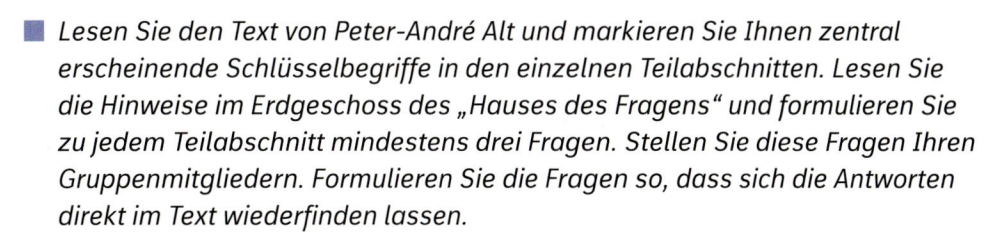

- *Lesen Sie den Text von Peter-André Alt und markieren Sie Ihnen zentral erscheinende Schlüsselbegriffe in den einzelnen Teilabschnitten. Lesen Sie die Hinweise im Erdgeschoss des „Hauses des Fragens" und formulieren Sie zu jedem Teilabschnitt mindestens drei Fragen. Stellen Sie diese Fragen Ihren Gruppenmitgliedern. Formulieren Sie die Fragen so, dass sich die Antworten direkt im Text wiederfinden lassen.*

- *Ein Schüler beginnt in der Gruppenarbeit damit, seinen Mitschülern die Fragen zu stellen, die diese beantworten. Der fragende Schüler ruft auf, die anderen Schüler melden sich, wenn sie die Antwort wissen. Anschließend formuliert der nächste Schüler eine oder mehrere Fragen, die anderen antworten. Jedes Gruppenmitglied stellt so mindestens eine Frage.*

- *Nun geht es auf die gleiche Weise in der ersten Etage des „Hauses des Fragens" weiter. Sie beginnen wieder mit der Einzelarbeit, danach schließt sich die Frage-Antwort-Runde im Rahmen der Gruppenarbeit an. Am Ende gelangen Sie ins Dachgeschoss. Die interessantesten oder die unbeantworteten Fragen können Sie am Schluss im Plenum vor dem gesamten Kurs zur Diskussion stellen.*

Die Ergebnisse können z. B. durch das folgende Tafelbild gesichert werden:

Grundelemente der Aufklärung[1]

Vernunft	Erziehung des Menschen	Wissenschaft	Säkularisierung
• Rationalismus und Empirismus	• Publizistik, Literatur, Pädagogik	• Erkenntnisdrang	• Diesseitigkeit
	• Leitsatz: aut prodesse aut delectare	• Erkenntnisglaube (Natur basiert auf Vernunftprinzipien)	• Glaube an die menschliche Vernunft
		• rationale, empirische Methodik	• Autoritätsverlust der Kirche
			• Glücksstreben des Einzelnen

- *Beschreiben Sie das Verhältnis der von Alt dargestellten „Hauptströmungen und Leitaspekte der Aufklärung" zueinander.*

---
[1] Vgl. Stefan Volk: Zeitalter der Aufklärung, a.a.O., S. 38.

Baustein 4: Die Fabel im Zeitalter der Aufklärung

Die wesentliche Voraussetzung und Movens der Epoche ist der Wechsel vom theo- zum anthropozentrischen Weltbild. Der (christliche) Glaube wird durch die aufkommenden Dominanz der Vernunft infrage gestellt, was zu einer zunehmend säkularisierten Gesellschaft führt. „Vernunftdenken und Säkularisierung bedingen sich gegenseitig. Dieser Paradigmenwechsel wirkt sich sowohl auf Erziehung als auch Wissenschaft aus. Doch auch diese Relation ist keinesfalls einseitig. Schließlich sind es nicht zuletzt auch die wissenschaftlichen Erkenntnisse, die das theozentrische Weltbild infrage stellen."[1] In jedem Fall kann man mit gutem Grund die Säkularisierung als Kern der aufklärerischen Idee bezeichnen, die sich sowohl im Bereich des Denkens und Empfindens (Vernunft) als auch im Bereich der Erziehung, der Wissenschaft und der sozialen Verhältnisse ausbildet.

Wie auch in der vorangegangenen Sequenz können nun die deduktiv erarbeiteten historischen Zusammenhänge mithilfe des **Arbeitsblattes 28** (S. 122 f.) vertieft werden, indem die genannten Aspekte am konkreten literarischen Beispiel aufgezeigt bzw. nachgewiesen werden.

Dafür wird die bekannte und inhaltlich anspruchsvolle Motivbearbeitung des Tanzbären durch Gellert, Lessing und Pfeffel in den Unterricht eingebracht. Zu Beginn können zwei Abbildungen eines Tanzbären zum Einsatz kommen. Das **Zusatzmaterial 7** (S. 165) zeigt dabei sowohl einen aktuellen, aus Tierschutzgründen mittlerweile zum Glück sehr selten vorkommenden Tanzbären sowie eine historische Abbildung, die den Schülern eine eigene Vorstellung eines Tanzbären ermöglichen. Auf diese Weise kann eine sinnvolle Basis für die Weiterarbeit geschaffen werden, indem die Schülerinnen und Schüler die Kompetenzen der Bildbeschreibung und -deutung wiederholen, den Vorgang selbst problematisieren sowie Vermutungen darüber anstellen, welchen Inhalt eine Fabel mit dem Titel „Tanzbär" haben kann.

- *Beschreiben und deuten Sie die beiden Abbildungen, indem Sie den Zweck (Absicht) des Vorgangs und mögliche Folgen herausarbeiten.*
- *Die spektakuläre Unterhaltung der Bürger durch sog. „Tanzbären" war im Mittelalter eine willkommene Abwechslung. Erläutern Sie, warum es derartige Tanzbärvorführungen heute kaum noch gibt, und begründen Sie den Wandel.*
- *Im Folgenden werden Ihnen zwei Fabeln mit dem Titel „Der Tanzbär" vorgestellt. Welchen Inhalt erwarten Sie? Skizzieren Sie eine mögliche Fabelhandlung.*

In leistungsschwächeren Gruppen ist es häufig von Vorteil, die (kurzen) Texte gemeinsam im Plenum zu lesen. So können im Anschluss Verständnisfragen, eventuell zu Wortbedeutungen, geklärt werden und die nachfolgende Erarbeitungsphase kann vorbereitet bzw. entlastet werden. In diesem Zusammenhang ist es sinnvoll, auch die Vergleichskriterien, die die Tabelle auf dem Arbeitsblatt 28 vorgibt, zu besprechen. Analog zu diesen Vergleichskriterien kann den Schülerinnen und Schülern empfohlen werden, entsprechende farbliche Markierungen bei ihrer Textarbeit vorzunehmen. Es ist sinnvoll, die **Erarbeitungsphase** in Partner- oder Kleingruppenarbeit zu organisieren und vorerst nur die erste Aufgabe des Arbeitsblattes bearbeiten zu lassen. Wenn einer Gruppe oder einem Team eine Folie mit der Tabellenvorlage ausgehändigt wird, können später die Ergebnisse für alle visualisiert und diskutiert werden.

- *Vergleichen Sie die drei Fabeln. Notieren Sie Ihre Ergebnisse in Stichworten in der Tabelle.*

---
[1] Ebd.

Baustein 4: Die Fabel im Zeitalter der Aufklärung

In der abschließenden **Präsentationsphase** stellen die Schülerinnen und Schüler ihre Ergebnisse vor. Es ist im Sinne der gemeinsamen Verständigung häufig sinnvoll, jede Fabel in aller Kürze und in wenigen Sätzen von einem Schüler zusammenfassen zu lassen. Erst dann sollte analog zu den Vorgaben der Vergleichstabelle jedes einzelne Teilergebnis (horizontal) vorgestellt werden. An dieser Stelle ist darauf zu achten, dass die Lerngruppe konkret und für alle nachvollziehbar am Text arbeitet und die Behauptungen belegt werden. Wird eine Folie über einen OHP eingesetzt, verbessert sich in der Regel die Qualität der Mitarbeit und Konzentration, da die Visualisierung der Ergebnisse eine stärkere Fokussierung auf das Thema ermöglicht.

	Gellert (1746)	**Lessing (1759)**	**Pfeffel (1783)**
Ausgangssituation	Bär entkommt Gefangenschaft u. wird von Brüdern im Wald freundlich aufgenommen	entlaufener Tanzbär kehrt heim	Gauner entführt Bärenkind aus der Obhut der Bärenmutter, um es abzurichten
Aktion (Verhalten des Tanzbären)	Bär erzählt von seinen Erlebnissen u. beginnt aus Gewohnheit, zu tanzen	Bär beginnt von sich aus, den Tanz vorzuführen, u. prahlt laut u. arrogant mit seinem Können	Dieb richtet Bären auf brutale Weise u. unter Qualen ab
Reaktion (Verhalten der anderen)	Bärenfreunde bewundern u. versuchen den Tanz ebenso, doch der Versuch, aufrecht zu stehen, misslingt	Kritik eines alten Bären an Tanzkunst u. Fortschicken des Angebers	Flucht des gequälten Opfers bei günstiger Gelegenheit + Heimkehr zu seinesgleichen; dort: freudige Wiederaufnahme in der Heimat
Ausgang/ Lösung	Bär prahlt noch mehr mit seiner Kunst u. wird deshalb von seinen Brüdern verjagt	Kritik eines alten Bären an Tanzkunst: Vorwurf fehlender Reflexion u. Unterwerfung unter Versklavung durch altes Leben	Zufälliges Wiedersehen/ Treffen des Bären mit altem Herrn: wütende Rache des Bären führt zum Tode des Bärenfeindes
Lehre	Halte dein Können zurück, prahle nicht u. versuche nicht, besser zu sein als der Durchschnitt	Höfische Welt der Fürsten (des Adels) ist moralisch verkommen u. widerspricht bürgerlichem Freiheitssinn	„Wie du mir, so ich dir!"; Aufruf an alle Unterdrückten zum Widerstand gegen diesen unnatürlichen (gesellschaftl.) Zustand

In **Gellerts lyrischer Fabel** mit uneinheitlichem metrischen Schema erzählt der erfolgreich geflüchtete Bär seinen Artgenossen beim gemeinsamen Wiedersehen von seinen Erlebnissen in der Gefangenschaft. Dabei beginnt er offensichtlich, aus alter Gewohnheit zu tanzen (vgl. V. 13). Zuerst kann er sich der Bewunderung der anderen Bären gewiss sein, denen die Tanzkunst gefällt und die deshalb ebenfalls versuchen, sich auf die gleiche Art zu bewegen. Offensichtlich ist es dem Tanzbären wider seine Natur möglich, dauerhaft zu stehen und auf zwei Beinen zu gehen. Dies misslingt den anderen Bären trotz aller Anstrengungen. Die sich daraus ergebende Folge ist naheliegend: Die Gescheiterten verjagen den Könner aus ihrer Mitte und machen diesem abschließend den Vorwurf, er wolle „klüger sein als wir" (V. 25).

Der Fabelerzähler spricht am Ende den Leser direkt an und zieht im dritten Teil der Versfabel ein zweiteiliges Fazit: Zuerst mahnt er diesen, nicht geschickt zu sein, da man so der Masse seiner Mitmenschen ähnlich werde und wenig Hass auf sich ziehe (vgl. S. 27 f.). Die eigentliche, sich aus dem Fabelgeschehen direkt ergebende Lehre folgt im Anschluss. Es wird empfohlen, seine besonderen Fähigkeiten vor der sozialen Umwelt zu verbergen, da diese in aller Regel Neid und Missgunst hervorrufen. Der aufklärerische Gedanke Gellerts dient also der individuellen Erziehung, indem empfohlen wird, auf strahlende, egozentrische Auftritte zu verzichten, sondern im Umgang mit seinen Mitmenschen Demut und Vorsicht an den Tag zu legen, um Neid und Missgunst zu verhindern, die dem eigenen möglichen (gesellschaftlichen) Aufstieg im Wege stehen. Gellerts Fabel thematisiert also die noch heute aktuelle Frage, wie man sich verhalten sollte, wenn man etwas besser kann als seine Mitmenschen.

Die Fabel Gellerts lässt sich im Unterrichtsgespräch gut aktualisieren:

- *Auch von unserer Gesellschaft wird oft behauptet, dass sie Leistung nicht honoriere und erfolgreiche Menschen sogar absichtlich ihren Erfolg (oder Reichtum) verbergen würden, um nicht „negativ" aufzufallen. Haben Sie ähnliche Erfahrungen oder Beobachtungen gemacht? Nehmen Sie Stellung.*

- *Ein Schüler sagt: „Die Lehre der Fabel ist fortschrittsfeindlich." Erläutern Sie.*

Die Ausgangssituation in **Lessings Fabel** ist ganz ähnlich. Doch in der knapper erzählten, inhaltlich gerafften Fabel wird das Geschehen im Anschluss an die Wiederkehr des erfolgreich geflohenen Bären geschickt und bei oberflächlicher Lektüre kaum merklich verändert. Während bei Gellert der Bär zufällig und ohne böse Absicht während seines Rückblicks auf die Gefangenschaft nebenbei anfängt, aus Gewohnheit zu tanzen, geht es Lessings Bären um offene Provokation. Lessings Bär tanzt zwar offensichtlich in Perfektion, was die Beschreibung seiner Fähigkeiten als „Meisterstück" (V. 4) nahelegt. Doch er macht zugleich auf laute, arrogante und aufdringliche Art und Weise deutlich, dass er über besondere Fähigkeiten verfügt und seinen Bärenbrüdern Ähnliches nicht zutraut. Dass das Verhalten des Bären durch Lessing negativ gesehen wird, wird durch das gewählte Verb „schrie" (V. 6) deutlich, weil so die Werbung des Bären in eigener Sache, seine Reklame, abgewertet wird. Anders auch als bei Gellert ist das Verhalten der Zuhörer: Während bei Ersterem die scheiternden Bären aufgebracht und wütend reagieren, bleibt der alte, weise Bär bei Lessing gelassen und lässt sich durch die anmaßenden Provokationen des Tanzbären nicht aus der Ruhe bringen, was sich aus dem lässigen, fast gemütlichen „Brummen" des alten Bären ableiten lässt (vgl. V. 8). Mit dem zweiten Teil der kurzen Fabel geht Lessing ins Grundsätzliche. Explizit – und das ist der wesentliche Unterschied zur Aussage Gellerts – übt er Gesellschaftskritik. Steht bei Gellert noch der Gegensatz von Perfektion (Können) und Mittelmaß im Vordergrund und wird damit der erzieherische Fokus auf das Verhalten des Einzelnen gelegt, prägt Lessings Nachwort oder auch Lehre den Gegensatz von Wald und Welt und damit ausdrücklich von Bürgertum und höfischem Leben. Lessing spricht ausdrücklich und klar die Folgen an, die ein (adliges) Leben am Hof zwangsläufig mit sich bringt. Statt „Witz und Tugend" (V. 14), die im Umkehrschluss der bürgerlichen Lebensführung zugerechnet werden können, herrsche am Hof der Zwang zu unechtem, falschem Verhalten: „Schmeichelei und List" (V. 13) sowie Intrigen („Kabalen", V. 15) seien bedauerlicherweise die notwendige Voraussetzung für den gesellschaftlichen Aufstieg am Hof und im Ansehen des Fürsten. Anders sei eine Karriere als „Hofmann" nicht möglich. Im Gegensatz zum fleißigen Bürger kann sich der Höfling seine Stellung also nicht erarbeiten und ehrlich verdienen, sondern ist am absolutistischen Hof dazu gezwungen, sich seine Position zu erschleichen. Nicht echtes Talent oder wirkliche Leistung zähle, sondern die „Kunst" der Intrige, wie sie beispielsweise Schiller in seinem bürgerlichen Trauerspiel „Kabale und Liebe" durch die unterwürfige Figur des Wurm personifiziert. Zwar kann man im Hinblick auf die Lehre der Fabel Lessings durchaus von einer Kritik an der

Ständeordnung der Gesellschaft sprechen, die der Natur des Menschen widerspricht. Ein moralisch gutes Leben ist am adligen Hof nicht möglich, der Charakter verformt sich dort angesichts der herrschenden Intrigen ins Negative. Andererseits fordert Lessing nicht zu einem gewaltsamen Umsturz der gesellschaftlichen Ordnung auf.

Diese letzte Konsequenz findet sich aber in der im Vorfeld der Französischen Revolution entstandenen **Fabel Pfeffels**. Im Gegensatz zu den Fabeln Gellerts und Lessings erhält der Leser hier weitaus mehr Informationen zum Vorleben des Bären. Dieser wird in seiner frühen Kindheit durch einen gewaltsamen Diebstahl von seiner Mutter entfernt. Der Gauner zwingt den Bären auf brutale Art und Weise zu den unnatürlichen Kunststücken. So wird der Bär durch ein Eisenband um den Hals gegängelt und gewürgt und auch seine Zähne werden brutal abgestumpft (vgl. V. 8 ff.). Nach drei Jahren gelingt der gequälten Kreatur die Flucht. Der Bär wird von seinesgleichen gefeiert und wieder in die bürgerliche Gesellschaft (vgl. V. 40) aufgenommen. Wenig überraschend ist das Ende der Fabel. Der nun freie Bär nutzt bei einem zufälligen Wiedersehen seine Chance zur Rache und tötet seinen ehemaligen Herrn und Besitzer mit „wilder Lust" (V. 51). Die Lehre am Ende lässt keine Fragen offen, denn ausdrücklich werden die feudalen „Zwingherren" der Feudalgesellschaft bedroht und gewarnt. Sechs Jahre vor der Französischen Revolution kündigt Pfeffel nahezu hellsichtig eine gewaltsam herbeigeführte Revolution an, welche die ungerechten Herrschaftsverhältnisse des absolutistischen Staats hinwegfegen wird. Interessanterweise hat der Autor seine progressiv-revolutionäre Haltung, die dieser inhärent ist, später angesichts des nachrevolutionären Terrors und der Schreckensherrschaft relativiert.

Abschließend und vor einer Verschriftlichung (s. Arbeitsauftrag 2) sollte gemeinsam die Entwicklung des **Motivs** des Tanzbären in den drei Fabeln analysiert werden:

■ *Inwiefern kann man im Hinblick auf das unterschiedliche Entstehungsdatum aller drei Fabeln von einer Entwicklung sprechen? Deuten Sie diese Entwicklung vor dem Hintergrund der Französischen Revolution im Jahre 1789.*

Intertextualität: Das literarische Motiv des Tanzbären in drei Versionen

Gellert	Lessing	Pfeffel
Gegensatz von Perfektion und Mittelmäßigkeit	Gegensatz von Wald und Welt u. damit von Bürgertum und höfischem Leben	gesellschaftliche Folgen von Unterdrückung u. soz. Ungerechtigkeit
↓	↓	↓
Ratschläge für den Einzelnen/Anpassung an vorhandene Strukturen	Analyse der gesellschaftl. Verhältnisse und Aufklärung	Aufruf zur Revolution

→ → → → ENTWICKLUNG: → → → →

POLITISIERUNG
und
FREISETZUNG DES SUBJEKTS

Baustein 4: Die Fabel im Zeitalter der Aufklärung

Mit dieser Ergebnissicherung ist die Basis für den folgenden, komplexen Schreibauftrag gelegt, den die zweite Aufgabe des Arbeitsblattes 28 einfordert. Für den Fall, dass die in diesem Unterrichtsmodell angebotene Klausur herangezogen werden soll (siehe **Zusatzmaterial 14**, S. 174), ist es überaus empfehlenswert, die Schülerinnen und Schüler eine solche Vergleichsaufgabe als Übung absolvieren zu lassen, um Sicherheit bei den dort eingeforderten Schreibkompetenzen zu erlangen. In aller Regel kann eine solch umfassende Textproduktion nur als **nachbereitende Hausaufgabe** realisiert werden.

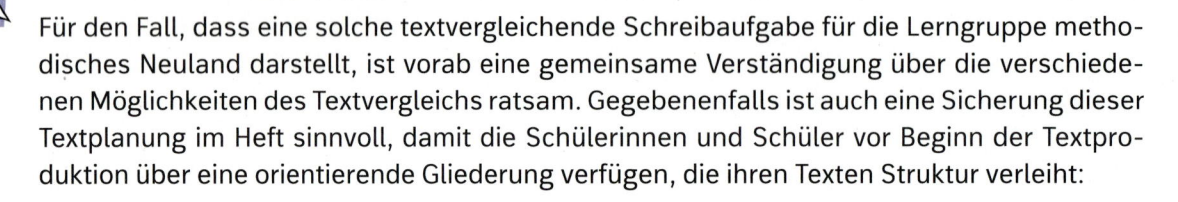

> *Fassen Sie die Ergebnisse Ihres Vergleichs schriftlich zusammen und deuten Sie Gemeinsamkeiten wie Unterschiede. Gehen Sie abschließend auch auf die unterschiedlichen Entstehungszeiten der drei Fabeln ein.*

Für den Fall, dass eine solche textvergleichende Schreibaufgabe für die Lerngruppe methodisches Neuland darstellt, ist vorab eine gemeinsame Verständigung über die verschiedenen Möglichkeiten des Textvergleichs ratsam. Gegebenenfalls ist auch eine Sicherung dieser Textplanung im Heft sinnvoll, damit die Schülerinnen und Schüler vor Beginn der Textproduktion über eine orientierende Gliederung verfügen, die ihren Texten Struktur verleiht:

Literarische Texte miteinander vergleichen: Drei Varianten[1]

Variante I	Variante II	Variante III
1. Einleitung 2. Analyse des ersten Textes 3. Überleitung zu Text 2 4. Analyse des zweiten Textes 5. Überleitung zu Text 3 6. Analyse des dritten Textes 7. Vergleich der drei Texte (an klaren Vergleichsaspekten orientiert) 8. Schluss: Ergebnis, Fazit	Direkter Vergleich der drei Texte nach vorab festgelegten Vergleichsaspekten: 1. Einleitung (inkl. Festlegung der Vergleichsaspekte) 2. Hauptteil: – Vergleichsaspekt I – Vergleichsaspekt II – .... 3. Schluss: Ergebnis, Fazit	Ausführliche Analyse des ersten Textes, Berücksichtigung der beiden anderen Texte nur in vergleichender Perspektive: 1. Einleitung 2. Analyse des ersten Textes 3. Überleitung zu Text 2 4. Vergleichende Analyse von Text 2 und Text 3 (nur im Hinblick auf die für Text 1 wesentlichen Aspekte u. immer im Vergleich mit den Ergebnissen zu Text 1 5. Schluss: Ergebnis, Fazit

Verfügt die Lerngruppe über wenig epochen- und gattungsspezifisches Hintergrundwissen, können die Schülerinnen und Schüler sich vorher noch einige zentrale Informationen über die Entwicklung der Fabel im 18. Jahrhundert eigenständig aneignen. Dafür kann das **Arbeitsblatt 29** (S. 124 f.) ausgeteilt und in Kleingruppen zu je vier Teilnehmern mithilfe der Methode des Reziproken Lesens intensiv bearbeitet werden. Die vorgeschlagene kooperative Lesemethode bietet sich angesichts des stark verdichteten und nicht leicht verständlichen Textes

---

[1] In Anlehnung an: J. Diekhans/M. Fuchs (Hg.): PAUL D Oberstufe. Paderborn: Schöningh 2013, S. 553 f.

v.a. in leistungsschwächeren Lerngruppen an, da sich die Schüler im Austausch und wechselseitig aufeinander bezogen intensiver mit den einzelnen Sinnabschnitten auseinandersetzen und Verstehensprobleme sofort bearbeitet werden. Ein weiterer Vorteil des Reziproken Lesens gegenüber der üblichen Lektüre in Einzelarbeit ist es, dass auf diese kooperative Art und Weise sichergestellt werden kann, dass sämtliche Schülerinnen und Schüler aufgrund der Aufgabenzuteilung und -verantwortung aktiv am Texterschließungsprozess partizipieren (müssen). Der schnelle Austausch in der Gruppe sichert die wichtige Anschlusskommunikation und verhindert eine mögliche sich verstärkende resignative Grundhaltung beim Lektüreprozess. Zudem hat die kooperative Lesemethode den Vorteil, dass hier in der Kleingruppe Strategien eingeübt werden, die auch bei der Bearbeitung in Einzelarbeit von großer Bedeutung sind, wie z. B. das Zusammenfassen von Teilabschnitten, die Benennung und Klärung von unverstandenen Wörtern oder Formulierungen oder die Fähigkeit, Vermutungen über den weiteren Inhalt des Sachtextes zu formulieren.

Selbstverständlich kann der wichtige Hintergrundinformationen liefernde Sachtext von Christoph Siegrist auch in häuslicher Lektüre oder gemeinsam im Plenum – versehen mit einem alternativen Arbeitsauftrag – gelesen werden:

- *Erläutern Sie die Entwicklung, die die Fabel im 18. Jahrhundert genommen hat, in ihrem historisch-politischen Kontext.*
- *Welches besondere didaktische Potenzial kommt der Fabel nach Christoph Siegrist zugute? Erläutern Sie seinen Gedankengang und nehmen Sie selbst Stellung.*

4.5 Die Idee der Aufklärung: Wozu ist die Fabel da?

Das kritische Potenzial der Fabel, das es – wie bereits beschrieben – den Fabeldichtern in der antiken Tradition des Äsop ermöglichte, auf versteckte, indirekte Weise Kritik an gesellschaftlichen Missständen zu üben, wird von den Autoren der Aufklärung erkannt und genutzt. Die Fabel wird zur Lieblingsgattung der Aufklärung: In der ersten Hälfte des 18. Jahrhunderts prägt sie sich zunächst mit allgemeineren moralisch-aufklärerischen Inhalten aus, ab Mitte des Jahrhunderts wird sie jedoch angesichts der sich verschärfenden gesellschaftlichen Widersprüche zunehmend politisch und anti-feudal, bei Pfeffel gar (vor-)revolutionär. Es ist neben Gellert, Gottsched und Herder v.a. Lessing, der die neue Qualität der lange Zeit unterschätzten Textsorte erkennt und die Fabel theoretisch erfassen und weiterentwickeln möchte. Zugleich gilt Lessing als wohl wichtigster Fabeldichter der deutschen Aufklärung. Aus diesem Grund eignet sich Lessings Fabeltheorie – die gleichwohl von anderen bedeutenden Dichtern seiner Zeit als zu eng und rein rationalistisch kritisiert wurde – aufgrund ihrer Prägnanz und Bedeutung für den gymnasialen Oberstufenunterricht in besonderer Weise als Einführung in die Arbeit mit poetologischen Texten.

Mit dem **Arbeitsblatt 30** (S. 126 f.) erhalten die Schülerinnen und Schüler wesentliche, wenn auch stark gekürzte Aussagen Lessings über das Wesen der Fabel. Das reduziert angelegte Arbeitsblatt verzichtet bewusst auf das dritte und vierte Kapitel („Von der Einteilung der Fabeln" und „Von dem Vortrage der Fabeln") der „Abhandlungen" und setzt so Schwerpunkte im Hinblick auf die schülernäher erscheinenden Aussagen Lessings zum „Wesen der Fabel" (I), zum „Gebrauche der Tiere in der Fabel" (II) und zum „Nutzen der Fabeln in den Schulen" (V). Auch in diesem Fall findet sich der Dreischritt der Think-Pair-Share-Methodik: In einem ersten Schritt lesen die Schülerinnen und Schüler den Text in Einzelarbeit, woraufhin sich eine Kleingruppenarbeit anschließt. In einem letzten Schritt werden die Ergebnisse – in diesem Fall die veranschaulichenden Schaubilder – im Plenum vorgestellt und Lessings Gedanken diskutiert bzw. aktualisiert.

- *Lesen Sie die Auszüge aus der fabeltheoretischen Abhandlung Lessings. Markieren Sie Ihnen zentral erscheinende Passagen. Versehen Sie unklare Stellen mit einem Fragezeichen am Rand.*

- *Formulieren Sie in der Kleingruppe Verständnisfragen zu den von Ihnen gekennzeichneten Stellen und verschaffen Sie sich so inhaltlich Klarheit. Fassen Sie anschließend jeden einzelnen Abschnitt kurz in eigenen Worten zusammen.*

- *Tragen Sie sich Ihre Zusammenfassungen in der Kleingruppe gegenseitig vor. Entwerfen Sie auf dieser gemeinsamen Grundlage ein anschauliches Schaubild, das Lessings Aussagen zum Wesen der Fabel in seinen Kernaussagen aufnimmt.*

- *Beschreiben Sie das Verhältnis der Fabel zur Wirklichkeit.*

- *Erläutern Sie, inwiefern die Fabel für Lessing ein Instrument der Aufklärung ist.*

Die Arbeit an Lessings poetologischem Manifest kann zeitlich entlastet werden, wenn der Text vorab in häuslicher Arbeit von der Lerngruppe gelesen wird. Alternativ zu den Arbeitsaufträgen des Arbeitsblattes, die einen ersten Zugang in Einzelarbeit vorsehen, könnte in diesem Fall auch arbeitsteilig vorgegangen werden. Einzelne Teams könnten sich dann auf jeweils einen Abschnitt konzentrieren, die Ergebnisse würden in einem zweiten Schritt zusammengetragen und in einem Schaubild vereint dargestellt.

Der erste Abschnitt macht deutlich, dass für Lessing die Fabel einen allgemeinen moralischen Lehrsatz formuliert, indem sie diesen an einer konkreten und beispielhaften Handlung veranschaulicht. Die Handlung ist dabei das Ergebnis von Veränderungen. Eine „gleichnishafte Handlung (z. B. dass ein Vater vor den Augen seiner Söhne ein Bündel Stäbe auflöst und einzeln zerbricht, um die Macht der Einigkeit und die Schwäche der Uneinigkeit zu verdeutlichen) oder ein Bild ist noch keine Fabel. Erst die Erzählung dieser Handlung oder ein Aneinanderreihen von Bildern kann eine Fabel sein, sofern die Geschichte nicht um ihrer selbst willen, sondern zu einem bestimmten Zweck erzählt wird."[1] (**Abschnitt I**) Der zweite Abschnitt macht das Selbstverständliche des vernunftbegabten Tieres in der Fabel deutlich, das – ganz ähnlich wie das Tier im Märchen – nichts Wunderbares an sich hat. Tiere eignen sich als Handlungsträger der Fabeln vor allem deshalb besonders gut, da sie allgemeine und überindividuelle Eigenschaften verkörpern, die der Leser kennt und die für ihn leicht nachvollziehbar erscheinen. Fabeltiere haben keine individuelle Persönlichkeit, sondern vertreten ein Prinzip. Ihr Vorteil gegenüber dem Menschen ist es, dass sie beim Leser weniger Leidenschaften wie z. B. Mitleid hervorrufen und so in der Lage sind, durch ihr Tun eine allgemeine Erkenntnis zu vermitteln. (**Abschnitt II**) Für den Unterricht in der Schule sind Fabeln vor allem deshalb von Interesse, da sie das selbstständige Denken der Schülerinnen und Schüler anregen, „indem sie das gedankliche Umschalten vom Allgemeinen (Lehrsatz der Fabel) zum Besonderen (Handlung der Fabel) und umgekehrt schulen. Damit ruft Lessing aber nicht nur zum Interpretieren auf, sondern auch dazu, selbst Fabeln zu verfassen."[2] (**Abschnitt III**)

---

[1] Vgl. R. Dithmar (Hg.): Texte zur Theorie von Fabeln, Parabeln und Gleichnissen. dtv München: 1982, S. 56.
[2] Vgl. S. Volk: Zeitalter der Aufklärung, a.a.O., S. 111.

In einer abschließenden Plenumsphase können einige ausgewählte Skizzen vorgestellt und diskutiert werden. Dabei kann die Frage nach dem Verhältnis der Fabel zur Wirklichkeit in den Mittelpunkt gerückt werden. Für Lessing bildet die Fabel keinesfalls die äußere Realität ab, sie ist also nicht realistisch, sondern sie unternimmt den Versuch, diese zu verändern. Um dieses Ziel zu erreichen, kommuniziert sie eine Erkenntnis von einer inneren, moralischen Wirklichkeit. Als „zusammengesetzte Fabel" (Z. 8 ff.) kann sie dabei durchaus auf die konkrete Realität Bezug nehmen. Sie repräsentiert diese Realität jedoch „im Gewande der Dichtung, der Fiktion" (Menschen als Tiere verkleidet), nimmt also „nicht unmittelbar, sondern indirekt auf die Wirklichkeit Bezug und arbeitet das für ihre moralische Aussage Wesentliche heraus". Mit der Erläuterung des letzten Arbeitsauftrages findet die Plenumsdiskussion ihr Ende: Lessing hält das Grundprinzip der Fabel deshalb für aufklärerisch, weil es mit ihr gelingt, einen moralischen Lehrsatz beispielhaft zu veranschaulichen, was bei der Leserschaft im Idealfall eine moralische Gesinnung oder auch Einsicht möglich macht. Ihre Anschaulichkeit und leichte Verständlichkeit ermöglichen zudem den Einsatz der Fabel als „Vehikel einer volksnahen, breiten Aufklärung". Auch als politisches Instrument ist die Fabel für Lessing von Bedeutung, da ihr indirekter Realitätsbezug – ihr „Sprechen durch die Blume" – die Formulierung von Kritik möglich macht, die direkt auszusprechen nicht im gleichen Maße denkbar wäre.[1]

> Tragen Sie sich Ihre Zusammenfassungen in der Kleingruppe gegenseitig vor. Entwerfen Sie auf dieser gemeinsamen Grundlage ein anschauliches Schaubild, das Lessings Aussagen zum Wesen der Fabel in seinen Kernaussagen aufnimmt.

Ein mögliches abschließendes Tafelbild[2]:

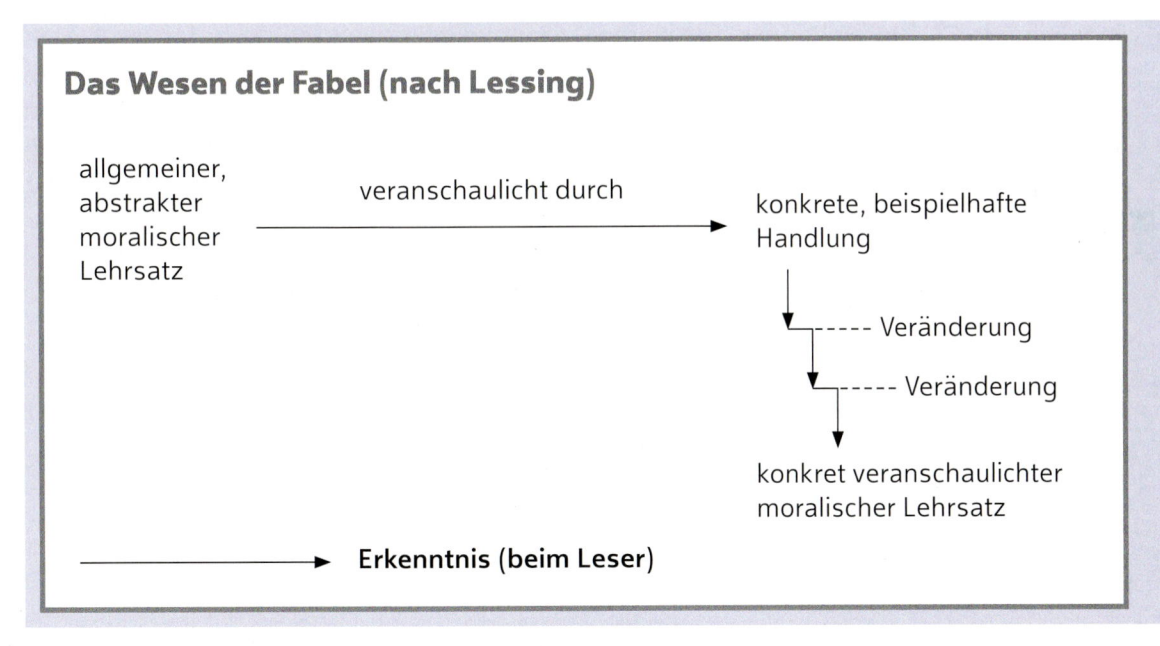

Das Wesen der Fabel (nach Lessing)

allgemeiner, abstrakter moralischer Lehrsatz — veranschaulicht durch → konkrete, beispielhafte Handlung
↓ ----- Veränderung
↓ ----- Veränderung
→ konkret veranschaulichter moralischer Lehrsatz

→ **Erkenntnis (beim Leser)**

Eine mögliche **Vertiefung** kann über das **Arbeitsblatt 31** (S. 128) erreicht werden. Das Arbeitsblatt bietet zwei kürzere poetologische Texte von Luther und Lichtwer an. Angesprochen wird in beiden Texten der Trick der Fabel, der es gelingt, den Widerstand des Adressaten zu überwinden, indem sie die bloßzustellenden Kriterien vom menschlichen auf den tierischen Bereich transferiert und sie in ein anderes, bunteres, nur auf den ersten Blick

---

[1] Ebd., S. 112
[2] Ebd.

harmloseres Gewand hüllt. Die von Luther wie Lichtwer angesprochene Übertragung auf den nicht menschlichen Bereich sorgt also nicht nur für mehr Anschaulichkeit, sondern auch für einen Schutz des Erzählers, denn „im Narrengewand darf man unter Umständen auch einem Tyrannen die Wahrheit unter die Nase reiben (…)"[1]. Die Erkenntnis kann an einer Fabel Luthers verdeutlicht werden.

Im Kontrast mit einer der berühmtesten Fabeln der Moderne kann deutlich werden, dass die pädagogische Hoffnung Lichtwers und Luthers auf eine Verbesserung der Situation durch das Lernen des Fabel-Lesers mit Kafkas „kleiner Fabel" desillusioniert wird. Obwohl die Maus die Situation durch eigene Reflexion erhellt, also ihren Verstand zur Klärung des Problems scheinbar erfolgreich anwenden kann, ändert dies nichts an der offensichtlich hoffnungslosen Situation: Die Katze bringt unabhängig von der Lernprogression der Maus den Tod. Fortschritt spielt also keine Rolle, einen Ausweg aus der prinzipiell hoffnungslosen Grundsituation der menschlichen Existenz bietet Kafkas Fabel nicht mehr an. Deshalb gibt der Text auch keine offensichtliche Fabel-Lehre und seine Bedeutung kann nicht einfach durch eine Übertragung vom tierischen in den menschlichen Bereich erschlossen werden. Hier wird nichts mehr verkleidet, alles ist offensichtlich und gerade das führt in letzter Konsequenz ins Nichts, symbolisiert durch den unvermeidlichen Tod der Maus. In dieser nihilistisch-skeptischen Grundaussage der absoluten Hoffnungslosigkeit liegt ihr wesentlicher Unterschied zu den typischen Fabeln der Aufklärung, die die Schülerinnen und Schüler bisher kennengelernt haben. Zugleich scheint Kafkas Text mit seiner Situation und Handlung eher ein Gleichnis für eine Grunderfahrung des Menschen, eine *Parabel*, zu sein, deren Sinn sich nur in einer „Deutung" erschließt.

Mithilfe des **Zusatzmaterials 9** (S. 168) kann die poetologische Diskussion um die Fabel erweitert werden um eine allgemeine Problematisierung der Frage nach der Sinnhaftigkeit von Literatur. Christa Wolfs Text „Tabula rasa" breitet die für das Individuum fatalen Folgen eines fiktiven Gedankenexperiments aus, bei dem auf einen Schlag sämtliche Spuren, die die Lektüre von Prosa im Menschen hinterlassen haben, ausgelöscht werden. Die Schülerinnen und Schüler können auf diese Weise – etwa in einer weiterführenden **Hausaufgabe** – auch zur Reflexion ihrer eigenen Lesebiografie angeregt werden.

---

[1] www.udoklinger.de/Deutsch/Fabeln/Einf.htm (Abruf: 01.07.2015)

Wortwolke zum Thema „Fabeln der Aufklärung"[1]

Streit Fabeln Lessing Aufklärung Tiergestalt Sexualität Kritik Fuchs Lernen Äsop Moral Tier Lehre Rabe Dialog Mensch Hochmut

---
[1] gestaltet mit www.wordle.net

Christian Fürchtegott Gellert: Das Pferd und die Bremse

Christian Fürchtegott Gellert (* 1715 † 1769) war zu Lebzeiten einer der bekanntesten deutschen Dichter und Moralphilosophen. Im Zeitalter der Aufklärung zählte er vor allem in der ersten Hälfte des 18. Jahrhunderts zu den meistgelesenen deutschen Autoren. Der konservative Autor vieler Fabeln stammte aus einer Pastorenfamilie. Er wurde 1751 Professor für Philosophie und verfasste auch zahlreiche geistliche Lieder.

Das Pferd und die Bremse

Ein Gaul, der Schmuck von weißen Pferden,
Von Schenkeln leicht, schön von Gestalt,
Und, wie ein Mensch, stolz in Geberden,
Trug seinen Herrn durch einen Wald;
5 Als mitten in dem stolzen Gange
Ihm eine Brems entgegenzog,
Und durstig auf die nasse Stange
An seinem blanken Zaume flog.
Sie leckte von dem heißen Schaume,
10 Der heeftig[1] am Gebisse floss;
„Geschmeiße!", sprach das wilde Ross,
„Du scheust dich nicht vor meinem Zaume!
Wo bleibt die Ehrfurcht gegen mich?
Wie? darfst du wohl ein Pferd erbittern?

Ich schüttle nur: so musst du zittern." 15
Es schüttelte; die Bremse wich.
Allein sie suchte sich zu rächen;
Sie flog ihm nach, um ihn zu stechen,
Und stach den Schimmel in das Maul;
Das Pferd erschrak und blieb vor Schrecken 20
In Wurzeln mit dem Eisen stecken,
Und brach ein Bein; Hier lag der stolze Gaul.

* * *

Auf sich den Hass der Niedern laden,
Dies stürzet oft den größten Mann. 25
Wer dir als Freund nicht nützen kann,
Kann allemal als Feind dir schaden.

Zitiert nach: K. Richter (Hg.): Gedichte und Interpretationen. Bd. 2. Aufklärung und Sturm und Drang. Stuttgart: Reclam 1983, S. 162

Fabel

Gattungsbezeichnung einer epischen Kurzform in Vers oder Prosa; kurze, lehrhafte Erzählung, in der Tiere menschliche Eigenschaften u. Verhaltensweisen verkörpern; zielt auf eine religiöse, moralische o. praktische Belehrung; besondere Merkmale sind gegensätzliche Einstellungen o. Verhaltensweisen zweier o. mehrerer Tiere, die dramatische Handlungsumkehr u. die Ausrichtung auf eine wirkungsvolle Schlusspointe; der Aufbau einer Fabel folgt häufig dem Schema „Ausgangssituation – Aktion – Reaktion – Lehre", wobei die ersten drei Schritte zur sog. „Narratio" gehören, der vierte Schritt zum sog. „Epimythion" (letzter Satz/Lehre/Moral).

1. Bestimmen Sie mithilfe der Sachinformationen zur Fabel möglichst genau die Gattung des vorliegenden Textes.

2. Eine sinnvolle inhaltliche Gliederung der Narratio (Erzählung) ist:

    ☐ V. 1 – 8 und 9 – 22   ☐ V. 1 – 16 und 17 – 22   ☐ V. 1 – 8 und V. 9 – 14 und V. 15 – 22

3. Bestimmen Sie das Reimschema und das Metrum. Deuten Sie formale Auffälligkeiten.

4. Die Fabel wurde im 18. Jahrhundert von vielen Autoren als Instrument der Herrschafts- und Sozialkritik eingesetzt. Diskutieren Sie, ob und inwiefern die Fabel Gellerts eine solche sozialrevolutionäre Funktion aufweisen könnte. Berücksichtigen Sie dafür folgende berühmte Zeilen des Autors:

    Genieße, was dir Gott beschieden, entbehre gern, was du nicht hast.
    Ein jeder Stand hat seinen Frieden, ein jeder Stand auch seine Last.[2]

---
[1] hier im Sinne von „heftig", „stark"
[2] Zitiert nach K. Richter, a.a.O., S. 174

Magnus Gottfried Lichtwer: Der Hänfling

Magnus Gottfried Lichtwer (1719–1783) war im 18. Jahrhundert ein populärer Autor, der sich vor allem durch seine Fabeln einen Namen machte. Für den Juristen stand häufig das Bemühen im Vordergrund, der bürgerlichen Lebensweise in Abgrenzung zum verruchten Adel eine moralische Legitimation zu verleihen. In der Betonung spezifisch bürgerlicher Werte, deren Überlegenheit er rational zu begründen versuchte, steht Lichtwer in der Tradition vieler Autoren, die mit der politischen Überlegenheit des Adels im Absolutismus anders nicht umzugehen wussten.

Magnus Gottfried Lichtwer: Der Hänfling (1748)

Ein Hänfling[1], den der erste Flug
Aus seiner Eltern Neste trug,
Hub an, die Wälder zu beschauen,
Und kriegte Lust, sich anzubauen.
5 Ein edler Trieb: denn eigner Herd
Ist, sagt das Sprichwort, Goldes wert.

Die stolze Glut der jungen Brust
Macht' ihm zu einem Eichenbaum Lust.
„Hier wohn ich", sprach er, „wie ein König,
10 Dergleichen Nester gibt es wenig."
Kaum stund das Nest, so ward's verheert,
Und durch den Donnerstrahl verzehrt.

Es war ein Glück bei der Gefahr,
Dass unser Hänfling auswärts war.
15 Er kam, nachdem es ausgewittert,
Und fand die Eiche halb zersplittert;
Da sah' er mit Bestürzung ein,
Er könne hier nicht sicher sein.

Mit umgekehrtem Eigensinn
Begab er sich zur Erde hin, 20
Und baut' in niedriges Gesträuche;
So scheu macht' ihn der Fall der Eiche.
Doch Staub und Würmer zwangen ihn,
Zum andernmal davonzuziehn.

Da baut' er sich das dritte Haus, 25
Und las ein dunkles Büschen aus,[2]
Wo er den Wolken nicht zu nahe,
Doch nicht die Erde vor sich sahe.
Ein Ort, der in der Ruhe liegt:
Da lebt er noch, und lebt vergnügt. 30

Vergnügte Tage findet man,
Woferne man sie finden kann,
Nicht auf dem Thron und nicht in Hütten.
Kannst du vom Himmel es erbitten,
So sei dein eigner Herr und Knecht; 35
Dies bleibt des Mittelstandes Recht.

Aus: Lichtwers Fabeln. Bibliographisches Institut, o. J.

1. Teilen Sie das Gedicht in Handlungsschritte (z. B. Einleitung, Hauptteil, Schluss) ein und zeichnen Sie auf dieser Grundlage einen Spannungsbogen.

2. Formulieren Sie auf dieser Grundlage eine kurze Inhaltsangabe in Ihrem Deutschheft.

3. Warum kann man dieses Gedicht als Fabel bezeichnen? Nennen Sie Merkmale der Gattung.

4. Formulieren Sie die Lehre/Moral der Fabel. Nehmen Sie dazu kritisch Stellung.

---
[1] Finkenart, die in Hecken oder Buschwerk ihr Nest baut
[2] wählte einen dichten, d. h. dunklen Busch als seine neue Heimat aus

Fabeln aus der zweiten Hälfte des 18. Jahrhunderts: Schubert, Moser und Fischer

Christian F. D. Schubart: Der Wolf und der Hund (1774/1775)

Zum Hunde, der die ganze Nacht
An seiner Kette zugebracht
Und, wann der Tag zu grauen fing,
Aufs Gai mit seinem Metzger ging,
5 Sprach einst ein Wolf: „Herr Bruder, wie so mager,
So schäbicht und so hager!
Du armer Hund!
Da sieh mich an, wie froh und wie gesund
Ich bin! – Ich rieche nach der Luft.
10 Mein Wolfsbalg atmet frischen Duft,
Ich fresse dir mit gleicher Lust, Herr Bruder,
Bald frisches Fleisch, bald Luder,
Dann leck ich klaren Quell und bin
Den ganzen Tag von frohem Sinn."
15 „Du aber, ach!", versetzte Melak, „ach!"
„Herr Bruder, nur gemach;
Drum bist du Wolf, ich Hund – du frei,
Ich aber in der Sklaverei."
Und die Moral? – o die ist jedermann bekannt
20 In Deutschland und in Engelland.

Vgl. U. Wertheim/H. Böhme: Schubarts Werke in einem Band. Berlin/Weimar 1965: Aufbau Verlag, S. 290

Friedrich Karl von Moser: Wir haben gegessen (1786)

Am Geburtstag eines jungen Adlers gab König Adler seiner Familie ein großes Mahl und lud alles Heer des Himmels zu diesem Freudenfest ein. Ehrerbietig warteten Tausende von Vögeln bei seiner Tafel auf,
5 bewunderten den Reichtum der Speisen und noch mehr die heroischen Verdauungskräfte ihres Königs.
„Wir", sprach endlich der gesättigte Adler zu dem zuschauenden Volk, „wir haben gegessen."
„Wir aber nicht", zwitscherte ein von Heißhunger geplagter Sperber.
10
„Ihr seid", erwiderte der erhabene Monarch, „mein Staat, ich esse für euch alle."

Zitiert nach K. Emmerich (Hg.): Der Wolf und das Pferd. Deutsche Tierfabeln des 18. Jahrhunderts. Darmstadt

Christian August Fischer: Der Bauer und sein Esel (1796)

Der Bauer und sein Esel.

»Geschwind! Zu den Waffen!« — rufte ein Bauer seinem Esel zu — als die Feinde im Anrücken waren. — »Zu den Waffen?« — antwortete dieser: — »Ich sehe nicht ein, warum? Mir kann es gleichgültig seyn, wem ich gehöre. Ich muß einmal Lasten tragen; gleichviel wer sie mir auflegt.« —

So sprach er, und erwartete die Ankunft der Feinde, ohne sich von der Stelle zu rühren.

Aufruf zur Vertheidigung des Vaterlandes! das heißt: des fürstlichen Interesse!

URL: https://books.google.de/books …

1. „Wenn wir einen allgemeinen moralischen Satz auf einen besonderen Fall zurückführen, diesem besonderen Fall die Wirklichkeit erteilen und eine Geschichte daraus dichten, in welcher man den allgemeinen Satz anschauend erkennt: So heißt diese Erdichtung eine Fabel." (Lessing)

Erläutern Sie für alle drei Fabeln, inwiefern sie der Theorie Lessings entsprechen.

2. Kreuzen Sie zutreffende Aussagen an und begründen Sie schriftlich mit Textbezug.

In den drei Fabeln geht es auch um ...

☐ Macht ☐ Politik ☐ Verzicht ☐ Protest ☐ Legitimation von Herrschaft ☐ Kritik
☐ Resignation

3. Recherchieren Sie die historische Situation in der 2. Hälfte des 18. Jahrhunderts. Deuten Sie vor dem Hintergrund Ihrer Ergebnisse die inhaltlichen Gemeinsamkeiten aller drei Fabeln.

Fabeln vergleichen – Das Motiv des Tanzbären in drei Fabeln von Gellert, Lessing und Pfeffel

Christian Fürchtegott Gellert: Der Tanzbär (1746)

Ein Bär, der lange Zeit sein Brot ertanzen müssen,
Entrann, und wählte sich den ersten Aufenthalt.
Die Bären grüßten ihn mit brüderlichen Küssen,
Und brummten freudig durch den Wald.
5 Und wo ein Bär den andern sah:
So hieß es: Petz ist wieder da!
Der Bär erzählte drauf, was er in fremden Landen
Für Abenteuer ausgestanden,
Was er gesehn, gehört, getan!
10 Und fing, da er vom Tanzen redte,
Als ging er noch an seiner Kette,
Auf polnisch schön zu tanzen an.

Die Brüder, die ihn tanzen sahn,
Bewunderten die Wendung seiner Glieder,
15 Und gleich versuchten es die Brüder;
Allein anstatt, wie er, zu gehn:
So konnten sie kaum aufrecht stehn,
Und mancher fiel die Länge lang danieder.
Um desto mehr ließ sich der Tänzer sehn;
20 Doch seine Kunst verdross den ganzen Haufen.
Fort, schrien alle, fort mit dir!
Du Narr willst klüger sein, als wir?
Man zwang den Petz, davonzulaufen.

Sei nicht geschickt, man wird dich wenig hassen,
25 Weil dir dann jeder ähnlich ist;
Doch je geschickter du vor vielen andern bist;
Je mehr nimm dich in Acht, dich prahlend sehn zu lassen.
Wahr ists, man wird auf kurze Zeit
Von deinen Künsten rühmlich sprechen;
30 Doch traue nicht, bald folgt der Neid,
Und macht aus der Geschicklichkeit
Ein unvergebliches Verbrechen.

Christian Fürchtegott Gellert: Werke, Band 1, Frankfurt a.M. 1979, S. 31–32

Gotthold Ephraim Lessing: Der Tanzbär (1759)

Ein Tanzbär war der Kett' entrissen,
Kam wieder in den Wald zurück,
Und tanzte seiner Schar ein Meisterstück
Auf den gewohnten Hinterfüßen.
5 „Seht", schrie er, „das ist Kunst; das lernt man in der Welt.
Tut es mir nach, wenn's euch gefällt,
Und wenn ihr könnt!" – „Geh", brummt ein alter Bär,
„Dergleichen Kunst, sie sei so schwer,
Sie sei so rar sie sei,
10 Zeigt deinen niedern Geist und deine Sklaverei."
Ein großer Hofmann sein,
Ein Mann, dem Schmeichelei und List
Statt Witz und Tugend ist;
Der durch Kabalen steigt, des Fürsten Gunst erstiehlt,
15 Mit Wort und Schwur als Komplimenten spielt,
Ein solcher Mann, ein großer Hofmann sein,
Schließt das Lob oder Tadel ein?

Aus: Gotthold Ephraim Lessing: Werke. Band 1, München 1970ff., S. 197–198

Gottlieb Konrad Pfeffel: Der Tanzbär (1783)

Ein Gauner an dem Weichselstrand,
Wo man nichts kennet als Despoten
Mit ehrnen Zeptern und Heloten[1]
In Lumpen, zog mit kecker Hand
5 Ein Bärchen aus der Mutter Pfoten,
Die durch ihn fiel. Der Sieger hing
Flugs einen Korb dem armen Waisen
Ums rauhe Kinn. Ein dichter Ring
Mit einem Gängelband von Eisen
10 Würgt ihm den Hals und überdies
Stumpft er, um sich vor seinem Biss
Zu schützen, ihm die jungen Zähne.
Da half kein Heulen, keine Träne.
Noch mehr; er zwang den armen Wicht
15 Mit aufgerecktem Kopf und Ranzen,
Er mochte wollen oder nicht,
Nach seinem Dudelsack zu tanzen
Und seinen Affen Favorit[2],
Der, taub gleich ihm, bei Petzens Klagen,
20 Wenn dieser seufzte, Fratzen schnitt
Als Reitpferd durch die Welt zu tragen.
Wenn ihn der Unmut überwand,
So büßten seinen Widerstand,
Bald seine Knochen, bald sein Magen.

25 So strich ihm unter tausend Plagen
Bereits das dritte Jahr vorbei,
Als einst, im Sturm der Schwelgerei,
Sein Herr vergaß ihn anzuschließen.
Die Freiheit winkt; mit schnellen Füßen
30 Verlässt er seine faule Streu
Und fliehet, von den Finsternissen
Der Nacht bedeckt, durch Busch und Moor
Ins nahe Holz. Mit frohen Küssen
Empfängt ihn seiner Brüder Chor.
35 Der eine reicht ihm leckre Speisen,

---

[1] Heloten: Staatsklaven im antiken Sparta

[2] Oberbefehlshaber der Truppen (im damaligen Königreich Polen)

Der andre hilft ihm von dem Eisen
An Hals und Schnauze sich befrein.
Der Hedmann¹ eilet voll Entzücken
Den Gast mit Eichenlaub zu schmücken
40 Und weihet ihn zum Bürger ein.

Kaum konnte Petz sein Glück ermessen,
Doch lernt er eher Honig fressen
Und nur sich selbst gehorsam sein,
Als seines Henkers Wut vergessen.
45 Einst sah er ihn den dunkeln Hain
Durchwandeln; gleich dem Höllendrachen,
Stürzt er mit aufgesperrtem Rachen
Sich über ihn. Ha, Wüterich!
Brüllt er, nun kommt der Tanz an dich.
50 Jetzt packt er ihn mit seinen Tatzen
Und presset ihn mit wilder Lust
So fest an seine Felsenbrust
Daß alle Rippen ihm zerplatzen.

Ihr Zwingherrn, bebt! Es kommt der Tag,
55 An dem der Sklave seine Ketten
Zerbrechen wird, und dann vermag
Euch nichts vor seiner Wut zu retten.

Zitiert nach: http://gutenberg.spiegel.de/buch/gottlieb-konrad-pfeffel-gedichte-4326/106

---
¹ Günstling (französ.)

1. Vergleichen Sie die drei Fabeln. Notieren Sie Ihre Ergebnisse in Stichworten in der Tabelle.

2. Fassen Sie die Ergebnisse Ihres Vergleichs schriftlich zusammen und deuten Sie Gemeinsamkeiten wie Unterschiede. Gehen Sie abschließend auch auf die unterschiedlichen Entstehungszeiten der drei Fabeln ein.

	Gellert (1746)	Lessing (1759)	Pfeffel (1783)
Ausgangssituation			
Aktion (Verhalten des Tanzbären)			
Reaktion (Verhalten der anderen)			
Ausgang/ Lösung			
Lehre			

Christoph Siegrist: Die Wahrheiten der Fabel

(...) Finden wir in der ersten Generation der Aufklärungsdichter eine relativ reichentwickelte Fabelproduktion (...), so erreicht die Gattung doch erst mit C.F. Gellerts Sammlungen (1746 und 1748) ihre wirksamste Verbreitung, die Thomas Abt folgendermaßen charakterisierte: „Aber für ganz Deutschland ist es ohne Widerspruch Gellert, dessen Fabeln wirklich dem Geschmack der ganzen Nation eine neue Hülfe gegeben haben. (..) Sie haben sich nach und nach in die Häuser, wo sonst nie gelesen wird, eingeschlichen. Dadurch ist das Gute in der Dichtkunst in Exempeln und nicht in Regeln bekannt und das Schlechte verächtlich gemacht worden." (...) Gellerts Erfolg unter den wenig literaten Schichten erklärt sich aus dem geschickten Arrangement der Fabelhandlung und der leichten Diktion; er verfügt in seltenem Maße über jenen „natürlichen, naiven, vertrauten und interessanten" Ton, den Johann Joachim Eschenburg vom Fabeldichter fordert. Dadurch vermag Gellert den Gattungszweck zu erreichen, den er in der Fabel „Die Biene und die Henne" selber folgendermaßen bestimmt hat:

„Dem, der nicht viel Verstand besitzt,
die Wahrheit durch ein Bild zu sagen."

Betrachten wir seine Fabeln auf die von ihnen verbreiteten Wahrheiten hin, so fällt deren anpasserische Moral auf: Seinem Fabelpersonal fehlen weitgehend die mächtigen Herrschertiere, mit deren Hilfe die Auseinandersetzung mit dem Feudalismus geführt wird. Er bevorzugt kleine (Vögel, Bienen, Mücken, Fliegen etc.) und domestizierte (Pferd, Hund, Tanzbär etc.) Tierarten. Propagiert werden Tugenden wie Gelassenheit, Geduld, Selbstgenügsamkeit und Verzicht. Das widerspiegelt einen resignierenden Quietismus, der sich mit dem Bestehenden abzufinden bereit ist. Nicht die Schlauheit, die dem Unterlegenen trotz der Übermacht des Gegners ein Überleben ermöglicht, nicht das blitzschnelle Ausnutzen einer günstigen Situation im allgemeinen Machtkampf, sondern die Anpassung an vorhandene Strukturen werden gefordert. Innerhalb dieser sollen allerdings gegenseitige Rücksichtnahme und Achtung herrschen – damit formuliert Gellert den Standpunkt des vorsichtigen Reformismus, der sich vom Appell an die Mächtigen eine Verbesserung der Verhältnisse erhofft. Nun ist die Fabel in ganz besonderer Weise dazu befähigt, Kritik zu üben, die Mächtigen auf verborgene Weise zu attackieren und den Unterlegenen Mut und Hoffnung zuzusprechen. Sie stellt sich auf den Standpunkt des Schwächeren in der Überzeugung, dass das gesellschaftliche Leben ein permanentes Konfliktfeld darstelle. Nach K. Doderer enthält die Fabel „Anweisungen zum Überleben in einer amoralischen Welt". Sie zeigt dem Schwachen, dass auch für ihn in dieser ungleichen Auseinandersetzung Chancen bestehen. Macht stellt das geheime Zentrum aller Fabelhandlungen dar; auf ihre Anmaßung reagieren sie mit Anpassungs- oder Widerstandsmodellen. Spoerri hat vom „Aufstand der Fabel" gesprochen, in der das Lebensgefühl der niedrigen Volksschichten sich äußere; sie sei der „Feuerbrand, der aus den Kellergewölben der Paläste aufsteigt". Davon ist nun bei Gellert und einem großen Teil der deutschen Fabeldichter der Zeit kaum etwas zu spüren; ihre Texte können in den Gesindestuben und Bauernkaten ebenso gefahrlos wie in den Salons entzückt gelesen werden.

Doch findet sich im Zuge der sich nach 1770 verschärfenden gesellschaftlichen Widersprüche auch der andere Fabeltypus, der als Sprachrohr der Unterdrückten im verborgenen Protest gegen eine Welt der Gewalt die Hoffnung auf eine humane Welt bewahrt. Das wird deutlich an den Fabeln des Elsässers Gottlieb Conrad Pfeffel, in denen die Kritik am Feudalismus mit zunehmender Direktheit formuliert wird. (...) In seiner politisch gezielten Fabel verwendet Pfeffel häufig satirische Mittel, doch bezieht er im Bemühen um Volkstümlichkeit auch derben und sarkastischen Sprachgebrauch ein. Damit erreicht die Fabel agitatorische Qualitäten. Statt moralischer Belehrung zielt sie auf politische Bewusstmachung, anstelle anpasserischen Verhaltens propagiert sie selbstbewusstes Auflehnen gegen ungerechte Verhältnisse.

Als pädagogisch wirksamste unter den didaktischen Gattungen erfüllt die Fabel in hervorragendem Maße die Anforderungen, welche die Aufklärung an die Dichtung stellt. Was sie in dieser Periode so unentbehrlich unter den lyrischen Gattungen macht, ist ihre Fähigkeit, auch die intellektuell und bildungsmäßig Benachteiligten in den Modernisierungs-, Politisierungs- und Literarisierungsprozess einzubeziehen. In diesem hohen Gebrauchswert liegt ihre Chance – zugleich aber auch ihre Grenze. Es ist kein Zufall, dass die sich entwickelnde deutsche Literatur diese operative Form infolge ihres relativ bescheidenen Ästhetisierungspotenzials vernachlässigt.

Aus: Deutsche Literatur – eine Sozialgeschichte. Bd. 4. Hrg. von H.A. Glaser: Reinbek bei Hamburg: Rowohlt 1980, S. 230 ff. (Auszüge)

Einen Text in der Kleingruppe erarbeiten – Das „Reziproke Lesen"

Die Methode des sog. „Reziproken Lesens" ist eine clevere Möglichkeit, schwierigere Sachtexte methodisch sinnvoll und ergiebig in Kleingruppen von vier Teilnehmern zu lesen und zu bearbeiten.

Dafür gehen Sie wie folgt vor:

1. Jedes Gruppenmitglied liest den ersten Sinnabschnitt für sich in Einzelarbeit.
2. Nach erfolgter Teillektüre erhält jedes Gruppenmitglied nun eine besondere Aufgabe:

A Sie formulieren inhaltliche Verständnisfragen zum Sinnabschnitt, z. B.: *„Worin liegt das besondere Verdienst des Fabeldichters Gellert?"* Ihre Mitschüler müssen nun ihre Frage(n) beantworten.

B Sie fassen den Textabschnitt (mündlich) zusammen. Ihren Teammitgliedern kommt danach die Aufgabe zu, gemeinsam zu überlegen, ob ihre kurze Zusammenfassung dem Textabschnitt inhaltlich gerecht wird oder ob noch etwas ergänzt oder modifiziert werden muss.

C Sie erläutern unklare Begriffe oder Textabschnitte, z. B.: *„Was meint der Autor, wenn er von ‚wenig literaten Schichten' (Z. 14) spricht?"*

D Sie formulieren eine Vermutung, womit sich der Text im Folgeabschnitt beschäftigen könnte, z. B.: *„Im nächsten Sinnabschnitt könnte es um weitere Fabeln Gellerts und ihre Botschaft oder auch Lehre gehen."*

3. Lesen Sie nun den nächsten Abschnitt usw. wieder in Einzelarbeit und wiederholen Sie die vier Aufgaben für den nun neuen Sinnabschnitt. Dabei ist es sinnvoll, die Aufgabenverteilung innerhalb der Vierergruppe (im Uhrzeigersinn) zu wechseln, sodass am Ende jedes Teammitglied jede Aufgabe mindestens einmal bearbeitet hat. Wissenschaftliche Ergebnisse aus der Leseforschung legen nahe, dass schwierige Texte mithilfe der Methode des Reziproken Lesens besser verstanden werden als in der üblichen Lektüre in Einzelarbeit.

Gotthold Ephraim Lessing: Abhandlung über die Fabel
(Auszüge)

> Die „Abhandlungen" über die Fabel von **Gotthold Ephraim** Lessing bestehen aus fünf Teilen: 1. Vom Wesen der Fabel, 2. Vom Gebrauche der Tiere in der Fabel, 3. Von der Einteilung der Fabeln, 4. Von dem Vortrage der Fabeln und 5. Von einem besonderen Nutzen der Fabeln in den Schulen. Lessings theoretische Äußerungen über die Gattung gelten bis heute als bedeutendste deutsche Theorie über die Fabel.

I. Von dem Wesen der Fabel

[...] Mein Gegenstand ist die sogenannte *Aesopische*[1] Fabel. Auch diese ist eine Erdichtung; eine Erdichtung, die auf einen gewissen Zweck abzielt. [...]

Einfach ist die Fabel, wenn sich aus der erdichteten Begebenheit derselben bloß irgendeine allgemeine Wahrheit folgern lasse. [...]

Zusammengesetzt hingegen ist die Fabel, wenn die Wahrheit, die sie uns anschauend zu erkennen gibt, auf einen wirklich geschehen (oder doch als wirklich geschehen angenommenen) Fall weiter angewendet wird. [...]

Eine *Handlung* nenne ich *eine Folge von Veränderungen, die zusammen ein Ganzes ausmachen.*

Diese Einheit des Ganzen beruhet auf der Übereinstimmung aller Teile zu einem Endzwecke. Der Endzweck der Fabel, das, wofür die Fabel erfunden wird, ist der moralische Lehrsatz. Folglich hat die Fabel eine *Handlung*, wenn das, was sie erzählt, eine Folge von Veränderungen ist und jede dieser Veränderungen etwas dazu beiträgt, die einzeln[en] Begriffe, aus welchen der moralische Lehrsatz besteht, anschauend erkennen zu lassen. Was die Fabel erzählt, muss eine *Folge von Veränderungen sein*. Eine Veränderung oder auch mehrere Veränderungen, die nur *nebeneinander* bestehen und nicht *aufeinander* folgen, wollen zur Fabel nicht zureichen. [...]

Doch nicht genug damit, dass das, was die Fabel erzählt, eine Folge von Veränderungen ist; alle diese Veränderungen müssen zusammen nur einen *einzigen* anschauenden Begriff in mir erwecken. [...] Ein Histörchen trägt sich zu; eine Fabel wird erdichtet. Von der Fabel also muss sich ein Grund angeben lassen, warum sie erdichtet worden [...]. [...]

Und nunmehr glaube ich, meine Meinung von dem Wesen der Fabel genugsam verbreitet zu haben. Ich fasse daher alles zusammen und sage: *Wenn wir einen allgemeinen moralischen Satz auf einen besonderen Fall zurückführen, diesem besonderen Fall die Wirklichkeit erteilen und eine Geschichte daraus dichten, in welcher man den allgemeinen Satz anschauend erkennt, so heißt diese Erdichtung eine Fabel.* [...]

II. Vom Gebrauche der Tiere in der Fabel

Der größte Teil der Fabeln hat Tiere (und wohl noch geringere Geschöpfe) zu handelnden Personen. – Was ist hiervon zu halten? [...]

[...] dass die Tiere (und andere niedrigere Geschöpfe) Sprache und Vernunft haben, wird in der Fabel vorausgesetzt; es wird angenommen und soll nichts weniger als wunderbar sein. [...] Ich komme vielmehr sogleich auf die wahre Ursache [...], warum der Fabulist die Tiere oft zu seiner Absicht bequemer findet als die Menschen. – Ich setze sie in die *allgemein bekannte Bestandtheit der Charaktere*. [...] Die umständliche Charakterisierung [...] zu vermeiden, bei welcher es doch noch immer zweifelhaft ist, ob sie bei allen die nämlichen Ideen hervorbringt, war man gezwungen, sich lieber in die kleine Sphäre derjenigen Wesen einzuschränken, von denen man es zuverlässig weiß, dass auch bei den Unwissendsten ihren Benennungen diese und keine andere Idee entspricht. Und weil von diesen Wesen die wenigsten ihrer Natur nach geschickt waren, die Rollen freier Wesen über sich zu nehmen, so erweiterte man lieber die Schranken ihrer Natur und machte sie, unter gewissen wahrscheinlichen Voraussetzungen, dazu geschickt.

Man hört: *Britannicus und Nero*. Wie viele wissen, was sie hören? Wer war dieser? Wer jener? In welchem Verhältnisse stehen sie gegeneinander? – Aber man hört: *der Wolf und das Lamm*; sogleich weiß jeder, was er höret, und weiß, wie sich das eine zu dem andern verhält. [...]

Die Fabel hat unsere klare und lebendige Erkenntnis eines moralischen Satzes zur Absicht. Nichts verdunkelt unsere Erkenntnis mehr als die Leidenschaften. Folglich muss der Fabulist die Erregung der Leidenschaften so viel als möglich vermeiden. Wie kann er

---
[1] Äsop (ca. 600 v. Chr.): griechischer Dichter, gilt als Begründer der Fabeldichtung

aber anders z. B. die Erregung des Mitleids vermeiden, als wenn er die Gegenstände desselben unvollkommener macht und anstatt der Menschen Tiere oder noch geringere Geschöpfe annimmt? [...] Wir haben Mitleiden mit dem Lamme; aber dieses Mitleiden ist so schwach, dass es unserer anschauenden Erkenntnis des moralischen Satzes keinen merklichen Eintrag tut. [...]

V. Von einem besonderen Nutzen der Fabeln in den Schulen

[...] Warum fehlt es in allen Wissenschaften und Künsten so sehr an Erfindern und selbst denkenden Köpfen? Diese Frage wird am besten durch eine andre Frage beantwortet: Warum werden wir nicht besser erzogen? Gott gibt uns die Seele; aber das *Genie* müssen wir durch die Erziehung bekommen. Ein Knabe, dessen gesamte Seelenkräfte man [...] beständig in einerlei Verhältnissen ausbildet und erweitert; dem man angewöhnt, alles, was er täglich zu seinem kleinen Wissen hinzulernt, mit dem, was er gestern bereits wusste, [...] zu vergleichen, und acht zu haben, ob er durch diese Vergleichung nicht von selbst auf die Dinge kömmt, die ihm noch nicht gesagt worden; [...] den man lehret, sich ebenso leicht von dem Besondern zu dem Allgemeinen zu erheben, als von dem Allgemeinen zu dem Besondern sich wieder herabzulassen – der Knabe wird ein Genie *werden* oder man kann nichts in der Welt *werden*.

Aus: Gotthold Ephraim Lessing: Abhandlungen über die Fabel. In: Lessings Werke – In fünf Bänden. Fünfter Band. Berlin, Weimar: Aufbau-Verlag 1971, S. 164 ff.

- *Lesen Sie die Auszüge aus der fabeltheoretischen Abhandlung Lessings. Markieren Sie Ihnen zentral erscheinende Passagen. Versehen Sie unklare Stellen mit einem Fragezeichen am Rand.*

- *Formulieren Sie in der Kleingruppe Verständnisfragen zu den von Ihnen gekennzeichneten Stellen und verschaffen Sie sich so inhaltlich Klarheit. Fassen Sie anschließend jeden einzelnen Abschnitt kurz mit eigenen Worten zusammen.*

- *Tragen Sie sich Ihre Zusammenfassungen in der Kleingruppe gegenseitig vor. Entwerfen Sie auf dieser gemeinsamen Grundlage ein anschauliches Schaubild, das Lessings Aussagen zum Wesen der Fabel in seinen Kernaussagen aufnimmt.*

- *Beschreiben Sie das Verhältnis der Fabel zur Wirklichkeit.*

- *Erläutern Sie, inwiefern die Fabel für Lessing ein Instrument der Aufklärung ist.*

Die Fabel als „verkleidete Wahrheit":
Luther, Lichtwer, Kafka

Martin Luther: Über die Fabel

Alle Welt hasset die Wahrheit, wenn sie einen trifft. Darum haben weise hohe Leute die Fabeln erdichtet und lassen ein Tier mit dem anderen reden, als wollten sie sagen: Wohlan, es will niemand die Wahrheit hören noch leiden, und man kann doch der Wahrheit nicht entbehren, so wollen wir sie schmücken und unter einer lustigen Lügenfarbe und lieblichen Fabeln kleiden; und weil man sie nicht will hören aus Menschenmund, dass man sie doch höre aus Tier- und Bestienmund. So geschieht's denn, wenn man die Fabeln liest; dass ein Tier dem andern, ein Wolf dem andern die Wahrheit sagt, ja zuweilen der gemalte Wolf oder Bär oder Löwe im Buch dem rechten zweifüßigen Wolf und Löwen einen guten Text heimlich liest, den ihm sonst kein Prediger, Freund noch Feind lesen dürfte.

http://www.fabelnundanderes.at/martin_luther.htm (Abruf: 01.07.2015)

Magnus Gottfried Lichtwer: Die beraubte Fabel

Es zog die Göttin aller Dichter,
Die Fabel, in ein fremdes Land,
Wo eine Rotte Bösewichter
Sie einsam auf der Straße fand.

Ihr Beutel, den sie liefern müssen,
Befand sich leer; sie soll die Schuld
Mit dem Verlust der Kleider büßen.

Die Göttin litt es mit Geduld.
Mehr, als man hoffte, ward gefunden,
Man nahm ihr Alles; was geschah?
Die Fabel selber war verschwunden,
Es stand die bloße Wahrheit da.

Beschämt fiel hier die Rotte nieder,
Vergib uns, Göttin, das Vergehn,
Hier hast du deine Kleider wieder,
Wer kann die Wahrheit nackend sehn?

http://www.udoklinger.de/Deutsch/Fabeln/Wahrheit.htm (Abruf: 01.07.2015)

1. Erläutern Sie unter Berücksichtigung der poetologischen Aussagen Luthers und Lichtwers den Sinn und Zweck der Fabel als „verkleideter Wahrheit".

2. Überprüfen Sie anhand einer Fabel Luthers, z. B. der Fabel „Wolf und Lämmlein", ob und inwiefern hier die Wahrheit verkleidet wird.

Franz Kafka: Kleine Fabel

„Ach", sagte die Maus, „die Welt wird enger mit jedem Tag. Zuerst war sie so breit, dass ich Angst hatte, ich lief weiter und war glücklich, dass ich endlich rechts und links in der Ferne Mauern sah, aber diese langen Mauern eilen so schnell aufeinander zu, dass ich schon im letzten Zimmer bin, und dort im Winkel steht die Falle, in die ich laufe." – „Du musst nur die Laufrichtung ändern", sagte die Katze und fraß sie.

Aus: P. Rabe (Hg.): Sämtliche Erzählungen. Fischer: Frankfurt a.M. 1969, S. 320

Aus: „Gibs auf" und andere Erzählungen von F. Kafka. Illustriert von Peter Kuper

3. Der Titel „Kleine Fabel" stammt von Kafkas Freund Max Brod, nicht vom Autor selbst. Überlegen Sie, ob er passt, indem Sie die typischen Fabelmerkmale nachzuweisen versuchen.

4. Wenden Sie Lichtwers und Luthers Theorie auf Kafkas moderne Fabel an. Welche Aussage des Autors ist so schwer zu verkraften, dass er sie in das Gewand der Fabel kleiden muss?

Baustein 5

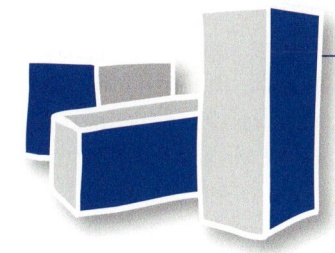

Fabeln aus aller Welt

Der vorliegende Baustein bietet einige Fabeln aus aller Welt in loser Reihenfolge an, die sich auch außerhalb einer systematischen Unterrichtsreihe zum Thema „Fabeln" für den Einsatz in einer Unterrichtsstunde eignen, beispielsweise in einer Randstunde vor den Ferien oder in einer Vertretungsstunde. Dabei liegt der Fokus auf eher weniger bekannten Fabeln aus aller Welt, die sich vor allem für die Jahrgangsstufen 5 – 7 eignen. Die angebotenen Arbeitsblätter sind in aller Regel so angelegt, dass die Schülerinnen und Schüler eigenverantwortlich an den jeweiligen Aufgaben arbeiten können und diese erst am Ende in einer Präsentationsphase besprochen werden sollten. Eingeübt werden können Vortragstechniken (Erhardt), das Verfassen von Parallel-Geschichten (Hofmannsthal) ebenso wie fiktive Interviews mit literarischen Figuren (Rodari). Dabei kommen kognitiv-analytisch ausgerichtete Aufgaben wie z. B. das Gliedern einer Fabel nach Sinnabschnitten nicht zu kurz (Mrożek). Am Ende stehen Fabeln aus Afrika und Indien, die in ihrer Exotik häufig einen besonderen Reiz auf junge Leser ausüben und zur Produktion eigener Texte anregen.

5.1 Eine Fabel aus Deutschland: Heinz Erhardts „Die Made"

Auf einen Lehrervortrag von Erhardts lustigem Gedicht „Die Made" soll zum Einstieg bewusst verzichtet werden, da die vorgeschlagenen Arbeitsaufträge zur Fabel einen Schwerpunkt auf die Schulung des Vortragens und Präsentierens legen. Ein lustig-unterhaltsamer Lehrervortrag oder gar die Vorführung einer Lesung des Autors, von der sich zahlreiche Versionen im Internet finden, würde das hier intendierte Lernziel konterkarieren. Will man auf die Vorführung einer dieser berühmten Lesungen des Komikers nicht verzichten, so sollte diese eher am Ende und vor dem Hintergrund der Schülerfassungen zum Vergleich eingesetzt werden. Im **Einstieg** kann vielmehr auf die Besonderheit abgezielt werden, dass der Autor ein Tier zur tragischen Heldin seiner Fabel macht, das gemeinhin eher mit Ekel und Abscheu besetzt ist und von dem man nicht vermutet, dass es überhaupt zum Gegenstand von Literatur werden kann.

- *Welche Erfahrungen habt ihr bisher mit Maden gemacht?*
- *Was glaubt ihr: Kann man von einer Made etwas lernen?*

Die sicher eher ablehnenden spontanen Kommentare der Schülerinnen und Schüler verstärken den Kontrast zum Inhalt des Gedichtes und sorgen nach der Erstlektüre häufig für einen interessanten Überraschungseffekt. Es liegt in der Entscheidung der Lehrkraft, ob die folgenden Arbeitsaufträge des **Arbeitsblattes 32** (S. 149) in Einzel- oder Partnerarbeit bearbeitet werden sollen. In leistungsheterogenen Lerngruppen empfiehlt sich ein Vorgehen in Partnerarbeit, bei dem den Teams in einem ersten Schritt die Möglichkeit gegeben werden soll, spontan auf den Text zu reagieren und die Wirkung der Fabel in einem kurzen Statement zu beschreiben.

- *Lies das Gedicht. Notiere dann deinen ersten Leseeindruck.*

Auf den zweiten Arbeitsauftrag kann verzichtet werden, wenn die hier angesprochenen zentralen Reimschemata den Schülerinnen und Schülern bereits bekannt sind oder diese gerade erst im Unterricht behandelt wurden. Ansonsten bietet diese Übung die Möglichkeit, erlerntes Wissen konkret anzuwenden. Da das lustige Gedicht Erhardts geradezu einen Aufforderungscharakter zum Vortragen besitzt und das mündliche Einüben den Kindern in aller Regel großes Vergnügen bereitet, zielen die folgenden beiden Arbeitsaufträge auf die zentrale Kompetenz, ein Gedicht angemessen und vorbereitet vortragen zu können. In ungeübten Lerngruppen kann es dabei notwendig werden, einheitliche Betonungs- und Pausenzeichen einzuführen. Zudem sollte die Lehrkraft darauf achten, dass sich die Schülerinnen und Schüler nicht mit der ersten Vortragsfassung zufriedengeben, sondern tatsächlich unterschiedliche Versionen ausprobieren und ihren Partner auf ihre beabsichtigte Wirkung hin befragen.

■ *Bereite Erhardts Gedicht für einen Vortrag vor, indem du passende Betonungs- und Pausenzeichen über den Wörtern einträgst. Probiere verschiedene Lesarten aus (langsam-schnell, leise-laut, fröhlich-traurig, …), sodass die Stimmung deutlich wird. Schaue beim Vortrag die Zuhörer freundlich an.*

Ein mögliches Tafelbild:

Unsere Betonungs- und Pausenzeichen

_: betonte Sinnwörter

/: längere Pause

→: kurze Pause und die Stimme oben lassen
(denn der Satz ist unterbrochen und geht im nächsten Vers weiter)

■ *Erklärt, wie verschiedene Vorträge auf euch wirken. Sucht Gründe für die Unterschiede.*

In der folgenden Präsentationsphase sollte der Fokus altersgerecht auf die Frage gelegt werden, wie die lustige Wirkung des Gedichtes zustande kommt und ob es sich bei Erhardts „Die Made" überhaupt um eine Fabel handelt. Dafür ist es hilfreich, über die mögliche Lehre der Fabel zu reflektieren. Als **vertiefende Schreibaufgabe** oder **Hausaufgabe** können die Schülerinnen und Schüler ein Parallelgedicht verfassen.

■ *Schreibe selbst ein eigenes lustiges Tiergedicht. Probiere verschiedene Reimschemata aus.*

5.2 Eine Fabel aus Österreich: Hugo von Hofmannsthals „Die Flucht aus dem Turmzimmer"

Der hier angebotene Text Hofmannsthals ist keine klassische Fabel. Sein Potenzial liegt in der Durchführung des überaus intelligenten Fluchtplans des gefangenen Ratgebers, dem es mit tierischer Hilfe gelingt, sein Gefängnis zu verlassen. Der gewaltlose, auf Kooperation mit einem Tier angelegte Plan sowie die Angewiesenheit des Menschen auf tierische Hilfe ziehen

Kinder der Jahrgangsstufen 5 und 6 erfahrungsgemäß in ihren Bann und motivieren zur Weiterarbeit. Dieses didaktische Potenzial möchte sich auch das **Arbeitsblatt 33** (S. 150) zunutze machen.

Vorgeschlagen wird folgender **Unterrichtseinstieg**: Die Lehrkraft liest – ohne das Arbeitsblatt bereits ausgeteilt zu haben – den ersten Teil der Geschichte Hofmannsthals vor. Die zuhörenden Schüler sind an dieser Stelle nicht schlauer als die Frau des Ratgebers selbst; sie stehen vor dem Rätsel, was der Gefangene mit seinen Wünschen wohl vorhat. Diese didaktische Leerstelle kann daher mit den subjektiven Vorstellungen der Schülerinnen und Schüler gefüllt werden:

> ■ *Vielleicht geht es dir jetzt wie der Frau und du wunderst dich über die Wünsche des gefangenen Mannes. Überlege, welchen Plan der Gefangene wohl umsetzen möchte, und schreibe die Geschichte zu Ende.*
>
> ■ *Lest einige eurer Geschichten vor und diskutiert deren Schlussfassungen.*

Selbstverständlich kann auf die Verschriftlichung der Schülerideen auch verzichtet werden, insbesondere dann, wenn der Fokus der Weiterarbeit auf der Produktion einer Parallel-Geschichte liegt, wie sie der Arbeitsauftrag 5 einholt. In einer kurzen Präsentationsphase sollten einige – nicht alle – Schülerfassungen vorgelesen werden und auf ihre Schlüssigkeit hin hinterfragt werden. Fantasievolle und unrealistische Versionen im Stile einer Fabel oder mit märchenhaften Elementen sind dabei ebenso zu würdigen wie eher realistisch angelegte Texte. Erst nach der Präsentation der Schülertexte sollte der originale Schluss Hofmannsthals vorgelesen werden, wobei darauf zu achten ist, dass die Schülertexte gegenüber der kunstvoll-eleganten Version des österreichischen Schriftstellers nicht abgewertet werden sollten.

> ■ *Vergleicht eure Fassungen mit der Originalversion.*

Wird die Geschichte Hofmannsthals im Rahmen einer Unterrichtseinheit zum Thema „Fabeln" behandelt und kann gattungstypisches, formales Vorwissen aufseiten der Schülerinnen und Schüler vorausgesetzt werden, können die beiden folgenden Arbeitsaufträge 3 und 4 herangezogen werden:

> ■ *Male zu der Fabel von Hugo von Hofmannsthal ein Bild. Füge an einer geeigneten Stelle deines Bildes die Lehre der Fabel ein. Wichtig: Die Lehre ist die Botschaft des Dichters an seine Leser, was diese durch die Geschichte lernen können.*
>
> ■ *Der Text von Hofmannsthal findet sich in einer Fabelsammlung. Dennoch ist er keine typische Fabel. Wieso nicht? Begründe.*

Die Freude am Fabulieren macht sich der letzte Arbeitsauftrag des Arbeitsblattes 33 zunutze. Die Schüler werden hier dazu angeleitet, eine Parallel-Geschichte zu Hofmannsthals Geschichte „Die Flucht aus dem Turmzimmer" zu verfassen. Dafür wird ihnen eine alternative, in ihrer Realität spielende Ausgangssituation angeboten, die in ähnlicher Weise wie bei Hofmannsthal gelöst werden soll.

> ■ *Schreibe zur Fabel Hofmannsthals eine Parallel-Geschichte: „Ein Schüler muss zu Unrecht nachsitzen, der Direktor hat ihn in seinem Büro im dritten Stockwert eingeschlossen und zeigt sich seit Stunden nicht mehr. Der Schüler will flüchten. Nur ein Tier kann ihm bei der Flucht helfen." Anders als in deiner Vorlage solltest du wörtliche Rede verwenden.*

Falls erforderlich, kann an dieser Stelle vor Beginn der Textplanung bzw. -produktion auf die formalen Besonderheiten der wörtlichen Rede eingegangen werden:

> Möglichkeit 1: Den **Redebegleitsatz vor der wörtlichen Rede** trennst du durch einen Doppelpunkt von der wörtlichen Rede ab, z. B.: *Die Grille fragt die Maus: „Gibst du mir etwas ab?"*
>
> Möglichkeit 2: Den **Redebegleitsatz nach der wörtlichen Rede** trennst du durch ein Komma ab, z. B.: *„Gibst du mir von deinen Vorräten etwas ab?", fragte die Maus die Grille.*
>
> Möglichkeit 3: Den **Redebegleitsatz zwischen der wörtlichen Rede** trennst du durch zwei Kommata von der wörtlichen Rede ab, z. B.: *„Wenn alle Tiere so geizig wären wie du", sagte die Maus zur Grille, „dann würden wir alle der Reihe nach aussterben."*

Die Schülertexte sollten in einer abschließenden Präsentationsphase angemessen gewürdigt werden. Steht ausreichend Zeit zur Verfügung, kann vor einer gemeinsamen Plenumsphase eine Lektürephase eingeschoben werden, in der jeder Schüler einige Texte seiner Mitschüler in Einzelarbeit liest.

- *Wer von euch hat eine besonders interessante Geschichte gelesen? Macht Vorschläge.*

5.3 Eine Fabel aus Italien – Gianni Rodari: Die Geschichte vom jungen Krebs

Die Fabel Rodaris erzählt die Geschichte eines Krebses, der sich bewusst gegen die alte, bekannte und geachtete Tradition seiner Art und seiner Familie entscheidet, rückwärtszulaufen. Er muss lange in aller Heimlichkeit üben, doch irgendwann gelingt ihm das Vorwärtslaufen, das er stolz präsentiert. Doch wider Erwarten fallen die Reaktionen seiner Umwelt negativ aus: Seine Mutter fleht ihn an, auf dieselbe Weise zu laufen wie seine ihn liebenden Brüder, die ihn für sein abweichendes Verhalten nur auslachen. Sein Vater droht dem Sohn mit Verbannung, sollte er nicht wieder wie alle Krebse rückwärtslaufen. Doch der junge Krebs bleibt standhaft und verlässt notgedrungen seine Familie, um in die weite Welt hinauszuziehen. Auch dort stößt er nur auf Widerstand, einige Kröten verlachen ihn. Am Ende trifft er auf einen alten Krebs, der davon berichtet, dass er in seiner Jugend den gleichen Plan hatte und seiner Art das Vorwärtsgehen beibringen wollte. Doch auf die Erinnerung folgt sofort die Warnung, denn die Folgen seiner damaligen geplanten Revolution spüre er auch als alter Krebs noch heute. Denn schließlich müsse er den Rest seines Lebens allein und in Einsamkeit verbringen, die anderen Krebse würden ihn weiterhin ausschließen und meiden. Da erscheint der Rat des Alten an den Jungen nur logisch, sich zu bescheiden, alle hochtrabenden Pläne ad acta zu legen. Nur so sei ein glückliches, wenn auch begrenztes Leben möglich. Der junge Krebs antwortet nicht auf die Warnungen des alten, doch innerlich bleibt er standhaft und beinahe rechthaberisch: „Ich habe doch recht! Ich habe recht!" Anders als viele andere Fabeln bleibt der Text die zentrale Antwort schuldig, ob die Revolution des jungen Krebses erfolgreich sein wird. Die Fabel endet mit den besten Wünschen des Erzählers, doch dieser kann seine Sympathie für den Sonderling nicht verhehlen, wenn er ganz am Ende dessen Mut und Entschiedenheit hervorhebt.

Die Fabel Rodaris spricht einen in der Menschheitsgeschichte immer wiederkehrenden Konflikt an, nämlich den zwischen den Generationen und dem Umgang mit Tradition und Ritus. Auf der einen Seite stehen die konservierenden Kräfte, die sich in ihrer Welt eingerichtet haben und keine Veränderungen wünschen, da sie mit ihrem Leben und dem Status quo zufrieden sind. Auf der anderen Seite steht der Erneuerer, der Revolutionär, der sich gegen das Alte auflehnt und das Neue wagen möchte. Ihm – bei Rodari dem jungen Krebs – geht es um die Gewinnung einer völlig neuen Perspektive, um eine Sichtweise auf die Welt, die noch kein Krebs vor ihm genießen konnte. Das Einrichten in den alten Strukturen ist ihm suspekt, da auch die defizitären Strukturen unverändert bleiben. Damit ist auch die Intention des Erzählers klar, der das revolutionäre Verhalten des jungen Krebses keineswegs für pubertären Egoismus hält, sondern damit weitergehende Hoffnungen auf eine Verbesserung des gesellschaftlichen Lebens verbindet: „Ob er alle schiefen Dinge dieser Welt gerade richtet?"

Die Behandlung der Fabel im Deutschunterricht sollte den Schülerinnen und Schülern diesen Grundkonflikt deutlich werden lassen. Ihnen sollte Gelegenheit gegeben werden, über die berechtigten Motivlagen beider Parteien zu reflektieren und eine eigene Position zu finden. Dafür bietet nach der ersten Lektüre des Textes der erste Arbeitsauftrag des **Arbeitsblattes 34** (S. 151 f.) Raum. Ein passender Bildimpuls unterstützt die Schülerinnen und Schüler bei einer ersten spontanen Meinungsbildung, die in Einzelarbeit absolviert werden sollte. Im Anschluss sollte im Rahmen einer Spontanphase Gelegenheit für erste Stellungnahmen der Schüler gegeben werden. An dieser Stelle ist es weder notwendig noch hilfreich, in eine vertiefende Diskussion einzutreten, in der bereits einzelne genannte Argumente auf ihre Stichhaltigkeit hin abgeklopft werden können. Für eine schnelle und schüleraktivierende Meinungsabfrage kommt dagegen die Methode der **Positionslinie** infrage.[1] Dafür hängt die Lehrkraft an zwei sich gegenüberliegende Wände im Klassenraum die auf der Abbildung des Arbeitsblattes 34 gemachten beiden gegensätzlichen Aussagen gegenüber. Ausgestattet mit ihrem Arbeitsblatt und der bereits ausgefüllten ersten Aufgabe erhalten die Schülerinnen und Schüler nun die folgende Aufgabe:

> ■ *Denkt euch eine Linie quer durch den Klassenraum zwischen diesen beiden Aussagen A und B. Positioniert euch auf dieser Linie, indem ihr an der Stelle stehen bleibt, die eurer Position entspricht. Entspricht eine der Aussagen eurer eigenen Auffassung, stellt ihr euch möglichst nah an diesen Zettel. Wenn ihr nicht eindeutig für die eine oder andere Aussage seid, stellt ihr euch in entsprechendem Abstand zu den Polen auf. Je stärker ihr der einen oder anderen Meinung zustimmt, desto näher müsst ihr an den jeweiligen Zettel heranrücken.*

Die Lehrkraft kann nun einzelne Schülerinnen oder Schüler bitten, ihren Standpunkt zu erläutern. Leistungsstärkere Schüler können dies in freier Rede tun, zurückhaltende Schüler können aber natürlich ihre schriftliche Formulierung vom Arbeitsblatt heranziehen. Die Methode sollte nicht länger als zehn Minuten in Anspruch nehmen, da die grundsätzlichen Positionen in dieser Zeit dargelegt werden können und sonst häufig Redundanzen drohen. Die während der Positionslinie genannten Argumente können als Grundlage für die Weiterarbeit an der Tafel notiert werden:

---

[1] L. Scholz (Hg.): Methoden-Kiste extra. 3. Auflage Bonn 2004

Baustein 5: Fabeln aus aller Welt

Das Verhalten des jungen Krebses beurteilen

Was für den Krebs spricht	Was gegen den Krebs spricht
• Gewinn einer neuen Perspektive	• Sorgen der Mutter
• Herausforderung	• Liebe und Anerkennung der Familie
• Entdeckung möglicher neuer Chancen	• Befehl des Vaters
• Beharrlichkeit, Entschiedenheit und Ausdauer	• Spott der Umwelt
• Sympathie des Erzählers	• Tradition und Erfahrung aus Vergangenheit
• das offene Ende	• desillusionierende Erfahrung des alten Krebses
• ………………………………………………	• ………………………………………………

Eine vertiefende Weiterarbeit mit den ersten Ergebnissen bzw. Einschätzungen der Klasse kann mit einem der beiden folgenden Arbeitsaufträge erreicht werden, die inhaltlich zurück in die epische Fiktion führen und produktionsorientiert ausgerichtet sind:

■ *Jetzt könnt ihr zu zweit arbeiten: Entwickelt fünf Interviewfragen an den Krebs. Fragt nach seinen Hoffnungen, seinen (positiven wie negativen) Erfahrungen und seinen Ängsten. Formuliert auch gemeinsam die Antworten des Krebses. Am Ende könnt ihr euer Interview auch vorspielen.*

■ *Die Fabel hat ein offenes Ende. Ob der Krebs scheitert oder Erfolg haben wird, weiß der Leser nicht. Teilt euch in eurer Klasse auf und verfasst zwei unterschiedliche neue Schlussfassungen der Fabel: In der einen Version hat der originelle Krebs Erfolg, in der anderen scheitert er grandios. Lest euch anschließend eure Texte gegenseitig vor und diskutiert die jeweiligen Versionen.*

Bei ausreichend zur Verfügung stehender Zeit ist auch ein arbeitsteiliges Vorgehen denkbar. Ein Teil der Klasse bearbeitet den ersten Arbeitsauftrag und entwickelt in Partnerarbeit ein Interview mit dem Krebs, die andere Hälfte schreibt – auch hier arbeitsteilig angelegt – zwei unterschiedliche Schlussfassungen der Fabel. Nach der Phase der Textproduktion können in der Auswertungsphase abwechslungsreiche Präsentationen vorgeführt und diskutiert werden.

Für den denkbaren Fall, dass ein Großteil der Klasse das Verhalten des jungen Krebses (zu) kritisch sieht, lohnt sich ein Blick auf die Erzählhaltung:

■ *Was denkt der Erzähler über den Krebs? Welche Einstellung hat er ihm gegenüber? Beachte dafür die Schlussformulierungen des Textes.*

In eine ähnliche Richtung zielt die Frage nach der Lehre der Fabel, die gerade auf Grundlage der Erzählhaltung, die durch die Schlussformulierungen deutlich wird, nicht als konservativ und belehrend charakterisiert werden kann. Indem die Schüler dazu angeregt werden, an eigene Situationen aus ihrem Leben zu denken, in denen sie selbst Außenseiter und Objekt gesellschaftlicher Ablehnung waren, verstehen sie den Wunsch des jungen Krebses und identifizieren sich stärker mit ihm und seinen Motiven, die über puren Egoismus und Halsstarrigkeit weit hinausgehen.

> *Erinnere dich an eine Situation, in der du eine ähnliche Erfahrung gemacht hast wie der Krebs, und notiere ein solches Beispiel aus deinem Alltag, auf das die Lehre der Fabel übertragbar ist.*

Nur in leistungsstarken Gruppen oder ggf. zur Differenzierung kommt der sechste Arbeitsauftrag des Arbeitsblattes 34 infrage. Es ist auch denkbar, die hier angestrebte Vertiefung durch eine (Internet-)Recherche zu den einzelnen historischen Figuren (Christopher Columbus, Leonardo da Vinci, Thomas Adison, Galileo Galilei, Johannes Gutenberg) zu erweitern, etwa in einer **Hausaufgabe**:

> *„Fortschritt gibt es nur durch Menschen, die Neues denken und tun. Wenn wir uns immer nur daran orientieren, wie es einmal war, und nichts Neues wagen, wird es auch keinen Fortschritt, also kein besseres Leben für alle Menschen geben." Nimm schriftlich Stellung zu diesem Zitat, indem du es an einer berühmten historischen Figur, die etwas Herausragendes für die Menschheit geleistet hat, überprüfst.*

Die Aufgabe kann inhaltlich sogar dahin gehend erweitert werden, dass kleine Porträts historischer Persönlichkeiten, etwa in Form von **Steckbriefen**, erarbeitet und vorgestellt werden. Im Kontext der Präsentationen sollte deutlich werden, dass wissenschaftlicher und gesellschaftlicher Fortschritt auf Querdenker angewiesen ist. Allerdings – und das ist auch das Problem der Krebsfamilie mit ihrem vorwärtslaufenden Jüngling – kann man gerade bei großen Entdeckungen anfangs oder bis zur Beweisführung häufig nicht unterscheiden, ob es sich um ein absurdes Hirngespinst oder aber um eine revolutionäre Idee handelt. Und so ist es kein Wunder, wenn wir uns – ähnlich wie die Krebsfamilie – mit völlig neuen Gedanken und vor allem mit den Menschen, die diese denken, schwertun. Dies haben Thomas Edisons Vorstellung, dass ein im Vakuum glühender Kohlefaden dauerhaft Licht spenden dürfte, Einsteins bahnbrechende Erkenntnis, dass Zeit nicht immer gleich vergeht, oder Alfred Wegeners Idee von den auseinanderdriftenden Kontinenten gemeinsam – sie führten dazu, dass ihre Denker für verrückte Spinner gehalten, im Wissenschaftsbetrieb ausgegrenzt oder verhöhnt wurden. Manche von ihnen, wie zum Beispiel der Entdecker des Kindbettfiebers, Ignaz Semmelweis, wurden sogar ins Irrenhaus abgeschoben.[1]

> *Wofür sind Querdenker wichtig? Warum braucht der Mensch auch den Widerspruch?*

Querdenker sind jedoch nicht nur als Erfinder von Bedeutung. Schon ein Wort des Widerspruchs oder ein ernsthaft formulierter Einwand können in einer Diskussion dafür sorgen, dass diese mehr an Tiefe und Ernsthaftigkeit gewinnt. Wenn sich nicht mehr alle einig sind, entsteht ein Zwang, die genannten Argumente genauer abzuwägen und Entscheidungen besser zu begründen. Für kreative Gruppen ist eine möglichst heterogene Zusammensetzung in der Regel von Vorteil, da nur auf diese Weise neue Impulse verarbeitet werden können.

5.4 Eine Fabel aus Polen – Sławomir Mrożek: Der Artist

Mrożeks Fabel thematisiert am Beispiel eines Hahns ein Verhalten, das als eitel, überheblich, selbstverliebt, naiv und tragisch charakterisiert werden kann. Der alte Traum des Hahns, als Artist zum Star zu werden, scheint in Erfüllung zu gehen, als ein Zirkus eines Tages nach

---

[1] http://www.n-tv.de/leute/buecher/Warum-wir-Querdenker-brauchen-article6264106.html (Abruf: 09.07.2015)

Mitarbeitern sucht. Begeistert von seiner Idee erzählt er seinen Freunden, dem Fuchs und dem nicht näher identifizierten Ich-Erzähler, von seinen Träumen. Aus diesen wird er jäh gerissen, als er sich auf die Frage des durchaus interessierten Zirkusdirektors, mit wem er es zu tun habe, zuerst als Löwe, später dann als Tiger ausgibt. Der Hahn rechnet sich bessere Chancen aus, wenn er sich als etwas scheinbar Größeres, Bewundernswürdigeres und Stärkeres ausgibt, als er tatsächlich ist. Kein Wunder, dass er den Brülltest nicht besteht und auf den skeptischen Direktor – „es gibt bessere Löwen als Sie" – wenig Eindruck macht. Dessen freundliches und ehrliches Angebot, sich doch als Hahn verpflichten zu lassen, endet in der Groteske: „Ich denke nicht daran, Ihnen zuliebe einen Vogel vorzutäuschen (...)." So erhält der Hahn eine Absage, sein Traum vom Ruhm löst sich in Luft aus. Auf dem Nachhauseweg begründet der Hahn gegenüber dem Ich-Erzähler seine Entscheidung, sich als Löwe auszugeben, und macht damit deutlich, dass er nicht an Schizophrenie leidet, sondern tatsächlich ein bewusste Entscheidung getroffen hat: „Hast du je einen Artisten ohne Ehrgeiz gesehen?" Der Hahn scheitert also neben der bereits erwähnten Selbstverleugnung an einem übertriebenen Ehrgeiz. Er gibt sich als jemand aus, der er nicht ist und der er auch unter größter Anstrengung nicht sein kann. Dass er sein Ziel erreicht hätte, wenn er sich als derjenige vorgestellt hätte, der er tatsächlich ist, macht die Tragik seines Verhaltens nur umso deutlicher und gibt sein Auftreten der Lächerlichkeit Preis.

Zum **Einstieg** wird die Fabel von der Lehrkraft vorgelesen (**Arbeitsblatt 35,** S. 153). Im Anschluss ist es sinnvoll, Verständnisschwierigkeiten zu klären. Dafür werden unklare Wörter im Plenum erläutert, z. B. der Begriff „Metro-Goldwyn-Mayer".

■ *Was hast du nicht verstanden? An welchen Stellen benötigen wir Hilfe?*

Um sicherzustellen, dass die Handlung in groben Zügen von allen Schülerinnen und Schülern verstanden wird, kann es hilfreich sein, diese kurz nacherzählen zu lassen. In heterogenen Klassen kann dies für jeden Handlungsschritt ein anderer Schüler übernehmen. Bezogen auf die Fabel Mrożeks, die sich gut in drei Sinnabschnitte einteilen lässt, kann diese den Inhalt sichernde Aufgabe also von drei Schülerinnen oder Schülern übernommen werden.

■ *In wie viele Sinnabschnitte könnte man den Text einteilen? Macht Vorschläge.*

■ *Fasst den ersten/zweiten/dritten Sinnabschnitt der Fabel „Der Artist" mit eigenen Worten kurz zusammen.*

Der Inhalt der Fabel „Der Artist" nach Sinnabschnitten gegliedert

Sinnabschnitt I (Z. 1 – 8)	Der Hahn mit seinen Freunden <u>vor</u> dem Vorstellungsgespräch: Er erzählt von seinen Wünschen und Träumen.
Sinnabschnitt II (Z. 8 – 22)	Der Hahn und der Zirkusdirektor <u>während</u> des Vorstellungsgesprächs: Er gibt sich als jemand aus, der er nicht ist, und erhält daher eine Abfuhr.
Sinnabschnitt III (Z. 22 – 27)	Der Hahn und seine Freunde <u>nach</u> dem Vorstellungsgespräch: Er begründet sein seltsames, sein wahres Ich verleugnendes Verhalten mit persönlichem Ehrgeiz.

Vor einer vertiefenden inhaltlichen Auseinandersetzung mit der Lehre der Fabel kann das spielerische Potenzial der Fabel genutzt werden, indem ihr dialogischer Charakter – die Fabel Mrożeks besteht zum größten Teil aus wörtlicher (Wechsel-)Rede – durch ein Lesen mit verteilten Rollen herausgearbeitet wird. Auf diese Weise kann ein zentrales Merkmal der Gattung Fabel – die dramatische Fabelform und die tendenzielle Auflösung der Handlung in ein Gespräch bei gleichzeitigem Verzicht auf einen Erzähler – von den Schülerinnen und Schülern spielerisch erkannt werden.

> ■ *In dieser Fabel gibt es viel wörtliche Rede. Ihr könnt sie daher gut in verteilten Rollen lesen. Aber Vorsicht: Zuerst müsst ihr herausfinden, welche Anzahl an Sprechern ihr benötigt.*

Die szenischen Lesungen können nun gut in Kleingruppen erarbeitet werden. In aller Regel finden Schülerinnen und Schüler der Jahrgangsstufen 5 und 6 viel Gefallen an einer solchen Kreativität einfordernden Aufgabe. Das Rollensprechen und eventuell sogar das Spielen der Fabel bietet vor allem auch denjenigen Schülerinnen und Schülern die Chance, vor der Klasse frei zu sprechen und zu agieren, die sich sonst am Unterrichtsgespräch nur in geringem Maße beteiligen. Auf diese Weise können Sprechangst und Befangenheit abgebaut werden.[1] Besteht aufseiten der Lerngruppe der Wunsch, das Rollensprechen zu einem szenischen Spiel zu erweitern, sollte dies nach Möglichkeit zugelassen werden, allerdings sollte in diesem Fall vorab verdeutlicht werden, dass eine naturalistische Darstellung der Fabeltiere, etwa durch entsprechende Verkleidungen, nicht notwendig ist, da das Spiel parabolisch zu verstehen ist. Das sich selbst verleugnende Verhalten des „eitlen Gockels" hat also nichts mit dem Tier an sich zu tun, aber sehr viel mehr mit dem Menschen.

Auf Grundlage der **Schülerpräsentationen** kann eine vertiefende inhaltliche Auseinandersetzung mit den Inhalten der Fabel begonnen werden. Leistungsheterogene Lerngruppen können für die Charakterisierung des Hahns gut auf die visualisierende Hilfestellung zurückgreifen, die durch die drei Abbildungen des fünften Arbeitsauftrages angeboten wird. Es ist sinnvoll, diese Aufgabe zuerst in Einzelarbeit bearbeiten zu lassen. Im Anschluss können sich mehrmals Zweier-Teams bilden und ihre Auswahl voreinander vertreten. In einem dritten und letzten Schritt werden die Ergebnisse im Plenum gesammelt und gesichert.

> ■ *An zwei Stellen der Fabel spricht ein „Ich". Um wen könnte es sich hierbei handeln? Stellt Vermutungen an.*
>
> ■ *Auf den Abbildungen hat ein Schüler versucht, die Eigenschaften des Hahns in passender Gestik und Mimik zum Ausdruck zu bringen. Welche Abbildung trifft am ehesten zu? Kreuze an und begründe deine Wahl, indem du das Verhalten des Hahns mit dem von dir ausgewählten Bild in Verbindung bringst.*

---

[1] Vgl. www.udoklinger.de/Deutsch/Fabeln/Einf.htm (Abruf: 03.07.2015)

Ein mögliches **Tafelbild**:

Der Hahn in der Fabel „Der Artist": Zwischen Wunsch und Wirklichkeit

- wünscht sich Ruhm, Erfolg und Anerkennung
- ist eitel und selbstverliebt
- ist eifersüchtig und neidisch auf andere Tiere

- scheitert, weil er vorgibt, jemand zu sein, der er nicht ist
- sieht seinen Fehler nicht ein
- sollte lernen, zu sich selbst zu stehen

Ein produktiver Schreibauftrag, z. B. als **nachbereitende Hausaufgabe**, schließt die Arbeit an Mrożeks Fabel „Der Artist" ab:

> ■ *Wie lautet die Lehre der Fabel? Schreibe eine „Warnung an meine Mitschüler und Mitschülerinnen" in dein Heft, indem du den Hahn charakterisierst und sein Verhalten auf ein dir bekanntes Beispiel aus der Menschenwelt beziehst.*

5.5 Eine Fabel aus Deutschland – Albert Ludwig Grimm: Die beiden Ziegen

In der bekannten Fabel Grimms, die häufig bereits im Deutschunterricht an Grundschulen behandelt wird, treffen zwei Ziegen auf einem schmalen Steg aufeinander, der über einen reißenden, tiefen Bach führt. Für beide Ziegen wäre also ein Absturz mit den identischen, aller Erwartung nach verheerenden Folgen verbunden. Sie haben also das gleiche übergeordnete Interesse. Ihr im Kern untergeordnetes Interesse besteht allerdings darin, vor dem anderen über den Bach zu gelangen. Da es offensichtlich ist, dass ein gemeinsames Überqueren aufgrund des Platzmangels nicht möglich sein dürfte, muss nun eine von beiden den Rückzug antreten und der anderen Ziege den Vorrang einräumen. Der Grund dafür, dass die Ziegen sich weigern, scheint offensichtlich: Beide deuten einen möglichen Rückzug als persönliche Niederlage. Ihr Ansehen und ihre Stellung vor dem anderen, eventuell auch vor der Gesellschaft, würden, so die Unterstellung, in Mitleidenschaft gezogen. Daher bleiben beide stur und halsstarrig. Sie weigern sich, dem anderen Platz zu machen, indem sie den kurzzeitigen Rückzug antreten würden. Stattdessen kulminiert die anfangs bloß verbale Auseinandersetzung zu einem Konflikt, der mit körperlicher Gewalt ausgetragen wird. Die Folgen sind fatal: Die beiden zornigen Ziegen verlieren durch das heftige Stoßen das Gleichgewicht und fallen vom schmalen Steg in den reißenden Bach. Nur mit großer Mühe retten sie sich vor dem Ertrinken. Ihr eigentliches Ziel – das Überqueren des Baches – haben jedoch beide Ziegen verfehlt.

Den Schülerinnen und Schülern wird zum **Einstieg** die Fabel „Die beiden Ziegen" von Grimm (**Arbeitsblatt 36,** S. 154) vorgelesen. In einer ersten und nur kurzen Spontanphase sollten die Schülerinnen und Schüler Gelegenheit erhalten, sich zum Handlungsgeschehen zu äußern. Die äußere Situation (Klärung der W-Fragen: Wer ist beteiligt? Wo läuft das Geschehen ab? Wie verhalten sich die Figuren? Was passiert?) sollte dabei im Mittelpunkt stehen, damit wesentlichere Deutungsaspekte, die im Mittelpunkt der Folgeaufgaben stehen, nicht vorweggenommen werden. Erst danach beginnt mit der Herausarbeitung der Argumentation und Motivlage der Ziegen die inhaltliche Arbeit.

■ *Was meinst du? Welche der beiden Ziegen hat recht? Beurteile die Argumentation.*

An dieser Stelle sollte deutlich werden, dass beide Ziegen über nachvollziehbare Argumente verfügen, die für sich genommen durchaus überzeugend sind, in der konkreten Situation jedoch nicht weiterhelfen. Die eine Ziege argumentiert mit ihrer früheren Ankunft an der Brücke („Ich war zuerst auf der Brücke."), während die andere mit gesellschaftlichen Regeln von Anstand und Sitte argumentiert: „Ich bin so viel älter als du und soll dir weichen?"

Die Argumentation der beiden Ziege: Wer hat recht?

Ziege I	Ziege II
Argument des früheren Erscheinens: „Ich war zuerst auf der Brücke."	Gesellschaftliches, traditionelles Argument: „Ich bin so viel älter als du (…)."
↓	↓
Problem der Rangfolge (Hierarchisierung): Welches Argument zählt mehr? Wer soll das entscheiden?	

Entscheidend für die Beurteilung der Argumentation, welche die erste Aufgabe einfordert, ist dabei die Erkenntnis, dass beide Ziegen bei ihrer Begründung die möglichen Folgen eines Scheiterns aus dem Blick verlieren. Jede für sich handelt gesinnungs- statt verantwortungsethisch, indem sie auf ihrem scheinbaren Recht absolut besteht und Kompromisse verweigert. Diese Erkenntnis bildet die Grundlage für die Folgeaufgabe, die in leistungsheterogenen Lerngruppen differenziert bearbeitet werden kann, indem leistungsstärkere Schülerinnen und Schüler auf den angebotenen Wortspeicher verzichten dürfen. Je nach Leistungsvermögen der Lerngruppe kann diese Aufgabe schriftlich oder bloß mündlich bearbeitet werden. Sie dient im Wesentlichen der Vorbereitung der folgenden komplexeren Schreibaufgabe, die in der Produktion einer Parallel-Geschichte zur Fabel Grimms besteht.

■ *Charakterisiere das Verhalten der Ziegen mithilfe des Wortspeichers.*

Im Mittelpunkt der Arbeit mit Grimms berühmter Fabel von den beiden halsstarrigen Ziegen steht die Textproduktion. Die letzte Aufgabe des Arbeitsblattes 36 fordert die Produktion einer Parallel-Geschichte ein. Die angebotene Abbildung ist dabei vor allem als Hilfestellung für ideenarme Schülerinnen und Schüler in leistungsheterogenen Lerngruppen zu verstehen, selbstverständlich kann bei einer kreativen Schülerschaft auch völlig auf sie verzichtet werden. Es ist sinnvoll, die Abbildung vor der eigentlichen Textproduktion beschreiben und deuten zu lassen. Mündlich sollte sichergestellt werden, dass alle Schülerinnen und Schüler die inhaltliche Verknüpfung von alter Fabel und aktuellem Foto[1] nachvollzogen haben.

> *Schreibe zu der linken Abbildung eine Parallel-Geschichte. Die Ausgangssituation: Du kommst aus der Pause auf den Flur deiner Schule und siehst diese beiden Streithähne an der Tür. Sie stehen kurz vor einer körperlichen Auseinandersetzung. Von hinten naht bereits ein Lehrer. Weil du beide magst, erläuterst du deinen beiden Klassenkameraden, was sie falsch machen, und schlägst ihnen eine Lösung vor, die auch in der Zukunft tragfähig ist. Stelle dabei einen Bezug zur Fabel „Die beiden Ziegen" her.*

In einer Präsentationsphase werden ausgewählte Parallel-Geschichten vorgetragen und vor allem im Hinblick auf die Daseinsorientierung von Literatur allgemein bzw. der Textsorte Fabel im Besonderen diskutiert.

> *Auf welche anderen Gelegenheiten passt diese Fabel noch?*
>
> *Was hat diese alte Fabel mit unserem Leben im 21. Jahrhundert zu tun? Welche grundsätzliche Situation wird durch das Modell der Fabel Grimms erhellt?*
>
> *Wie hättest du dich in dieser Konfliktsituation verhalten?*
>
> *Warum ist Kompromissbereitschaft so wichtig? Warum gibt der Klügere nach und geht als Sieger aus einer solchen Streitigkeit hervor?*

5.6 Eine Fabel aus der Schweiz – Franz Hohler: Die blaue Amsel

Hohlers Fabel „Die blaue Amsel" macht auf kindgerechte Weise die Grausamkeit und Absurdität rassistischen Denkens und Handelns deutlich: Eine blaue Amsel heiratet in der Fremde, in der alle anderen Amseln schwarz sind, aus Liebe einen solchen schwarzen Amselmann, mit dem sie ein Nest baut, um ihre Eier auszubrüten. Das Glück der beiden Liebenden wird jedoch jäh unterbrochen, als in Abwesenheit des Amselmannes die blaue Amsel aus ihrem Nest geworfen wird und ihre Eier zerstört werden. Die Täter – ein paar andere schwarze Amseln – begründen ihr brutales Verhalten gegenüber dem mittlerweile zurückgekehrten, verzweifelten Amselmann mit ihrer Federfarbe. Damit ist das Motiv geklärt: Die schwarzen Amseln kommen mit der Differenz der blauen Amsel nicht klar, ihr Anderssein kann nicht geduldet werden und ist der Grund für ihre Aggression, die am Schluss der Fabel auch noch nicht zu Ende zu sein scheint, da die aggressive Gruppe ihre gelben Schnäbel wetzt und in Richtung der blauen Amsel blickt, was als Ankündigung einer erneuten gewalttätigen Attacke verstanden werden kann.

Zum **Einstieg** erhalten die Schülerinnen und Schüler das **Arbeitsblatt 37** (S. 155). Gemeinsam wird die Fabel Hohlers gelesen, es werden mögliche Verständnisfragen geklärt und es wird Raum für erste spontane Äußerungen gegeben. In aller Regel thematisieren die Schülerinnen und Schüler die zentrale Frage nach den Gründen für das Verhalten der schwarzen Amseln von sich aus:

> *Deute das Verhalten der schwarzen Amseln. Warum verhalten sie sich derartig feindselig?*
>
> *Erläutert in diesem Zusammenhang den Begriff „Rassismus".*

---

[1] Idee nach: logo 6. Westermann: Braunschweig 2009, S. 158 f.

In einem offenen Unterrichtsgespräch können von der Lerngruppe auch eigene Erfahrungen mit Rassismus oder ausgrenzendem Verhalten eingebracht und zur Diskussion gestellt werden. Dabei sollte bei Bedarf der Begriff des Rassismus eingeführt und erläutert werden. Dies kann in den Jahrgangsstufen 5 und 6 in aller Regel bereits durch Schülerinnen und Schüler geschehen. Grundsätzlich spricht man von Rassismus, wenn „körperliche oder soziale Eigenschaften von Menschen dazu dienen, diese zu einer Gruppe zusammenzufassen, der (i. d. R. negative) körperliche, geistige und moralische Eigenschaften, die für erblich gehalten werden, zugeschrieben werden, und dies zu einer Benachteiligung oder Ausschließung dieser Gruppe bei der Verteilung knapper materieller und immaterieller Ressourcen durch eine dominante Gruppe führt."[1] Im Hinblick auf das gewalttätige Verhalten der schwarzen Amselgruppe kann man hier also ohne Frage von Rassismus sprechen.

Je nach Ertrag können die vorläufigen Ergebnisse gesichert werden:

Gründe für das rassistische und ausgrenzende Verhalten der Amseln

Die Amseln …

- sind stolz auf ihr Aussehen, vor allem auf ihr Schwarzsein.
- akzeptieren Amseln mit anderen äußeren Merkmalen nicht.
- haben Angst vor dem Fremden, dem Neuen und vor Veränderung.
- haben möglicherweise Vorurteile gegenüber der blauen Amsel.
- mögen vielleicht ihre Überlegenheit durch die große Gruppe und haben Spaß an Gewalt.
- …

Im Anschluss ermöglicht ein kreativer Schreibauftrag den Blick auf die Folgen aufseiten des Opfers. Die Schülerinnen und Schüler werden durch die Aufgabe, einen inneren Monolog aus Sicht der blauen Amsel zu verfassen, dazu angeregt, über deren Ängste und Hoffnungen zu reflektieren.

> *Verfasse einen inneren Monolog der blauen Amsel am Ende der Fabel, indem du ihre Gedanken, Ängste und Hoffnungen in der Ich-Form herausarbeitest.*

Nach der inhaltlichen Auseinandersetzung mit der Fabel Hohlers kann diese im Hinblick auf rassistische Vorfälle in Geschichte (Arbeitsauftrag 3) und Gegenwart (Arbeitsauftrag 4) erweitert werden. Dabei sollten für die Rechercheaufgabe altersgemäße Nachschlagewerke zur Verfügung gestellt werden oder die Möglichkeit der Internetrecherche bestehen.

> *Das Foto zeigt die US-amerikanische Bürgerrechtlerin Rosa Parks, die am 01.12.1955 in Alabama wegen ihrer Sitzplatzwahl in einem Bus verhaftet wurde. Recherchiere diesen Fall und erläutere, was er mit der Fabel „Die blaue Amsel" zu tun hat.*

---

[1] http://politik-digital.de/buecherreport/theorien_ueber_rassismus-102/ (Abruf: 02.07.2015)

Baustein 5: Fabeln aus aller Welt

> ■ „Kein Kind – in reichen wie in armen Ländern – darf benachteiligt werden, sei es wegen seines Geschlechts, seiner Herkunft und Abstammung, seiner Staatsbürgerschaft, seiner Sprache oder Religion, seiner Hautfarbe, aufgrund einer Behinderung, wegen seiner politischen Ansichten oder aus anderen Gründen" (Art. 2, Abs. 1 der UN-Kinderrechts-Charta). Erstellt für eine Antirassismus-Demonstration ein buntes Protestplakat, auf dem die blaue Amsel, die UN-Kinderrechts-Charta sowie der gelb-grün-weiße Bus der Rosa Parks auftauchen. Lasst aus den Busfenstern Freunde und Bekannte aus vielen Ländern herausschauen.

Die **Präsentationsphase** kann in Form einer kleinen, spielerisch angelegten Schülerdemonstration ablaufen, in welcher die einzelnen Gruppen ihre Plakate vorstellen und gemeinsame Slogans für ihr Anliegen vortragen. Nach Möglichkeit sollten die Plakate auch ausgestellt und so der Schulöffentlichkeit vorgestellt werden.

Zeichnung: Jakob S., Clara-Fey-Gymnasium, Bonn

5.7 Eine Fabel aus Afrika I – Das Wettrennen

Die Fabel aus Afrika erzählt von dem Aufeinandertreffen eines Chamäleons und eines Elefanten und kann insofern als eine typische Fabel bezeichnet werden, als dass in ihr wesentliche Kompositionsprinzipien erfüllt werden. Neben der Typisierung der Fabelfigur wird hier vor allem das Prinzip der polaren Gegensetzung offenbar: Der kräftig-selbstbewusste, aber etwas tumbe Elefant tritt gegen das kleine, körperlich unterlegene, aber gewitzte Chamäleon an, lässt sich austricksen und steht am Ende als Verlierer da, während sich der anfangs scheinbar hoffnungslos unterlegene Außenseiter als strahlender Sieger feiern lassen kann, da seine Klugheit sich gegenüber der groben Gewalt und Körperkraft des Favoriten als überlegen erweist.

Ausgangspunkt der Fabel ist die Verhöhnung des Chamäleons durch den Elefanten, der dieses wegen seiner geringen Körpergröße verspottet. Diesen Vorwurf lässt das kleine Kriechtier nicht lange auf sich sitzen, sondern betont vielmehr seine eigene Schnelligkeit. Über diese vermeintliche Angeberei erbost, droht der Elefant dem Chamäleon, es mit seinem gewaltigen Rüssel zu erschlagen. Doch statt zu flüchten, sucht das Chamäleon weiter die Konfrontation und schlägt als Alternative ein Wettrennen am nächsten Morgen vor, zu dem sich der Elefant bereit erklärt. In der Zwischenzeit bespricht das schlaue Reptil seinen ausgefeilten Plan mit seinen offenbar zahlreichen Brüdern, die sich am nächsten Morgen vereinbarungsgemäß längs des Laufwegs platzieren und dort auf den Elefanten warten. Dieser merkt während des Rennens nicht, dass sein eigentlicher Gegner in aller Ruhe auf seinem Schwanz Platz genommen hat und er auf seiner Wettkampfstrecke auf immer neue Brüder des Chamäleons trifft, die er für ebendieses hält. Die Verwunderung des Elefanten weicht mit der Zeit der totalen Erschöpfung, er muss am Ende aufgeben und seine Niederlage eingestehen.

Den Schülerinnen und Schülern wird zu Beginn der erste Teil der Fabel (**Arbeitsblatt 38**, S. 156) vorgelesen. Die Lerngruppe ist somit über die Ausgangssituation in Kenntnis gesetzt und kann nun über den weiteren Handlungsverlauf beraten.

> *Welchen Plan könnte das Chamäleon aushecken, um den Elefanten im Wettlauf zu besiegen? Überlegt, mit welchem Trick dies möglich sein kann, und denkt dabei an die Eigenschaften und Fähigkeiten, für die ein Chamäleon bekannt ist.*

Dabei ist der völligen Spekulation keinesfalls Tür und Tor geöffnet, zeigt doch der letzte Satz des wütenden Chamäleons, das dem arroganten Elefanten eine Lektion erteilen möchte, in welche Richtung sich das Geschehen aller Erwartung nach richten wird: „Wir wollen dem Elefanten beweisen, dass Klugheit oft mehr vermag als Stärke." Insofern sind mögliche Vorschläge vonseiten der Schüler, bei denen der Elefant die Oberhand behält, auf ihre Sinnhaftigkeit zu hinterfragen, indem zentrale Fabelmerkmale wie die Typisierung der Fabelfiguren oder das Prinzip der polaren Gegensetzung wiederholt werden können. Dafür bietet sich der erste Arbeitsauftrag des **Arbeitsblattes 38** (S. 156) an:

> *Fabeltiere unterscheiden sich häufig durch ihre körperlichen und geistigen Fähigkeiten. Benenne diese Unterschiede zwischen Chamäleon und Elefant.*

Vergleich von Chamäleon und Elefant

Das Chamäleon ist ...	Der Elefant ist ...
• klein	• groß
• schmächtig	• kraftvoll
• ein Verwandlungskünstler	• von sich überzeugt
• schlau und trickreich	• eher einfältig und tumb
• an die Umwelt perfekt angepasst	• auffällig
• je nach Stimmung anders aussehend	• immer gleich aussehend
• ...	• ...

Wesentlich für die Aufgabe, den weiteren Handlungsverlauf der Fabel zu planen, ist die Berücksichtigung der Kernkompetenz des Reptils, die darin besteht, je nach Situation und Stimmung die Farbe wechseln zu können. Es geht also nicht nur darum, sich dem jeweiligen Untergrund anzupassen und auf diese Weise für Feinde unsichtbar zu werden, sondern das Kriechtier zeigt so ebenfalls, ob es verärgert oder angriffslustig ist oder ob ein sich mit einem Rivalen streitendes Männchen sich stärker oder schwächer als sein Konkurrent fühlt. Farbe ersetzt also bei Chamäleons die Sprache als Kommunikationsmittel. Auf dieser Grundlage können die Schülerinnen und Schüler eigene Versionen erarbeiten, in denen es dem nur scheinbar unterlegenen Chamäleon gelingt, seinen gigantischen Gegenspieler auszutricksen. Ausgewählte Schülertexte können im Anschluss an diese Erarbeitungsphase im Plenum präsentiert und auf ihre Wahrscheinlichkeit hin überprüft werden. Erst dann wird der Lerngruppe das **Arbeitsblatt 38** (S. 156) ausgehändigt und der Rest der Fabel gelesen.

■ *Vergleicht den weiteren Verlauf der Fabel aus Afrika mit euren eigenen Fassungen.*

Diese Plenumsphase wird durch die gemeinsame Suche nach einer passenden Lehre für die Fabel zusammengehalten. Denkbare Lehren wären zum Beispiel „Hochmut kommt vor dem Fall", „Wer zuletzt lacht, lacht am besten" oder „Wahre Größe wird nicht in Zentimetern gemessen".

Eine Möglichkeit der vertiefenden Weiterarbeit kann darin bestehen, die offensichtlichen Parallelen der afrikanischen Fabel mit der bekannten Fabel vom Hasen und Igel zu vergleichen. Das Arbeitsblatt 38 bietet hier eine kurze Zusammenfassung an, die interessantere Originalfassung lässt sich leicht im Internet finden.

■ *Vergleiche die afrikanische Fabel mit der deutschen Fabel vom Hasen und Igel, indem du die folgende Tabelle in dein Heft überträgst und stichwortartig ausfüllst. Was stellst du fest? Erkläre.*

Der direkte Vergleich beginnt mit einer wichtigen Parallele. Wie in der afrikanischen Fabel macht sich auch in der Fabel vom Hasen und Igel das scheinbar überlegene Tier – der Hase – über das vermeintlich schwächere Tier – den Igel – lustig. Dieses lässt sich die Verspottung nicht gefallen, sondern fordert den Hasen zu einem Wettrennen heraus. Ganz so wie in der afrikanischen Fabel die Brüder des Chamäleons den Elefanten an der Nase herumführen, ist es beim „Hasen und Igel" die Ehefrau des Igels, die ihrem Ehegatten sehr ähnlich sieht und sich am Ende der Ackerfurche für diesen ausgibt. Der sich eilende Hase durchschaut den Trick des Igels nicht, fordert Revanche und bricht nach insgesamt 73 Läufen zu Tode erschöpft zusammen. Wie in der afrikanischen Fabel ist das vermeintlich unterlegene Tier am Ende der große Sieger, da es seinen Verstand gegen die isolierte Stärke seines Gegenspielers einsetzt.

Hase und Igel – Vergleich

Teil	Überschrift	Das Wettrennen	Der Hase und der Igel
1	Ausgangssituation	Elefant verhöhnt Chamäleon	Hase verhöhnt Igel
2	Handlung	Chamäleon denkt sich Trick aus und nutzt im Wettrennen die Hilfe seiner Brüder	Igel denkt sich Trick aus und nutzt im Wettrennen die Hilfe seiner Frau
3	Ergebnis	Chamäleon besiegt den Elefanten, der aufgibt und seine Niederlage eingesteht	Igel besiegt den Hasen, der völlig erschöpft zusammenbricht und stirbt
4	Lehre	„Hochmut kommt vor dem Fall" oder „Wer zuletzt lacht, lacht am besten"	„Hochmut kommt vor dem Fall" oder „Wer zuletzt lacht, lacht am besten"

■ *Wie lassen sich die offensichtlichen Gemeinsamkeiten erklären?*

Die ins Auge fallenden inhaltlichen wie strukturellen Parallelen können kein Zufall sein. Sie lassen sich nur so erklären, dass der Verfasser der einen Fabel die andere als Vorlage nutzte. Die Geschichte vom Hasen und Igel wurde als volkstümlich überliefertes Märchen schriftlich erstmals auf Plattdeutsch unter dem Titel „De Has un de Swinegel" 1840 im „Hannoverschen Volksblatt" publiziert und 1843 von den Brüdern Grimm in die 5. Auflage der Kinder- und Hausmärchen aufgenommen. Ludwig Bechstein veröffentlichte eine Nacherzählung in hochdeutscher Sprache in seinem von Ludwig Richter illustrierten Werk „Deutsches Märchenbuch", das 1845 erstmalig in deutscher Sprache erschien und zur großen Popularität und weiten Verbreitung der Geschichte beitrug. Es ist daher naheliegend und wahrscheinlich, dass der Text im Zuge des Imperialismus im 19. und 20. Jahrhundert nach Afrika transferiert wurde und dort an die tatsächlichen Lebensbedingungen adaptiert wurde: Ein afrikanisches Kind kennt den Hasen und den Igel als mitteleuropäische Tiere nicht. Daher werden sie gegen den Elefanten und das Chamäleon ausgetauscht. An der Typisierung bzw. der Gesamtaussage der Fabel (Lehre) ändert sich dadurch allerdings nichts.

5.8 Eine Fabel aus Indien – Vom Löwen und dem Hasen

Die indische Fabel „Vom Löwen und dem Hasen" kritisiert anschaulich die Eitelkeit: Ein brutal herrschender Löwe namens Durganta tötet unaufhörlich viele Tiere. Diese bieten dem König der Tiere eines Tages an, ihm täglich selbst ein Tier zu opfern. Offensichtlich ist den Tieren die Zufälligkeit der tödlichen Wahl des Löwen ein Dorn im Auge. Darauf lässt ihre erste Wahl schließen, die auf einen alten Hasen fällt. Dessen hohes Alter sorgt dafür, dass er in den Augen der tyrannisierten Tiere als gute Wahl erscheint. Naturgemäß sieht dies der an seinem Leben hängende alte Hase anders, der weder mit seiner Wahl einverstanden ist noch dazu bereit zu sein scheint, sich kampflos in sein grausames Schicksal zu fügen. Angesichts der körperlichen Überlegenheit des Löwen Durganta setzt der alte Hase auf Intelligenz: „Für sein Leben muss man klug sein, wenn man hoffen will, es zu erhalten." Der Wut des Löwen über seine Verspätung setzt der Hase dann auch gleich einen mutigen Plan entgegen. Er erzählt dem eitlen König der Tiere von einem weiteren Löwen, der ihn aufgehalten habe. Der Zorn Durgantas wächst, sieht er doch seine Autorität und seine uneingeschränkte Herrschaft über sein Reich durch die Existenz eines weiteren Artgenossen infrage gestellt. Er lässt sich vom alten Hasen zu der vermeintlichen Stelle – einem tiefen Brunnen – führen. Der Hase präsentiert dem wütend-tobenden Löwen im Brunnen sein eigenes Spiegelbild, welches Durganta nicht erkennt, sondern für seinen neuen Widersacher hält. Die Folgen sind tödlich: „Aufgeblasen von Stolz warf sich der Löwe zornig in den Brunnen und fand den Tod." Damit ist die Lehre der Fabel naheliegend. Intelligenz ist keine Frage der (physischen) Größe. Wer sie geschickt einsetzt, kann auch gegen einen vermeintlich übermächtigen Gegner triumphieren. Wer Verstand hat und diesen so geschickt einsetzt wie der alte Hase in der indischen Fabel, der ist stark und in der Lage, seinen wütenden Gegner zu besiegen. Die Fabel ist also eine Ode an den geistreichen Einsatz des Verstandes, sie kritisiert den Stolz und die Eitelkeit des Löwen, der die geschickte Strategie des um sein Leben kämpfenden Hasen aufgrund seiner Wut nicht durchschaut, weil er nicht innehält und mögliche Gefahren im Vorfeld antizipiert, sondern allein triebgesteuert seinen ersten Gefühlen folgt, die ihn in die Falle führen und ihm letztlich den Tod bringen.

Vorgeschlagen wird für die Bearbeitung dieser indischen Fabel die Gestaltung eines Schattenspiels (**vgl. Arbeitsblatt 39**, S. 157). Um ein zielorientiertes und systematisches Arbeiten sicherzustellen, ist es sinnvoll, die methodische Vorbereitung der Schattenspiele, die in

Kleingruppenarbeit ablaufen soll, im Plenum zu besprechen. Dies gilt umso mehr in Lerngruppen, für die diese Methode des Schattenspiels neu ist.

- *Gliedert den Handlungsverlauf in einzelne Spielszenen auf.*
- *Entscheidet dann, welche Figuren, Gegenstände und Hintergründe benötigt werden.*
- *Besorgt euch schwarzen Karton und schneidet die Figuren und Gegenstände aus. Befestigt diese dann an dünnen Holzstäbchen.*
- *Nun müsst ihr noch ein Regiebuch erstellen. Füllt dafür die Tabelle stichpunktartig aus.*

Gerade in mit der Methode unerfahrenen Lerngruppen sollte ausreichend Zeit für diese durchaus komplex angelegte Erarbeitungsphase eingeplant werden. Für ihre innere Strukturierung kann es hilfreich sein, jedem Gruppenmitglied durch Einsatz von Rollenkarten (**siehe Zusatzmaterial 5,** S. 163) eine eigene Rolle zuzuweisen. Auf diese Weise kann auch das häufig zu beobachtende Trittbrettfahrer-Phänomen vermieden werden, bei dem einige Schüler die eigentliche aufwendige Gruppenarbeit vermeiden, in der Präsentation dann aber als überaus aktiv erscheinen.

Die **Präsentationsphase** bietet den Gruppen die Möglichkeit, ihre Umsetzung der indischen Fabel der Klasse vorzustellen. Im Anschluss an jede einzelne Vorführung sollte konkret am Inhalt bzw. der Umsetzung durch die Kleingruppe gearbeitet und die Lehre der Fabel gesichert werden:

- *Welche Lehre kann man aus der indischen Fabel ableiten? Erkläre.*
- *Macht deutlich, inwiefern diese Lehre ein Trost für auf den ersten Blick kleine und unscheinbare Personen ist.*
- *Welchen Fehler begeht der Löwe? Ist dir schon einmal so etwas Ähnliches passiert? Erzähle davon.*
- *In dieser indischen Fabel werden der Ort und der Name des Löwen genannt. Das ist für eine typische Fabel sehr ungewöhnlich. Handelt es sich im Hinblick auf die Figurengestaltung denn tatsächlich um eine Fabel? Begründet.*

Die Ergebnisse können durch ein **Tafelbild** gesichert werden:

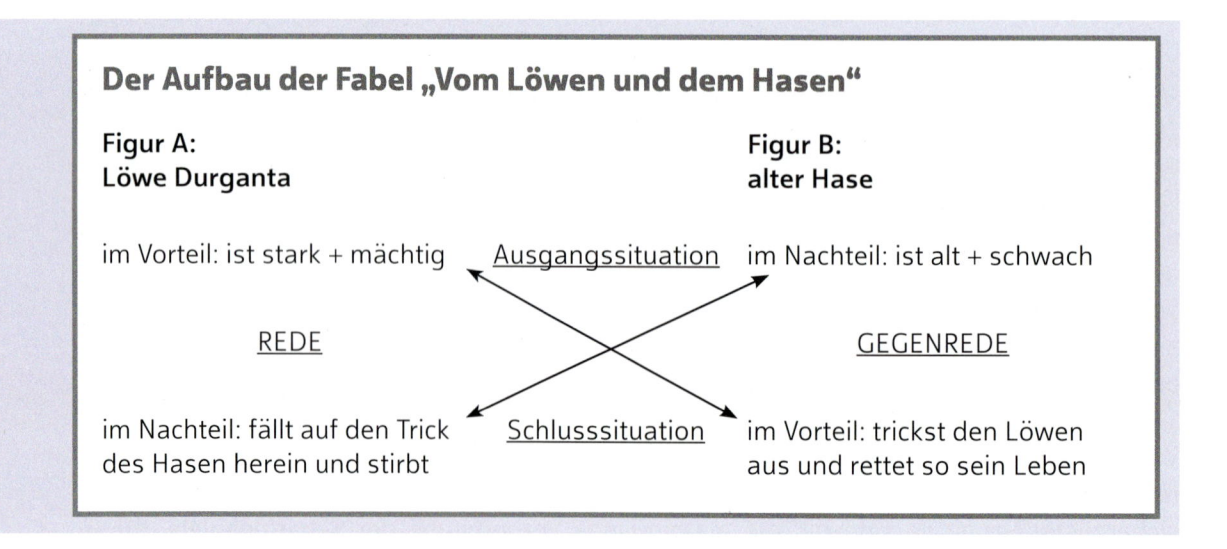

Der Aufbau der Fabel „Vom Löwen und dem Hasen"

Figur A:	**Figur B:**
Löwe Durganta	alter Hase
im Vorteil: ist stark + mächtig	*Ausgangssituation*	im Nachteil: ist alt + schwach
REDE		GEGENREDE
im Nachteil: fällt auf den Trick des Hasen herein und stirbt	*Schlusssituation*	im Vorteil: trickst den Löwen aus und rettet so sein Leben

5.9 Eine Fabel aus Afrika II – Das Haselhuhn und die Schildkröte

In dieser kurzen, pointierten afrikanischen Fabel wird das Thema der Prahlerei und des Angebens bearbeitet. Ein stolzes, aber offensichtlich etwas dümmliches Haselhuhn prahlt vor einer Schildkröte ob seiner herausragenden Fähigkeiten, die im schnellen Gehen und sogar im Fliegen lägen. Die Schildkröte lässt sich auf einen Machtkampf nicht ein, sondern beglückwünscht das Huhn, während es betont, dass es selbst mehr schlecht als recht lebe und seinen Alltag gestalte. Nach dieser kurzen Einleitung spitzt sich die Handlung schnell zu: Ein von Menschen zum Zwecke der Jagd gelegtes Feuer setzt das Gras der Wiese in Brand, sowohl das Haselhuhn als auch die Schildkröte sind schnell existenziell bedroht. Für die träge und uneitle Schildkröte ist die Lösung bald in Sicht. Sie versteckt sich in einer Grube, die durch den Fußtritt eines Elefanten ausgehöhlt worden ist. Die Rettungsversuche des anfangs auf seine Fähigkeiten so stolzen Haselhuhns jedoch sind nicht von Erfolg gekrönt. Rauch und Feuer hindern es am Davonfliegen. Es fällt vom Himmel und stirbt. In der Logik der Handlung endet die Fabel mit der Lehre „Wer sich allzu sehr rühmt, bleibt bei der Probe zurück." Insofern warnt die afrikanische Fabel vor Eitelkeit und Prahlerei, wie sie durch das Haselhuhn verkörpert wird. Statt von seinen herausragenden Eigenschaften und Fähigkeiten zu prahlen, gilt es vielmehr, diese in der Wirklichkeit zu beweisen. Taten zählen mehr als Worte, das muss das Haselhuhn schmerzhaft am eigenen Leib erfahren.

Das **Arbeitsblatt 40** (S. 158) bietet den Schülerinnen und Schülern nach der gemeinsamen Lektüre zwei analytische Aufgaben an, die auf die Verständnissicherung der kognitiv wenig anspruchsvollen Fabel abzielen. Dabei bleibt der erste Arbeitsauftrag noch in der Fiktion der Fabel, indem er die Schülerinnen und Schüler auffordert, das Verhalten des Federviehs zu bewerten. Der zweite Arbeitsauftrag fordert hingegen den Transfer auf die eigene Lebenswirklichkeit ein und lässt die Schülerinnen und Schüler über eigene, ähnliche Erfahrungen nachdenken.

- *Wie beurteilst du das Verhalten des Haselhuhns? Worin liegt sein Fehler?*
- *Diese Fabel stammt aus Afrika. Trotzdem lässt sich ihre Aussage auch auf unser eigenes Leben in Europa beziehen. Notiere hierfür einige Beispiele.*

Im Hinblick auf die Arbeit mit dieser Fabel wird das Verfassen einer Parallel-Geschichte in Comicform vorgeschlagen, was in aller Regel von Schülerinnen und Schülern der Jahrgangsstufen 5 und 6 mit großer Begeisterung angenommen wird. Dabei ist darauf zu achten, dass dem Schreiben im Sinne der Aufgabenstellung ein Planungsprozess vorausgeht, der wesentliche Strukturelemente der Fabel aufnimmt. Erweitern lässt sich der Auftrag, wenn die Comics nicht in die Schülerhefte, sondern in ein sogenanntes **Buddybook** gezeichnet werden. Dabei handelt es sich um ein kleines, auf einem DIN-A4-Blatt gefaltetes Büchlein mit acht Seiten, das von den Schülerinnen und Schülern selbst ohne großen Aufwand hergestellt werden kann. Eine Bastelanleitung findet sich im **Zusatzmaterial 10** (S. 170). Der Einsatz des Buddybooks hat den Vorteil, dass den Schülerinnen und Schülern die Knappheit der Fabel erfahrbar wird, zudem steigt erfahrungsgemäß die Wertschätzung gegenüber dem eigenen Produkt, wenn dieses in einem eigenen kleinen „Buch" präsentiert werden kann. Nimmt man das Angebot des Buddybooks an, ist darauf zu achten, dass die erste Seite als „Schmuck- oder Auftaktseite" mit Titel der Fabel, einem attraktiven Bild und dem Schülernamen zu gestalten ist. Die achte und letzte Seite sollte frei bleiben, damit das Buddybook nach Beendigung der Arbeit an der Fabel in das Schülerheft geklebt werden kann.

Baustein 5: Fabeln aus aller Welt

Verfasse einen Fabel-Comic, der ähnlich wie die Geschichte vom Haselhuhn und der Schildkröte aufgebaut ist. Wähle zwei gegensätzliche Tiere mit unterschiedlichen Eigenschaften. Nutze dabei exotische Tiere aus Afrika und Asien, wie z. B. den Geparden, den Gorilla, das Flusspferd, die Gazelle, den Klippspringer oder die Siedleragame. Lass zu Beginn und am Ende deines Comics den Erzähler zu Wort kommen. In der Mitte drückst du mit wörtlicher Rede in Sprech- und Denkblasen den Konflikt zwischen den beiden Tieren aus.

Notizen

Eine Fabel aus Deutschland – Heinz Erhardt: Die Made

Heinz Erhardt (1909 – 1979) war ein in Deutschland im 20. Jahrhundert überaus populärer deutsch-baltischer Komiker, Musiker, Komponist, Unterhaltungskünstler, Schauspieler und Dichter.

Heinz Erhardt: Die Made

Hinter eines Baumes Rinde
wohnt die Made mit dem Kinde.

Sie ist Witwe, denn der Gatte,
den sie hatte, fiel vom Blatte.
5 Diente so auf diese Weise
einer Ameise als Speise.

Eines Morgens sprach die Made:
„Liebes Kind, ich sehe gerade,
drüben gibt es frischen Kohl,
10 den ich hol. So leb denn wohl!

Halt, noch eins! Denk, was geschah,
geh nicht aus, denk an Papa!"

Also sprach sie und entwich. –
Made junior aber schlich
hinterdrein; doch das war schlecht! 15
Denn schon kam ein bunter Specht
und verschlang die kleine fade
Made ohne Gnade. Schade!

Hinter eines Baumes Rinde
ruft die Made nach dem Kinde ... 20

Aus: Das große Heinz-Erhardt-Buch. Oldenburg: Lappan 2003, S. 48

---

1. Lies das Gedicht. Notiere dann deinen ersten Leseeindruck.

   Das Gedicht wirkt auf mich ☐ ernst ☐ unterhaltsam ☐ lustig ☐ langweilig, weil ...

   _____

2. Bestimme das Reimschema durch Ankreuzen, indem du jedes Reimwort am Versende mit einem Buchstaben versiehst (gleiche Reime = gleiche Buchstaben; neue Strophe = neue Buchstaben). Kreuze erst nach deiner Beschriftung die richtige Lösung an.

Kreuzreim ☐	Paarreim ☐	Umarmender Reim ☐
Haus a	Haus a	Haus a
Katze b	Maus a	Katze b
Maus a	Katze b	Tatze b
Tatze b	Tatze b	Maus a

3. Bereite Erhardts Gedicht für einen Vortrag vor, indem du passende Betonungs- und Pausenzeichen über den Wörtern einträgst. Probiere verschiedene Lesarten aus (langsam-schnell, leise-laut, fröhlich-traurig, ...), sodass die Stimmung deutlich wird. Schaue beim Vortrag die Zuhörer an.

4. Erklärt, wie verschiedene Vorträge auf euch wirken. Sucht Gründe für die Unterschiede.

5. Handelt es sich bei Erhardts Gedicht überhaupt um eine Fabel? Formuliere die Lehre.

6. Schreibe selbst ein eigenes lustiges Tiergedicht. Probiere verschiedene Reimschemata aus.

Eine Fabel aus Österreich –
Hugo von Hofmannsthal: Die Flucht aus dem Turmzimmer

Hugo von Hofmannsthal wurde 1874 in Wien geboren, er starb 1929 in Rodaun. Hofmannsthal war ein berühmter österreichischer Schriftsteller, Dramatiker und Lyriker. Seine Familie legte viel Wert auf Bildung, sodass Hugo zuerst von Privatlehrern erzogen wurde und später eine Eliteschule besuchte, auf der er unter anderem Italienisch, Französisch, Latein und Griechisch erlernte. Hugo las viel und war ein ausgezeichneter Schüler.

Hugo von Hofmannsthal: Die Flucht aus dem Turmzimmer

Der Ratgeber eines großen Königs fiel in Ungnade und der König ließ ihn im obersten Gemach eines schwindelnd hohen Turmes einsperren. Er aber, der Unglückliche, hatte eine treue Frau, die kam nachts an den Fuß des Turmes und rief nach ihm und fragte ihn, wie ihm zu helfen wäre. Er hieß sie wiederkommen die nächste Nacht und mit sich bringen ein langes Seil, eine lange starke Schnur, einen langen seidenen Faden, einen Käfer und ein wenig Honig. Die Frau wunderte sich sehr, aber sie gehorchte und brachte, was ihr befohlen war.

Der Mann rief ihr von oben zu, den Seidenfaden fest an den Käfer zu binden, auf des Käfers Fühler einen Tropfen Honig zu tun und ihn an die Wand des Turmes zu setzen, den Kopf nach oben. Sie gehorchte und tat alles, und der Käfer fing an, emporzuklettern. Immer den Honig witternd, kletterte er langsam höher und höher, bis er auf der Spitze des Turmes ankam. Da fasste ihn der Gefangene und hielt den seidenen Faden in der Hand. Dann hieß er seine Frau, an das untere Ende des seidenen Fadens die starke Schnur zu binden, und zog die Schnur empor, und an das untere Ende der Schnur das Seil zu binden, und zog das Seil empor. Und das Übrige war nicht schwer.

Zit. nach: deutsch.punkt2. Leipzig: Klett Verlag 2005, S. 9

1. Lies den Text bis zur Markierung. Vielleicht geht es dir jetzt wie der Frau und du wunderst dich über die Wünsche des gefangenen Mannes. Überlege, welchen Plan der Gefangene wohl umsetzen möchte, und schreibe die Geschichte zu Ende.

2. Lest einige eurer Geschichten vor und diskutiert deren Schlussfassungen.

3. Male zu der Fabel von Hugo von Hofmannsthal ein Bild. Füge an einer geeigneten Stelle deines Bildes die Lehre der Fabel ein. Wichtig: Die Lehre ist die Botschaft des Dichters an seine Leser, was diese durch die Geschichte lernen können!

4. Der Text von Hofmannsthal findet sich in einer Fabelsammlung. Dennoch ist er keine typische Fabel. Wieso nicht? Begründe.

5. Schreibe zur Fabel Hofmannsthals eine Parallel-Geschichte:

    „Ein Schüler muss zu Unrecht nachsitzen, der Direktor hat ihn in seinem Büro im dritten Stockwert eingeschlossen und zeigt sich seit Stunden nicht mehr. Der Schüler will flüchten. Nur ein Tier kann ihm bei der Flucht helfen."

    Anders als in deiner Vorlage solltest du wörtliche Rede verwenden.
    Vielleicht kann dir eines der folgenden Tiere behilflich sein:

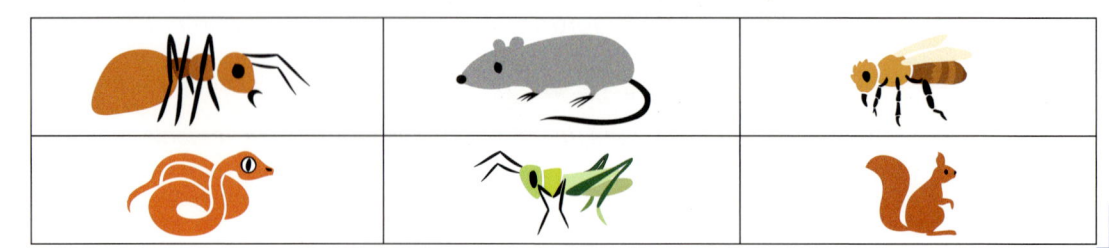

Eine Fabel aus Italien – Gianni Rodari: Die Geschichte vom jungen Krebs

Gianni Rodari
Die Geschichte vom jungen Krebs

Ein junger Krebs dachte bei sich: „Warum gehen alle Krebse in meiner Familie immer rückwärts? Ich will vorwärtsgehen lernen, so wie die Frösche, und mein Krebsschwanz soll mir abfallen, wenn ich es nicht fertigbringe." Und heimlich begann er, zwischen den großen Steinen seines heimatlichen Bachleins zu üben. [...]

Als er seiner Sache sicher war, stellte er sich vor seine Familie und sagte: „Jetzt schaut mir einmal zu!" Und machte einen ganz prächtigen kleinen Lauf vorwärts.

„Sohn", brach da seine Mutter in Tränen aus. „Bist du denn ganz verdreht? Komm doch zu dir – gehe so, wie es dich dein Vater und deine Mutter gelehrt haben. Geh' wie deine Brüder, die dich alle lieben."

Seine Brüder jedoch lachten ihn nur aus. Der Vater schaute ihn eine gute Weile streng an und sagte dann: „Schluss damit! Wenn du bei uns bleiben willst, gehe wie alle Krebse. RÜCKWÄRTS! Wenn du aber nach deinem eigenen Kopf leben willst – der Bach ist groß –, geh fort, und komm nie mehr zu uns zurück!"

Der brave junge Krebs hatte die Seinen zwar zärtlich lieb, war aber so sicher, er handle richtig, dass ihm nicht die mindesten Zweifel kamen. Er umarmte seine Mutter, sagte Lebewohl zu seinem Vater und zu seinen Brüdern und machte sich auf in die Welt.

Als er an einem Grüppchen Kröten vorüberkam, erregte er großes Aufsehen. [...] „Jetzt geht die Welt verkehrt herum", sagte eine dicke Kröte, „schaut euch nur diesen jungen Krebs an! Da müsst ihr mir recht geben!"

„Ja, Respekt gibt es überhaupt nicht mehr!", sagte eine andere. [...] Plötzlich hörte er, wie ein alter Krebs, an dem er vorüberging, rief. Der sah ganz melancholisch aus und hockte allein auf einem Stein.

„Guten Tag", sagte der junge Krebs.

Der Alte betrachtete ihn lange, schließlich sagte er: „Was glaubst du, was du da Großartiges anstellst?! Als ich noch jung war, wollte ich auch den Krebsen das Vorwärtsgehen beibringen. Sieh mal, was mir das eingebracht hat! – Ich muss ganz allein leben, und die Leute würden sich lieber die Zunge abbeißen, als ein Wort an mich richten. – Hör auf mich, solange es noch Zeit ist! Bescheide dich, lebe wie die anderen! Eines Tages wirst du mir für meinen Rat dankbar sein!"

Der junge Krebs wusste nicht, was er antworten sollte, und blieb stumm. Aber im Inneren dachte er: „Ich habe doch recht! Ich habe recht!"

Und nachdem er den Alten höflich gegrüßt hatte, setzte er stolz seinen Weg fort.

Ob er weit kommt? Ob er sein Glück macht? Ob er alle schiefen Dinge dieser Welt gerade richtet? Wir wissen es nicht, weil er noch mit dem gleichen Mut und der gleichen Entschiedenheit dahinmarschiert wie am ersten Tag. Wir können ihm nur von ganzem Herzen „Gute Reise" wünschen.

Aus: Gianni Rodari: Gutenachtgeschichten am Telefon. Stuttgart: Thienemann 1964

> Ich finde den Krebs verantwortungslos, denn er denkt überhaupt nicht an andere, sondern nur an sein eigenes Glück. Dass seine Mutter sich große Sorgen macht, ist ihm egal.

> Ich bewundere den Krebs für seinen Mut und die Sturheit, sein Leben anders zu gestalten und die Dinge aus einer anderen Perspektive sehen zu wollen.

1. *Nimm spontan Stellung zu den Aussagen der beiden Schüler. Welche ist dir näher? Begründe.*

   _____
   _____
   _____
   _____
   _____
   _____
   _____

2. *Jetzt könnt ihr zu zweit arbeiten: Entwickelt fünf Interviewfragen an den Krebs. Fragt nach seinen Hoffnungen, seinen (positiven wie negativen) Erfahrungen und seinen Ängsten. Formuliert auch gemeinsam die Antworten des Krebses. Am Ende könnt ihr euer Interview auch vorspielen.*

3. *Die Fabel hat ein offenes Ende. Ob der Krebs scheitert oder Erfolg haben wird, weiß der Leser nicht. Teilt euch in eurer Klasse auf und verfasst zwei unterschiedliche neue Schlussfassungen der Fabel: In der einen Version hat der originelle Krebs Erfolg, in der anderen scheitert er grandios. Lest euch anschließend eure Texte vor und diskutiert die jeweiligen Versionen.*

4. *Was denkt der Erzähler über den Krebs? Welche Einstellung hat er ihm gegenüber? Beachte dafür die Schlussformulierungen des Textes. Kreuze an und begründe.*

   Erzählhaltung gegenüber dem Krebs: ☐ positiv-zustimmend ☐ negativ-ablehnend ☐ neutral

   Begründung: _____
   _____

5. *Erinnere dich an eine Situation, in der du eine ähnliche Erfahrung gemacht hast wie der Krebs, und notiere ein solches Beispiel aus deinem Alltag, auf die die Lehre der Fabel übertragbar ist.*

   _____
   _____
   _____

6. *„Fortschritt gibt es nur durch Menschen, die Neues denken und tun. Wenn wir uns immer nur daran orientieren, wie es einmal war, und nichts Neues wagen, wird es auch keinen Fortschritt, also kein besseres Leben für alle Menschen geben."*

   Nimm schriftlich Stellung zu diesem Zitat, indem du es an einer berühmten historischen Figur, die etwas Herausragendes für die Menschheit geleistet hat, überprüfst. Wenn dir kein solcher Mensch einfällt, kannst du zu einer der folgenden Personen recherchieren:

   Christopher Columbus, Leonardo da Vinci, Thomas Adison, Galileo Galilei, Johannes Gutenberg

Eine Fabel aus Polen – Sławomir Mrożek: Der Artist

Sławomir Mrożek wurde 1930 in der Nähe von Krakau geboren. Seine Karriere begann er als Journalist, Karikaturist und Satiriker. Heute ist der Autor einer der im Ausland bekanntesten Dramatiker der polnischen Literatur der Gegenwart.

Sławomir Mrożek: Der Artist

Der Hahn las die Anzeige: Tiere gesucht – der Zirkus. „Ich melde mich", sagte er und legte die Zeitung zusammen. „Schon immer wollte ich Artist werden." Unterwegs spann er große Pläne: „Ruhm und Geld. Und vielleicht sogar Reisen ins Ausland." „Und zurück", fügte der Fuchs hinzu. „Warum zurück? Im Ausland werde ich einen Vertrag mit der Metro-Goldwyn-Mayer[1] unterschreiben." Der Direktor empfing ihn im Freien, wo er amtierte. Gerade wurde das Zirkuszelt aufgestellt. Ich und der Fuchs blieben in der Nähe stehen. „Es freut mich sehr, dass Sie sich bei uns melden. Dürfte ich um Ihren werten Namen bitten?" „Löwe", stellte sich der Hahn kurz vor. „Löwe?" Der Direktor wunderte sich. „Sind Sie dessen sicher?" „Eventuell Tiger." „Nun gut. Dann brüllen Sie mal." Der Hahn brüllte, so gut er konnte. „Na ja, nicht schlecht, aber es gibt bessere Löwen als Sie ... Wenn Sie sich als Hahn verpflichten würden, wäre das etwas anderes. Dann könnte ich Sie engagieren." „Ich denke nicht daran, Ihnen zuliebe einen Vogel vorzutäuschen", antwortete der Hahn gekränkt. „Dann auf Wiedersehen." Auf dem Rückweg schwieg der Hahn grollend. Schließlich hielt ich das nicht mehr aus. „Was ist dir nur eingefallen, warum wolltest du den Löwen spielen?" „Warum, warum ...", antwortete der Fuchs für ihn. „Hast du je einen Artisten ohne Ehrgeiz gesehen?"

Aus: Sławomir Mrożek: Mein unbekannter Freund und andere Geschichten. Aus dem Polnischen von Klaus Staemmler. Copyright © 1999 Diogenes Verlag AG Zürich

1. In dieser Fabel gibt es viel wörtliche Rede. Ihr könnt sie daher gut mit verteilten Rollen lesen. Aber Vorsicht: Zuerst müsst ihr herausfinden, welche Anzahl an Sprechern ihr benötigt.

2. An zwei Stellen der Fabel spricht ein „Ich". Um wen könnte es sich hierbei handeln? Stellt Vermutungen an.

3. Auf den Abbildungen haben Schüler versucht, die Eigenschaften des Hahns in passender Gestik und Mimik zum Ausdruck zu bringen. Welche Abbildung trifft am ehesten zu? Kreuze an und begründe deine Wahl, indem du das Verhalten des Hahns mit dem von dir ausgewählten Bild in Verbindung bringst.

4. Wie lautet die Lehre der Fabel? Schreibe eine „Warnung an meine Mitschüler und Mitschülerinnen" in dein Heft, indem du den Hahn charakterisierst und sein Verhalten auf ein dir bekanntes Beispiel aus der Menschenwelt beziehst.

---
[1] berühmte US-amerikanische Filmproduktionsfirma in Hollywood

Eine Fabel aus Deutschland – Albert L. Grimm: Die beiden Ziegen

Albert Ludwig Grimm (1786–1872) war ein deutscher Dichter und Politiker. Genauso wie die allerdings nicht mit ihm verwandten Brüder Jacob und Wilhelm Grimm lieferte er für die berühmte Textsammlung „Des Knaben Wunderhorn" eigene Beiträge und begeisterte sich für das Sammeln volkstümlicher Überlieferungen wie Märchen, Sagen oder Fabeln.

Albert L. Grimm: Die beiden Ziegen

Zwei Ziegen begegneten einander auf einem schmalen Steg, der über einen reißenden, tiefen Bach führte. Die eine wollte hinüber, die andere herüber. „Geh mir aus dem Weg", sagte die eine. „Das wär noch mal schöner!", rief die andere. „Geh du zurück und lass mich hinüber. Ich war zuerst auf der Brücke!" „Was fällt dir ein?", antwortete die erste. „Ich bin so viel älter als du und soll dir weichen? Niemals!" Keine wollte nachgeben. Jede wollte zuerst hinüber, und so kam es vom Zank zum Streit und zu Tätlichkeiten. Sie hielten ihre Hörner vorwärts und rannten zornig gegeneinander. Von dem heftigen Stoßen verloren beide das Gleichgewicht und sie stürzten miteinander von dem schmalen Steg hinab in den reißenden Bach, aus dem sie sich nur mit großer Anstrengung retteten.

Zitiert nach: logo 6. Westermann: Braunschweig 2009, S. 158, Abbildung I:
http://www.fabelnundanderes.at/fontaine_buch_12.htm#Die_beiden_Ziegen

1. Was meinst du? Welche der beiden Ziegen hat recht? Beurteile die Argumentation.
2. Charakterisiere das Verhalten der Ziegen mithilfe des Wortspeichers.

> eitel, mutig, aufbrausend, ängstlich, hasserfüllt, hungrig, stark, halsstarrig, verlogen, stur, neugierig, intelligent, bösartig, aggressiv, optimistisch, gewitzt, ignorant, trübsinnig, lustig, schlagfertig

3. Schreibe zu der linken Abbildung eine Parallel-Geschichte. Die Ausgangssituation: Du kommst aus der Pause auf den Flur deiner Schule und siehst diese beiden Streithähne an der Tür. Sie stehen kurz vor einer Schlägerei. Von hinten naht bereits ein Lehrer. Weil du beide magst, erläuterst du deinen beiden Klassenkameraden, was sie falsch machen, und schlägst ihnen eine Lösung vor, die auch in der Zukunft tragfähig ist. Stelle dabei einen Bezug zur Fabel „Die beiden Ziegen" her.

Eine Fabel aus der Schweiz – Franz Hohler: Die blaue Amsel

Franz Hohler wurde 1943 in Biel in der Schweiz geboren. Der studierte Germanist ist Schriftsteller, Kabarettist und Liedermacher. Hohler erhielt für sein künstlerisches Werk zahlreiche Auszeichnungen, insbesondere für seine Kinderbücher.

Franz Hohler: Die blaue Amsel

Amseln sind schwarz. Normalerweise. Eines Tages saß auf einer Fernsehantenne eine blaue Amsel. Sie kam von weit her, aus einer Gegend, in der die Amseln blau waren. Ein schwarzer Amselmann verliebte sich in sie und bat sie, seine Frau zu werden. Zusammen bauten sie ein Nest und die blaue Amsel begann, ihre Eier auszubrüten, während ihr der Amselmann abwechselnd zu fressen brachte oder für sie die schönsten Lieder sang. Einmal, als der Mann auf Würmersuche war, kamen ein paar andere Amseln, vertrieben die blaue Amsel aus dem Nest und warfen ihre Eier auf den Boden, dass sie zerplatzten. „Wieso habt ihr das getan?", fragte der Amselmann verzweifelt, als er zurückkam. „Weil wir Amseln schwarz sind", sagten die anderen nur, blickten zur blauen Amsel und wetzten ihre gelben Schnäbel.

Aus: Hans-Joachim Gelberg (Hg.): Was für ein Glück. Weinheim: Beltz & Gelberg o.J., S. 85

1. Deute das Verhalten der schwarzen Amseln. Warum verhalten sie sich derartig rassistisch?

2. Verfasse einen inneren Monolog der blauen Amsel am Ende der Fabel, indem du ihre Gedanken, Ängste und Hoffnungen herausarbeitest.

3. Das Foto zeigt die US-amerikanische Bürgerrechtlerin Rosa Parks, die am 01.12.1955 in Alabama wegen ihrer Sitzplatzwahl in einem Bus verhaftet wurde. Recherchiere diesen Fall und erläutere, was er mit der Fabel „Die blaue Amsel" zu tun hat.

4. „Kein Kind – in reichen wie in armen Ländern – darf benachteiligt werden, sei es wegen seines Geschlechts, seiner Herkunft und Abstammung, seiner Staatsbürgerschaft, seiner Sprache oder Religion, seiner Hautfarbe, aufgrund einer Behinderung, wegen seiner politischen Ansichten oder aus anderen Gründen." (Art. 2, Abs. 1 der UN-Kinderrechts-Charta)

   Erstellt für eine Antirassismus-Demonstration ein buntes Protestplakat, auf dem die blaue Amsel, die UN-Kinderrechts-Charta sowie der gelb-grün-weiße Bus der Rosa Parks auftauchen. Lasst aus den Busfenstern Freunde und Bekannte aus vielen Ländern herausschauen.

Eine Fabel aus Afrika I – Das Wettrennen

Das Wettrennen

Ein Elefant begegnete einst einem Chamäleon. „Wie klein du bist!", spottete der Elefant. „Gewiss bin ich klein", antwortete das Chamäleon. „Aber das heißt nicht, dass ich nicht flinker bin als du." Der Elefant trompetete ärgerlich: „Zur Strafe für diese Unverschämtheit sollte ich dich mit meinem Rüssel erschlagen!" „Stattdessen sollten wir morgen früh ein Wettrennen veranstalten!", rief das Chamäleon. Dem Elefanten schien die Herausforderung lächerlich, doch er nahm sie an. Das Chamäleon rief seine Brüder zusammen und sprach zu ihnen: „Wir wollen dem Elefanten beweisen, dass Klugheit oft mehr vermag als Stärke. Verteilt euch morgen früh längs des Weges und wartet auf den Elefanten."
Als der Morgen graute, kam der Elefant und fing sofort zu laufen an, das Chamäleon aber kletterte, ohne dass er es merkte, auf seinen Schwanz. Schon nach kurzer Zeit begegnete der Elefant einem Chamäleon auf dem Wege – es war freilich nicht jenes, das an seinem Schwanz hing –, und er fragte: „Wie? Du bist schon hier? Bist du nicht müde?" „Nein", antwortete das Tierchen und lief hurtig sein kurzes Wegstückchen. So ging es weiter, der Elefant strengte sich gewaltig an, aber stets erwartete ihn nach kurzer Zeit ein Chamäleon. Er lief und lief, aber er konnte das Chamäleon – wie er glaubte – nicht überholen. Endlich fiel er erschöpft nieder. Das Chamäleon kletterte von seinem Schwanz und fragte: „Nun, wie steht es mit der Wette?" „Du hast mich besiegt", musste der Elefant zugeben.

Aus: Das große Fabelbuch. Mit Bildern von Janusz Grabiansk. Wien/Heidelberg: Carl Uebereuer o.J., S. 16

1. Fabeltiere unterscheiden sich häufig durch ihre körperlichen und geistigen Fähigkeiten. Benenne diese Unterschiede zwischen Chamäleon und Elefant.

Das Chamäleon ist ...	Der Elefant ist ...

2. Vergleiche die afrikanische Fabel mit dem deutschen Märchen vom Hasen und Igel, indem du die folgende Tabelle in dein Heft überträgst und stichwortartig ausfüllst. Was stellst du fest? Erkläre.

Der Hase und der Igel (Inhaltsangabe)

Bei einer zufälligen Begegnung macht sich der Hase über die schiefen Beine des Igels lustig, woraufhin ihn dieser zu einem Wettrennen herausfordert, um den Einsatz eines goldenen „Lujedor" (Louis d'or) und einer Flasche Branntwein. Bei dem späteren Rennen auf einem Acker läuft der Igel nur beim Start ein paar Schritte, hat aber am Ende der Ackerfurche seine Frau platziert, die ihm sehr ähnlich sieht. Als der siegesgewisse Hase heranstürmt, erhebt sich die Frau des Igels und ruft ihm zu: „Ick bün al dor!" („Ich bin schon da!"). Der Hase kann seine Niederlage nicht verstehen, er fordert Revanche und führt insgesamt 73 Läufe mit dem immer gleichen Ergebnis durch. Beim 74. Rennen bricht er vor Erschöpfung zusammen und stirbt.

Teil	Überschrift	Das Wettrennen	Der Hase und der Igel
1	Ausgangssituation		
2	Handlung		
3	Ergebnis		
4	Lehre		

Eine Fabel aus Indien – Vom Löwen und dem Hasen

Vom Löwen und dem Hasen

Auf dem Berge Durgana hauste ein Löwe namens Durganta. Da dieser unaufhörlich viele Tiere mordete, vereinigten diese sich und sagten dem Löwen: „Herr, warum rottest du denn alle Tiere aus? Wir wollen dir
5 lieber selbst täglich eins zu deiner Nahrung bringen." Der Löwe willigte ein und sie brachten furchtsam ein Tier herbei. Die Wahl fiel auf einen alten Hasen. Dieser dachte: „Für sein Leben muss man klug sein, wenn man hoffen will, es zu erhalten. Warum soll ich
10 artig gegenüber dem Leben sein, wenn ich zu Tode geführt werde? Ganz langsam will ich mich nähern", dachte er und ging auf den Löwen zu. Als der Löwe, der vom Hunger gepeinigt wurde, ihn sah, sagte er zornig: „Warum kommst du so schleppend hergegangen?" Es
15 ist nicht meine Schuld", sagte der Hase. „Auf dem Weg wurde ich von einem anderen Löwen kräftig gepackt, und nachdem ich ihm geschworen hatte wiederzukommen, bin ich hergegangen, um dich davon zu benachrichtigen." „Komm schnell", sagte der Löwe zornig, „und zeig mir, wo der Schändliche ist." Der Hase nahm 20
den Stolzen mit sich fort und ging zu einem tiefen Brunnen. Als er dahin gelangt war, zeigte er dem Löwen sein eigenes Spiegelbild in dem Brunnen und sagte: „Sieh, Herr, da ist er." Aufgeblasen von Stolz warf sich der Löwe zornig in den Brunnen und fand den Tod. 25

Wer Verstand hat, der ist stark. Wie soll ein Unverständiger Kraft haben? Siehe, ein wütender Löwe wurde von einem Hasen getötet.

Aus: Karsten Teich: Fabeln aus aller Welt. Mit einem Vorwort von Sybil Gräfin Schönfeld. Berlin: Tulipan Verlag 2012, S. 72

■ *Zu dieser Fabel könnt ihr ein **Schattenspiel** gestalten. Bereitet es wie folgt vor:*

1. *Gliedert den Handlungsverlauf in einzelne Spielszenen auf.*
2. *Entscheidet dann, welche Figuren, Gegenstände und Hintergründe benötigt werden.*
3. *Besorgt euch schwarzen Karton und schneidet die Figuren und Gegenstände aus. Befestigt diese dann an dünnen Holzstäbchen.*
4. *Nun müsst ihr noch ein **Regiebuch** erstellen. Füllt dafür die Tabelle stichpunktartig aus.*

Szene	Inhalt	Figuren + Gegenstände	Hintergrund	Text: Erzähler sowie Figuren	Regieanweisung: Bewegung d. Figur
1					
2					
3					
4					
5					
6					

Eine Fabel aus Afrika II – Das Haselhuhn und die Schildkröte

Das Haselhuhn und die Schildkröte

„Ich bin besser dran als du", sagte das Haselhuhn zur Schildkröte „Ich kann rasch gehen und noch mehr – ich kann fliegen." „Du Glückliche", antwortete die Schildkröte, „ich schleppe mich fort, und, so gut es geht, mache ich meine Geschäfte." Nun traf es sich, dass die Menschen, um zu jagen, das Gras der Wiese anbrannten. Das wachsende Feuer engte den Kreis immer mehr ein, die Gefahr für beide Tiere war offenkundig und sicher. Die Schildkröte schleppte sich in eine kleine Grube, die durch den Fußtritt des Elefanten ausgehöhlt war, und rettete sich so. Das Haselhuhn dagegen versuchte den Flug. Aber Rauch und Feuer ließen es herabfallen und es starb.
Wer sich allzu sehr rühmt, bleibt bei der Probe zurück.

Aus: Karsten Teich: Fabeln aus aller Welt. Mit einem Vorwort von Sybil Gräfin Schönfeldt. Berlin: Tulipan Verlag 2012, S. 51

1. Wie beurteilst du das Verhalten des Haselhuhns? Worin liegt sein Fehler?

2. Diese Fabel stammt aus Afrika. Trotzdem lässt sich ihre Aussage auch auf unser eigenes Leben in Europa beziehen. Notiere hierfür einige Beispiele.

3. Verfasse einen Fabel-Comic, der ähnlich wie die Geschichte vom Haselhuhn und der Schildkröte aufgebaut ist. Wähle zwei gegensätzliche Tiere mit unterschiedlichen Eigenschaften. Nutze dabei exotische Tiere aus Afrika und Asien, wie z. B. den Geparden, den Gorilla, das Flusspferd, die Gazelle, den Klippspringer oder die Siedleragame. Lass zu Beginn und am Ende deines Comics den Erzähler zu Wort kommen. In der Mitte drückst du mit wörtlicher Rede in Sprech- und Denkblasen den Konflikt zwischen den beiden Tieren aus.

James Thurber: Der Fuchs und der Rabe

James Thurber (1894–1961) war ein bekannter US-amerikanischer Dichter und Zeichner. Er gilt als einer der bekanntesten Komiker des vergangenen 20. Jahrhunderts. Als Autor zahlreicher Erzählungen und Fabeln, aber auch als begabter Zeichner erwarb er sich schnell einen Ruf als liebenswürdiger und warmherziger Kritiker der amerikanischen Gesellschaft. Obwohl ihm viele der gesellschaftlichen und politischen Vorgänge seiner Zeit missfielen, äußerte er seine Kritik fast immer auf warmherzige und witzige Art und Weise, was zu seiner Popularität beitrug.

Der Anblick eines Raben, der auf einem Baum saß, und der Geruch des Käses, den er im Schnabel hatte, erregten die Aufmerksamkeit eines Fuchses. „Wenn du ebenso schön singst, wie du aussiehst", sagte er, „dann bist du der beste Sänger, den ich je erspäht und gewittert habe." Der Fuchs hatte irgendwo gelesen – und nicht nur einmal, sondern bei den verschiedensten Dichtern, dass ein Rabe mit Käse im Schnabel sofort den Käse fallen lässt und zu singen beginnt, wenn man seine Stimme lobt. Für diesen besonderen Fall und diesen besonderen Raben traf das jedoch nicht zu. „Man nennt dich schlau, und man nennt dich verrückt", sagte der Rabe, nachdem er den Käse vorsichtig mit den Krallen seines rechten Fußes aus dem Schnabel genommen hatte. „Aber mir scheint, du bist zu allem Überfluss auch noch kurzsichtig. Singvögel tragen bunte Hüte und farbenprächtige Jacken und helle Westen, und von ihnen gehen zwölf aufs Dutzend[1]. Ich dagegen trage Schwarz und bin absolut einmalig." „Ganz gewiss bist du einmalig", erwiderte der Fuchs, der zwar schlau, aber weder verrückt noch kurzsichtig war. „Bei näherer Betrachtung erkenne ich in dir den berühmtesten und talentiertesten aller Vögel, und ich würde dich gar zu gern von dir erzählen hören. Leider bin ich hungrig und kann mich daher nicht länger hier aufhalten." „Bleib doch noch ein Weilchen", bat der Rabe. „Ich gebe dir auch etwas von meinem Essen ab." Damit warf er dem listigen Fuchs den Löwenanteil vom Käse zu und fing an, von sich zu erzählen. „Ich bin der Held vieler Märchen und Sagen", prahlte er, „und ich gelte als Vogel der Weisheit. Ich bin der Pionier der Luftfahrt, ich bin der größte Kartograf. Und was das Wichtigste ist, alle Wissenschaftler und Gelehrten, Ingenieure und Mathematiker wissen, dass meine Fluglinie die kürzeste Entfernung zwischen zwei Punkten ist. Zwischen beliebigen zwei Punkten", fügte er stolz hinzu. „Oh, zweifellos zwischen allen Punkten", sagte der Fuchs höflich. „Und vielen Dank für das Opfer, das du gebracht, indem du mir den Löwenanteil vermachst." Gesättigt lief er davon, während der hungrige Rabe einsam und verlassen auf dem Baum zurückblieb.

Aus: 75 Fabeln für Zeitgenossen. Reinbek bei Hamburg: Rowohlt Verlag 1967

---

[1] Erklärung der Formulierung „von ihnen gehen zwölf aufs Dutzend": Es gibt viele Singvögel, sie kommen häufig vor und sind nicht gerade einmalig

1. Mit welchen Wörtern beschreiben sich Fuchs und Rabe gegenseitig?
2. Was denken sie wirklich voneinander? Begründe deine Auffassung.
3. Erinnere dich an die bisherigen Fabeln über Fuchs und Rabe und bestimme durch einen Vergleiche die Unterschiede und Gemeinsamkeiten. Du kannst dafür auch eine Tabelle anlegen.
4. Kreuze die Lehre an, die deiner Meinung nach am besten auf Thurbers Fabel zutrifft:

☐ Ehrlich währt am längsten. ☐ Wer schlau ist, erreicht sein Ziel. ☐ Wer teilt, ist schlau.

Gottlieb Konrad Pfeffel: Die Stufenleiter (1792)

Ein schlauer Sperling haschte sich
Ein blaues Mücklein. „Weh mir Armen!",
Rief es, „ach Herr, verschone mich,
Lass meiner Jugend dich erbarmen!"
5 „Nein", sprach der Mörder, „du bist mein:
Denn ich bin groß und du bist klein."

Ein Sperber fand ihn bei dem Schmaus.
So leicht wird kaum ein Floh gefangen
10 Als Junker Spatz. „Gib", rief er aus,
„Mich frei! Was hab ich denn begangen?"
„Nein", sprach der Mörder, „du bist mein:
Denn ich bin groß und du bist klein."

Ein Adler sah den Gauch[1] und schoss
Auf ihn herab, und riss den Rücken 15
Ihm auf. „Herr König, lass mich los",
Rief er, „du hackst mich ja in Stücken."
„Nein", sprach der Mörder, „du bist mein:
Denn ich bin groß und du bist klein."

20
Schnell kam ein Pfeil vom nahen Bühl[2]
Dem Adler in die Brust geflogen.
„Warum", rief er, indem er fiel,
Zum Jäger, „tötet mich dein Bogen?"
„Ei", sprach der Mörder, „du bist mein: 25
Denn ich bin groß und du bist klein."

Aus: Gottlieb Konrad Pfeffel: Skorpion und Hirtenknabe.
Memmingen: Maximilian Dietrich Verlag 1970

---
[1] hier: Narr, Dummkopf
[2] Hügel, Erhebung

1. Lest die Fabel mit verteilten Rollen: Je ein Schüler spricht den Erzähler, der andere die wörtliche Rede.

2. Erzählt euch nun die Handlung mit eigenen Worten nach. Klärt dafür die wichtigen W-Fragen: Wer? Wo? Was? Wie? Warum?

3. Versucht, die Stufenleiter, um die es in dieser Fabel geht, als **Skizze** darzustellen. Notiert dafür auf der Stufe die jeweilige Tier-Paarung und unter der Stufe ein Stichwort zum jeweiligen Vorgang.

Pieter Brueghel der Ältere:
Die großen Fische fressen
die kleinen (1556)

4. Beschreibe die Pinselzeichnung. Worin besteht ihre Überraschung oder ihr Schockeffekt?

5. Stelle einen Zusammenhang zwischen der Zeichnung und der Fabel her. Formuliert eine **Lehre**.

6. Eine Schülerin sagt: „Wir beschäftigen uns in der Schule zu häufig mit Gedichten, statt mehr darüber zu erfahren, was wir wirklich im Leben brauchen, wie z. B. das Anfertigen einer Steuererklärung." Schreibe dieser Schülerin einen **Brief**, in dem du ihr am Beispiel der Fabel „Die Stufenleiter" erklärst, warum es wichtig ist, diese Fabel für das spätere Leben zu kennen.

Texte gezielt überarbeiten: Die ESAU-Methode

Du kannst die sprachliche und inhaltliche Qualität eines von dir verfassten Textes deutlich erhöhen, wenn du diesen im Anschluss an die erste Produktionsphase zielgerichtet überarbeitest, d. h. mithilfe von Regeln verbesserst. Das geht gut mit der sog. ESAU-Methode:

> **E**RGÄNZEN: **wo eine Lücke auffällt** (z. B. mit Einfügeschleife über der Einfügestelle)
>
> **S**TREICHEN: **wo etwas überflüssig erscheint** (einfach das Wort/die Wörter durchstreichen)
>
> **A**USTAUSCHEN: **wo ein Wort, Satzglied, Satz, Textteil nicht passt** (also streichen u. ergänzen)
>
> **U**MSTELLEN: **wo die Reihenfolge der Satzglieder, Sätze, Gedanken oder Textabschnitte unstimmig ist** (Stelle um mit über den Wörtern fortlaufenden Ziffern.)
>
> Nach: http://www.fachdidaktik-einecke.de/9c_Meth_Textproduktion/esau_textueberarbeitung.htm © Günther Einecke

Hier jeweils ein Beispiel:

Ergänzen: *Der Rabe freute sich über das Lob des Fuchses. Er öffnete seinen Schnabel.*

→ *Der Rabe freute sich über das Lob des Fuchses. Er öffnete* √ *seinen Schnabel.*   (deshalb)

Streichen: *Der Rabe freute sich über das Lob. Deshalb öffnete er aus Freude über das vom Fuchs erhaltene Lob seinen Schnabel und begann zu krächzen.*

→ *Der Rabe freute sich über das Lob. Deshalb öffnete er ~~aus Freude über das vom Fuchs erhaltene Lob~~ seinen Schnabel und begann zu krächzen.*

Austauschen: *Der Rabe freute sich über das Lob des Fuchses. Deshalb umarmte der Rabe den Fuchs.*

→ *Der Rabe freute sich über das Lob des Fuchses. Deshalb umarmte* √ √.   (er ihn)

Umstellen: *Der Rabe freute sich über das Lob des Fuchses.*

→ *Über das Lob des Fuchses freute sich der Rabe.*

Vom Sinn der Literatur im Deutschunterricht

Jens Bauszus: 17-Jährige sorgt mit Tweet für Aufregung

Nicht für das Leben, sondern für die Schule lernen wir, bemängelte schon der römische Philosoph Seneca. 2000 Jahre später bringt eine 17 Jahre alte Schülerin aus Köln ihre missliche Lage zynisch auf den Punkt.
5 Mit ihrem klugen Post erntet Twitter-Userin Naina einen Tsunami der Zustimmung.
Der vielleicht heiligste Satz der Pädagogik lautet: „Non scholae, sed vitae discimus" – „Nicht für die Schule, sondern für das Leben lernen wir." Das Zitat stammt
10 von Seneca – und lautete ursprünglich genau umgekehrt. „Non vitae, sed scholae discimus." Nicht für das Leben, sondern für die Schule lernen wir. Schon vor 2000 Jahren beklagte sich der römische Schriftsteller (..) also, dass die pädagogische Erziehung in der Schu-
15 le kaum dazu geeignet sei, junge Menschen auf das richtige Leben da draußen vorzubereiten.
Im Laufe der Jahrhunderte hat sich die Kritik am System Schule nie verändert. Seit jeher schreiben Schulpolitiker den Schülern vor, was Schule ausmachen soll. Seit jeher scheitern sie mehr oder weniger gran- 20 dios. Heutzutage vielleicht mehr denn je. Denn das Leben der Heranwachsenden bleibt in einem Lehrplan voller Schulaufgaben, Klausuren, Kern- und Fachkompetenzen auf der Strecke.
An Kritik am Schulsystem mangelt es also nie. Wohl 25 aber nie zuvor wurde die Kritik derart zynisch, treffend und einleuchtend auf den Punkt gebracht, wie nun von einer 17 Jahre alten Schülerin aus Köln. „Ich bin fast 18 und hab keine Ahnung von Steuern, Miete oder Versicherungen. Aber ich kann 'ne Gedichtsana- 30 lyse schreiben. In 4 Sprachen", twitterte die Jugendliche mit dem Twitter-Namen Naina – und erntet in den sozialen Netzwerken einen Tsunami der Zustimmung. Zunächst freute sie sich über ihren gelungenen Coup. Doch nachdem über Nacht die Zahl ihrer 35 Follower derart in die Höhe schoss, kann sie die Begeisterung kaum glauben.

Jens Bauszus; URL: http://www.focus.de/familie/schule/schuelerin-prangert-schulsystem-an-allgemeinbildung-fehlanzeige-aber-ich-kann-ne-gedichts-analyse-in-4-sprachen_id_4398825.html (Abruf: 01.03.2015)

1. Was vermisst Naina in der Schule? Kannst du ihre Einschätzung nachvollziehen? Gibt es Inhalte, die du auch vermisst? Berichte davon. Überlege auch, aus welchen Gründen sie wohl (noch) nicht im Unterricht thematisiert wurden.

2. Lies den kleinen Text von Martin Luther „Über die Fabel". Kläre dir unkannte Wörter und Formulierungen. Welche Gründe nennt Luther für die Entstehung einer Fabel?

3. Verfasse im Anschluss einen eigenen „Tweet" (= eine kurze, begründete Antwort) an die Schülerin, in dem du den Sinn von Gedichten und Fabeln beschreibst. Erläutere dabei Naina, warum Fabeln durchaus etwas mit ihrem eigenen Leben zu tun haben, und beziehe dich ausdrücklich auf den ersten Satz der Äußerung Luthers.

Martin Luther: Über die Fabel

Alle Welt hasset die Wahrheit, wenn sie einen trifft. Darum haben weise hohe Leute die Fabeln erdichtet und lassen ein Tier mit dem anderen reden, als wollten sie sagen: Wohlan, es will niemand die Wahrheit
5 hören noch leiden, und man kann doch der Wahrheit nicht entbehren, so wollen wir sie schmücken und unter einer lustigen Lügenfarbe und lieblichen Fabeln kleiden; und weil man sie nicht will hören aus Menschenmund, dass man sie doch höre aus Tier- und Bestienmund. So geschieht's denn, wenn man die Fa- 10 beln liest; dass ein Tier dem andern, ein Wolf dem andern die Wahrheit sagt, ja zuweilen der gemalte Wolf oder Bär oder Löwe im Buch dem rechten zweifüßigen Wolf und Löwen einen guten Text heimlich liest, den ihm sonst kein Prediger, Freund noch Feind 15 lesen dürfte.

Aus: http://www.fabelnundanderes.at/martin_luther.htm (Abruf: 01.03.2015)

Rollenkarten für die Gruppenarbeit

AUFGABEN-MANAGER

Du bist verantwortlich dafür, dass jeder Teilnehmer deiner Gruppe auch wirklich an der Aufgabe arbeitet. Als freundlicher Aufpasser hast du darauf zu achten, dass niemand abgelenkt wird. So trägst du in deiner Rolle dazu bei, dass ihr eure Aufgabe auch wirklich vollständig bearbeiten könnt!

BOTE

Es ist möglich, dass deine Gruppe während der Bearbeitung der Aufgaben eine oder mehrere Fragen hat, auf die ihr selbst keine Antwort findet. Dann ist es deine Aufgabe als Bote, zu eurem Lehrer/eurer Lehrerin zu gehen und die Gruppenfrage zu stellen. Trage die Antwort dann in deiner Gruppe vor.

AUFSCHREIBER

Deine Aufgabe ist es vor allem, die Ergebnisse der Arbeit zu notieren, also schriftlich festzuhalten, damit eure Gruppe das Erarbeitete am Ende auch in der Klasse vorstellen, präsentieren, kann. Du solltest dir beim Aufschreiben viel Mühe geben und über ein gutes Schriftbild verfügen.

ZEIT-WÄCHTER

Du hast die verantwortungsvolle Aufgabe, darauf zu achten, dass sich eure Gruppe die zur Verfügung stehende Zeit gut einteilt. Wenn ihr zu langsam arbeitet, machst du darauf aufmerksam. Wenn ihr zu schnell und oberflächlich arbeitet, beruhigst du das Arbeitstempo.

MATERIAL-BESCHAFFER

Du kontrollierst, ob alle in der Gruppe wie vorgesehen sorgfältig mit dem Material umgehen. Du hast auch die Aufgabe, eventuell fehlendes Material wie eine Schere oder ein Plakat zu besorgen. Am Ende ist es deine Aufgabe, das zur Verfügung gestellte restliche Material wieder vollständig und in gutem Zustand zurückzubringen.

BENIMM-WÄCHTER

Wie ein freundlicher Polizist hast du darauf zu achten, dass deine Gruppenmitglieder und du selbst so arbeiten wie vorgesehen. Vor allem ist es wichtig, dass ihr andere Gruppen nicht stört, zum Beispiel durch eine unangemessene Lautstärke. Du machst deine Gruppenmitglieder also freundlich darauf aufmerksam, wenn sie andere stören. Das gilt natürlich auch für die Arbeit in der eigenen Gruppe!

In Anlehnung an: http://paul-matthies.de/Schule/ (Abruf: 06.03.2015)

Eine Wandzeitung erstellen

Wandzeitungen haben eine klare Überschrift

- → untergliedern das Thema in Teilgebiete
- → bestehen aus gut ausgewählten und schön gestalteten Materialien
- → laden die Betrachter zum Anschauen, Lesen und Nachdenken ein

Wozu erstellt man eine Wandzeitung?

Die Wandzeitung ist eine informative, großformatige, gut lesbare und anschaulich gestaltete Präsentationsform von Arbeitsergebnissen. Sie dient als Informationsquelle für Mitschülerinnen und Mitschüler, Lehrerinnen und Lehrer oder auch für eine breitere Öffentlichkeit.

Eine gute Wandzeitung hat eine klare Überschrift. Sie ist optisch so ansprechend gestaltet, dass sie zum Anschauen und Lesen einlädt. Für die Verfasserinnen und Verfasser selbst hat sie den Effekt, dass man längere Zeit auf die erarbeiteten Informationen zurückgreifen kann.

Wandzeitungen können in fast allen Fächern erstellt werden. Man kann z.B. geschichtliche Epochen darstellen, Themen aus der Tier- und Pflanzenwelt, Ergebnisse naturwissenschaftlicher Experimente, Länder, Kontinente, Menschen in anderen Ländern, aktuelle Krisengebiete, Kunstrichtungen, Baustile u. v. a. m.

Wie erstellt man sie?

Nachdem man sich auf ein Thema für die Wandzeitung geeinigt hat, sollte man über die Zielsetzung nachdenken. Für welche Adressatengruppe machen wir sie? Was soll sie den Betrachtern vermitteln? Es bietet sich eine Erarbeitung in Gruppen an, wobei eine bestimmte Zeit für die Fertigstellung vereinbart werden sollte.

Danach kann man das Thema in verschiedene Teilgebiete untergliedern und nach den passenden Materialien suchen. Aus dem Gesamtmaterial muss eine Auswahl getroffen werden, damit die Wandzeitung nicht überladen wirkt.

Eine formal übersichtliche und optisch ansprechende Gestaltung ist für die Wirkung einer Wandzeitung sehr bedeutsam. Verwendet kurze, selbst geschriebene Texte. Besonders ansprechend wirken selbst angefertigte Zeichnungen und andere Visualisierungen, die auch aus dem Computer stammen können. Auch Fotos und andere fertige Materialien können verwendet werden. Auf die Verwendung kopierter Texte solltet ihr verzichten, weil sie in der Regel von den Betrachtern nicht gelesen werden. Die Textmenge darf nicht zu umfangreich sein.

Worauf solltet ihr besonders achten?

- Schriftgröße (als Faustregel gilt, pro Meter Abstand, aus dem die Wandzeitung lesbar sein soll, ein Zentimeter Mindestschriftgröße, z.B. bei drei Metern Abstand, drei Zentimeter große Buchstaben)
- Schriftfarbe: Rot sparsam verwenden, Grün wirkt positiv, Blau beruhigend, Gelb und Orange signalgebend, Schwarz kann unsauber wirken
- ansprechende Überschriften
- ausgewogenes Verhältnis von Text und Bildern
- übersichtliche Gliederung

Aus: Wolfgang Mattes: Methoden für den Unterricht. Paderborn: Schöningh 2002, S. 107

Fabeln vergleichen – Das Motiv des Tanzbären

1. *Beschreiben und deuten Sie die beiden Abbildungen, indem Sie den Zweck (die Absicht) des Vorgangs und mögliche Folgen herausarbeiten.*

2. *Die spektakuläre Unterhaltung der Bürger durch sog. „Tanzbären" war in früherer Zeit eine willkommene Abwechslung. Erläutern Sie, warum es derartige Tanzbärvorführungen heute kaum noch gibt, und begründen Sie den Wandel.*

3. *Im Folgenden werden Ihnen Fabeln mit dem Titel „Der Tanzbär" vorgestellt. Welche Inhalte erwarten Sie? Skizzieren Sie eine mögliche Fabelhandlung. (S. Arbeitsblatt 28)*

Peter-André Alt: Hauptströmungen und Leitaspekte der Aufklärung

Trotz des vielschichtigen und oft widersprüchlichen Gedankenguts innerhalb der Aufklärungsepoche lässt sich in der historischen Rückschau eine Schnittmenge von Grundideen und Grundprinzipien rekonstruieren, die für die Aufklärung insgesamt mehr als andere charakteristisch waren. Diese „Hauptströmungen" und „Leitaspekte" der Aufklärung arbeitete der Professor für Neuere Deutsche Literaturwissenschaft, Peter-André Alt, heraus.

1. Aufklärung scheint beherrscht durch eine grundsätzliche **Ermächtigung der Vernunft**. Der Vernunftbegriff selbst unterliegt dabei divergierenden[1] Auffassungen; im Rationalismus[2] scheint er allein auf die Verstandestätigkeit des Menschen bezogen, im Empirismus[3] wird er auf den Bereich des Fühlens und Empfindens ausgeweitet, bei Kant besitzt er den Charakter eines die Realität selbst erst konstituierenden Instruments. Trotz solcher Differenzen bleibt Aufklärung jedoch in sämtlichen ihrer Phasen eine Bewegung, die die Vernunft des Menschen in den Mittelpunkt ihres analytischen bzw. praktischen Interesses rückt. [...] Die Vernunft steht [...] im Zentrum der optimistischen Zukunftserwartungen aufgeklärten Denkens. Das praktische Ideal vernunftgegründeten Handelns soll die Garantie dafür schaffen, dass sich der Mensch in der von Gott hervorgebrachten Schöpfung nach besten Möglichkeiten einrichtet und [...] in seiner individuellen bzw. gattungsgeschichtlichen Entwicklung zu immer größerer Vollkommenheit fortschreitet.

2. Aufklärung versteht sich als **Erziehung des Menschen**, als Anleitung zum Gebrauch seiner Verstandeskräfte, Beitrag zur vernünftigen (das heißt hier auch: tugendhaften) Lebensführung, als Programm der Befreiung von Aberglaube und Unfreiheit im Interesse der Ausbildung intellektueller Fertigkeiten vor dem Hintergrund des epochentypischen Anspruchs auf die diesseitige Verwirklichung der persönlichen Glücksmöglichkeiten des Einzelnen. Hilfsmittel solcher Wirkungsabsichten wären [...] die Förderung publizistischer Öffentlichkeit, die Ausbildung von Buch- und Zeitschriftenmarkt, die Neukonzeption des schulischen und universitären Unterrichts. Das aufgeklärte 18. Jahrhundert ist das Zeitalter der Entdeckung des Lesers und die Epoche der Pädagogik [...]. Dieser phasenübergreifende pragmatische Aspekt bestimmt nicht zuletzt die Ambitionen der schönen Literatur [...]. Nutzen (im Sinne der Umsetzung erzieherischer Intentionen) und Gefallen (als Wirkung ästhetischer Formen) sollen sich in der Poesie des aufgeklärten Zeitalters die Waage halten; antiker Mustertext bleibt hier Horaz' *Ars poetica* mit der immer wieder zitierten Formel „aut prodesse volunt aut delectare poetae/aut simul"[4] [...].

3. Aufklärung erscheint als das **Zeitalter des Wissens und der Wissenschaften** [...]. Entscheidend für dieses neue Vertrauen in die intellektuellen Fertigkeiten des Menschen ist der veränderte methodische Anspruch, mit dem die Naturwissenschaften ihrerseits aufwarteten. An die Stelle des noch im 17. Jahrhunderts gültigen Vorbehalts, dass der Mensch die Geheimnisse der Schöpfung letzthin nicht erschließen könne, weil allein Gott absolutes Wissen über sie besitze, tritt im Zeitalter der Aufklärung ein bis dahin unbekanntes Wahrheitspostulat wissenschaftlicher Verfahrensweisen. Kenntnisse über die Natur tragen keinen rein hypothetischen Charakter, sondern empfangen eine realitätserschließende Dimension; sie bilden keine bloßen Denkmodelle ohne echten Wirklichkeitsbezug, vielmehr treten sie in Konkurrenz zum Wahrheitsprivileg der Theologie. Schaltstelle dieses konzeptionellen Veränderungsprozesses ist der Rationalismus, der davon ausgeht, dass die Natur von Gott nach den Prinzipien der Vernunft geschaffen wurde, mithin auch durch eine auf Vernunftregeln gegründete Wissenschaft vollständig zu erschließen ist. Wesentliche methodische Stützen dieses Anspruchs bilden die empirische Beobachtung der Natur und die Überprüfung ihrer Gesetzmäßigkeiten im Experiment, die nunmehr als Verfahrensweisen in den Mittelpunkt der naturwissenschaftlichen Welterkenntnis treten.

4. Aufklärung bedeutet stets auch **Säkularisierung**[5] und schließt eine fortschreitende Verweltlichung im Zeichen der Verdrängung kirchlicher Autoritäten ein. Der Prozess dieser Verdrängung vollzieht sich zunächst nur langsam und steht durchweg unter dem Diktat strategischer Rücksichten angesichts einer im ausgehenden 17. Jahrhundert noch unangefochtenen

---

[1] divergierend = auseinandergehend, gegensätzlich verlaufend
[2] Rationalismus = Geisteshaltung, die vernünftiges Verstandesdenken als (einzige) Grundlage der Erkenntnis betrachtet
[3] Empirismus = Geisteshaltung, die Erfahrung, Beobachtung und Experiment als (einzige) Grundlagen der Erkenntnis betrachtet
[4] übersetzt: „Die Dichter wollen entweder nützen oder unterhalten/oder beides zugleich"
[5] Säkularisierung: Verweltlichung

Herrschaft der Kirchen. Bereits in der Frühphase der europäischen Aufklärung, die entscheidend geprägt ist vom Versuch, Vernunfterkenntnis und Wahrheit der christlichen Offenbarung miteinander zu versöhnen, zeichnet sich jedoch ab, das die Ermächtigung der menschlichen Ratio zwangsläufig die Entmächtigung der Sphäre des Glaubens und seiner Institutionen herbeiführen muss. Säkularisierung impliziert freilich mehr als nur die, wie Hans Blumenberg gesagt hat, „Liquidation[1] von Restbeständen des Mittelalters" [...]; sie ist zugleich auch Umwertung, Umbesetzung theologischer Problemgehalte durch weltliche Themenkomplexe. Im Prozess der Säkularisierung vollzieht sich nicht allein eine von der fortschreitenden Verdrängung religiöser Inhalte geförderte Verweltlichung des Denkens, sondern auch die umgekehrte Bewegungsrichtung: Die Vernunft empfängt ihrerseits den Charakter der Ersatzreligion, indem sie an den Platz der christlichen Konfession tritt. [...] Säkularisierung bedeutet aber auch, dass dem einzelnen Menschen bisher unbekannte Freiheiten im Prozess seiner Selbstentfaltung zugestanden werden, dessen Dynamik das 17. Jahrhundert durch den Gedanken der christlichen Transzendenz [...] und die [...] Vertröstung auf die Erlösung im Jenseits (als Heilmittel gegen die Enttäuschungen der Welt) eingeschränkt hatte. Die Aufklärung betont dagegen die je individuellen Möglichkeiten jedes einzelnen Menschen, sein Glück innerhalb der diesseitigen Ordnung der Dinge zu begründen. Diese persönliche Glücksverheißung gehört zum Programm sämtlicher philosophischer Entwürfe aufgeklärter Provenienz[2] [...].

Aus: Peter-André Alt: Aufklärung. 3. Auflage. S. 11 ff. © 2007 J.B. Metzlersche Verlagsbuchhandlung und Carl Ernst Poeschel Verlag GmbH in Stuttgart

---

[1] Liquidation = (hier:) Beseitigung, Abwicklung

[2] Provenienz = Herkunft

Sachtexte selbstständig erschließen: Das Haus des Fragens[3]

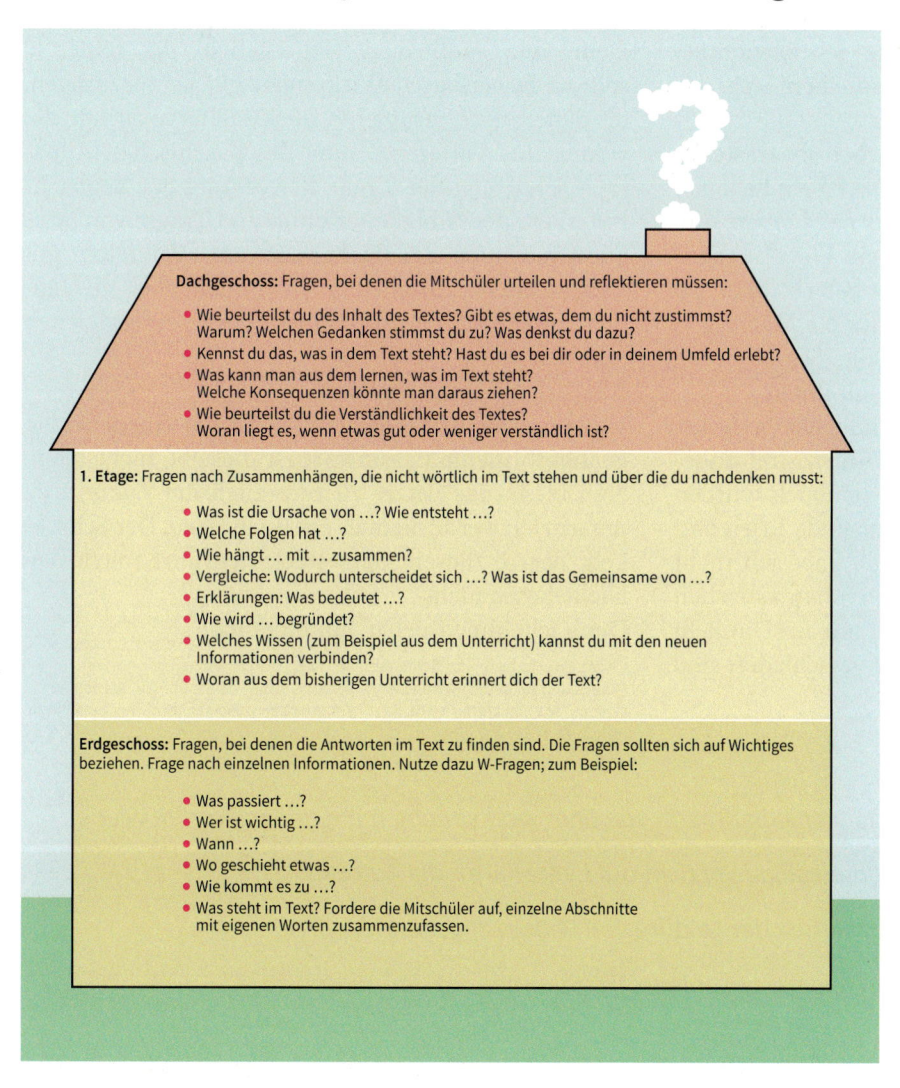

Dachgeschoss: Fragen, bei denen die Mitschüler urteilen und reflektieren müssen:
- Wie beurteilst du des Inhalt des Textes? Gibt es etwas, dem du nicht zustimmst? Warum? Welchen Gedanken stimmst du zu? Was denkst du dazu?
- Kennst du das, was in dem Text steht? Hast du es bei dir oder in deinem Umfeld erlebt?
- Was kann man aus dem lernen, was im Text steht? Welche Konsequenzen könnte man daraus ziehen?
- Wie beurteilst du die Verständlichkeit des Textes? Woran liegt es, wenn etwas gut oder weniger verständlich ist?

1. Etage: Fragen nach Zusammenhängen, die nicht wörtlich im Text stehen und über die du nachdenken musst:
- Was ist die Ursache von …? Wie entsteht …?
- Welche Folgen hat …?
- Wie hängt … mit … zusammen?
- Vergleiche: Wodurch unterscheidet sich …? Was ist das Gemeinsame von …?
- Erklärungen: Was bedeutet …?
- Wie wird … begründet?
- Welches Wissen (zum Beispiel aus dem Unterricht) kannst du mit den neuen Informationen verbinden?
- Woran aus dem bisherigen Unterricht erinnert dich der Text?

Erdgeschoss: Fragen, bei denen die Antworten im Text zu finden sind. Die Fragen sollten sich auf Wichtiges beziehen. Frage nach einzelnen Informationen. Nutze dazu W-Fragen; zum Beispiel:
- Was passiert …?
- Wer ist wichtig …?
- Wann …?
- Wo geschieht etwas …?
- Wie kommt es zu …?
- Was steht im Text? Fordere die Mitschüler auf, einzelne Abschnitte mit eigenen Worten zusammenzufassen.

Erarbeiten Sie sich den vorliegenden Sachtext möglichst eigenständig, indem Sie schrittweise die einzelnen Geschosse des „Hauses des Fragens" – einer Methode der Sachtextanalyse – abgehen und deren Fragen beantworten. Starten Sie im „Erdgeschoss" und enden Sie im „Dachgeschoss".

---

[3] Vgl. Praxis Schule 5/2012, S. 13.

Christa Wolf: Tabula rasa

Christa Wolf (1929 – 2011) war eine berühmte deutsche Dichterin. Sie zählte zu den bedeutendsten Schriftstellern und Intellektuellen in der ehemaligen DDR. International bekannt sind vor allem ihre Romane und Erzählungen wie „Der geteilte Himmel" (1963), „Kein Ort. Nirgends" (1979) oder „Kassandra" (1983). Christa Wolfs literarisches Werk wurde vielfach ausgezeichnet, zum Beispiel mit dem „Georg-Büchner-Preis" (1980) oder dem „Thomas-Mann-Preis" (2010).

Leisten wir uns ein Gedankenexperiment. Eine Kraft, nicht näher zu bezeichnen, lösche durch einen Zauberschlag jede Spur aus, die sich durch Lesen von Prosabüchern in meinen Kopf eingegraben hat. Was würde mir fehlen?

Die Antwort ist nicht nur mörderisch; sie ist auch unmöglich. Wenn einer sie geben könnte, wüßte man Genaueres über die Wirkungen von Literatur. Beginne ich in mir abzutöten: das makellose, unschuldig leidende Schneewittchen und die böse Stiefmutter, die am Ende in den glühenden Pantoffeln tanzt, so vernichte ich ein Ur-Muster, die lebenswichtige Grundüberzeugung vom unvermeidlichen Sieg des Guten über das Böse.

… niemals bin ich vor einem Rauschen im finsteren Wald erschrocken: Rübezahl! Die Tierfabeln habe ich nie gelesen, ich verstehe nicht, was das heißen soll: „listig wie ein Fuchs", „mutig wie ein Löwe". Eulenspiegel kenne ich nicht, habe nicht gelacht über die Listen der Schwachen, mit denen sie die Mächtigen besiegen. Die Sieben Schwaben, die Schildbürger, Don Quijote, Gulliver, […], hinweg mit ihnen.

Arm, ausgeplündert, entblößt und ungefeit[1] trete ich in mein zehntes Jahr. Brennende Tränen sind ungeweint geblieben; der Hexe im Märchenbuch wurden nicht die Augen ausgekratzt; die jubelnde Erleichterung über die Rettung eines Helden habe ich nicht kennengelernt; nie bin ich zu den phantastischen Träumen angeregt worden, die ich mir im Dunkeln erzähle. Ich weiß nicht, daß Völker verschieden sind und doch einander ähnlich. Meine Moral ist nicht entwickelt, ich leide an geistiger Auszehrung, meine Phantasie ist verkümmert. Vergleichen, urteilen fällt mir schwer. Schön und häßlich, gut und böse sind schwankende, unsichere Begriffe.

Es steht schlecht um mich.

Wie soll ich ahnen, daß die Welt, in der ich lebe, dicht, bunt, üppig, von den merkwürdigsten Figuren bevölkert ist? Daß sie voller Abenteuer steckt, die ausgerechnet auf mich warten? […]

Die Verwilderung wird zunehmen.

Denn nun muß man weitergehen: die feineren, schwer beweisbaren Wirkungen gilt es auszutilgen, die dauernder Umgang mit Büchern hervorbringt: die Übung und Differenzierung des psychischen Apparats; Schärfung der Sinne; Erweckung der Beobachtungslust, der Fähigkeit, Komik und Tragik von Situationen zu sehen; Heiterkeit aus Vergleich mit Vergangenem zu ziehen. […] Vor allem aber: zu staunen; unaufhörlich zu staunen über seinesgleichen und sich selbst.

Aber *ich habe nicht gelesen*.

Nicht nur meine Vergangenheit ist mit einem Schlag geändert: meine Gegenwart ist dieselbe nicht mehr. Nun bleibt das Letzte zu tun: auch die Zukunft zu opfern. Ich werde niemals ein Buch lesen. Der Schrecken, der in diesem Satz steckt, berührt mich, den Nicht-Leser, nicht.

Denn ich, ohne Bücher, bin nicht ich.

---
[1] ungefeit: ungeschützt

Christa Wolf: Lesen und Schreiben. In: Dies.: Die Dimension der Autorin. Essays und Aufsätze, Reden und Gespräche 1959 – 1985. Band 2. Berlin und Weimar: Aufbau Verlag 1989, S. 17 – 22. Aus lizenzrechtlichen Gründen nicht in reformierter Schreibung

1. Geben Sie das Gedankenexperiment, von dem Wolf spricht, mit eigenen Worten wieder.
2. Welche Folgen hat der völlige Verzicht auf Literatur für die Autorin?
3. Welche Bedeutung werden der Lektüre von Fabeln zugeschrieben?
4. Reflektieren Sie Ihre eigene Lesebiografie. Stimmen Sie der Autorin zu?

Ein Buddybook erstellen – Bastelanleitung

Schritt 1

Lege das ausgedruckte Blatt Papier vor dir auf den Tisch.

Schritt 2

Das Blatt wird einmal längs gefaltet und wieder aufgeklappt.

Schritt 3

Das Blatt wird einmal quer gefaltet und wieder aufgeklappt.

Schritt 4

Das Blatt wird zum „Zick-Zack-Dach" gefaltet und danach wieder auf das DIN-A5-Maß aufgeklappt.

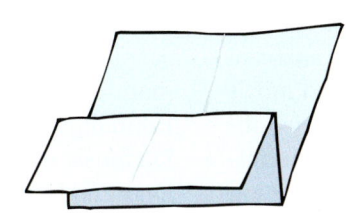

Schritt 5

Das Blatt wird von der geschlossenen Seite her entlang der Faltlinie bis zur Querfaltung eingeschnitten.

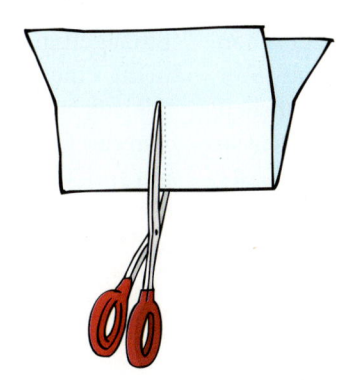

Schritt 6

Das Blatt wird wieder vollständig aufgeklappt und erneut in der Länge gefaltet.

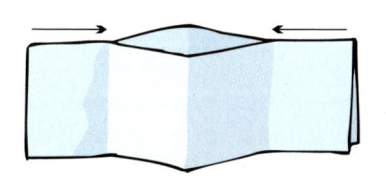

Danach wird das Blatt zum Stern gefaltet.

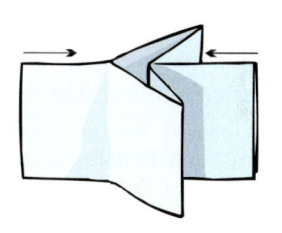

Schritt 7

Das Blatt wird zur endgültigen Form, zum Buch gefaltet.

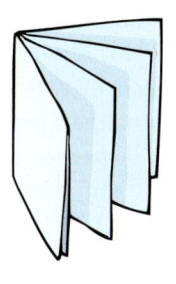

Nach: http://grundschule-greffen.de/buddy-book/ (Abruf: 28.07.2015)

Sybil Gräfin Schönfeldt: Fabeln aus aller Welt (Vorwort)

Du schleichst wie eine Schnecke und hüpfst wie ein Floh. Du bist bärenstark, bienenfleißig und weise wie die alte Eule. Aber ist die Eule wirklich weise? Und sind die Spinnen mit ihrer unablässigen Netzweberei
5 nicht viel fleißiger als die Bienen? Warum sagt man also lammfromm und mauseleise?
Das hängt mit der Blume zusammen, mit der Möglichkeit, „durch die Blume" zu sprechen: Wenn ich mir beim Reden einen dicken Blumenstrauß vor die
10 Nase halte, kann mir mein Gegenüber nicht vom Gesicht ablesen, was ich denke. Dann trifft ihn auch das, was ich sage, nicht direkt. Zwischen ihm und mir ist etwas Drittes. Und dieses Dritte kann noch vielfältiger und eindrucksvoller als der dickste und duftends-
15 te Blumenstrauß sein, wenn ich Rose gegen Reh eintausche und mir alle Tiere vom Floh bis zum Elefanten zur Hilfe hole. So kann ich nämlich einem eitlen Fratz unumwunden vom eingebildeten Raben erzählen, der sich mit fremden Federn schmückte und sich damit
20 nur lächerlich machte. Oder einem Vertrauensseligen vom Schäfchen, das auf den Wolf hereinfiel, der sich mit einem Fell als frommes Lamm verkleidet hatte. Dabei erzähle ich Fabeln, ausgedachte Geschichten, und am Ende manch einer alten Fabel steht die Frage:
25 Und die Moral von der Geschicht? Denn das ist die Aufgabe der Fabel. Sie will wie eine weise Eule erzählen, wohin es führt, wenn man einfach drauflos lebt und nicht an das Ende denkt, also nicht an die Folgen unserer Taten und unserer Unterlassungen. Die Fabel
30 ist eine Lehre, für den, dem sie gilt, manchmal bitter oder peinlich und beschämend – aber die Fabel macht sie erträglich. Denn wer lässt sich gern sagen, dass er unbedacht und dumm gehandelt hat? Wer will schon immer die Wahrheit über sich selbst hören? Wer
35 kann es vor allem ertragen, wenn ihm diese Wahrheit in aller Öffentlichkeit präsentiert wird? Wenn er so töricht und so lächerlich dasteht, wie er wirklich ist? Darum ist es so gut, dass es Fabeln gibt und dass die Fabeln die Rolle dieses Dritten spielen. Ihre Geschich-
40 ten und ihre Moral stehen zwischen demjenigen, der sie erzählt, und demjenigen, der zuhört. Beide können sie betrachten wie ein lebendiges Wesen. Beide können erkennen, wovor die Fabel behüten und was sie sagen will. Sie können sich das zu Herzen nehmen.
45 Sie können die Fabel aber auch nur als eine seltsame oder komische Geschichte verstehen und bei allen anderen Erinnerungen aufheben. Vielleicht wacht diese Erinnerung dann eines Tages auf, wenn man das tut, wovor sie warnte, und bewahrt uns vor einem
50 unbedachten Ende.
Die Fabel tut noch etwas. Sie bewahrt die Freundschaft und den Frieden. Du brauchst, wenn dich jemand stört oder beleidigt oder bekümmert, keine Moralpredigten zu halten. Das macht die Fabel für dich.
55 Du musst niemanden angreifen und mit ihm streiten. Du erzählst eine Geschichte. Eine Fabel. Sie spricht für dich. Sie mahnt. Sie neckt. Sie bringt euch vielleicht alle beide zum Lachen. Sie tanzt manchmal im Rhythmus des Verses. Sie prägt sich oft ein durch den
60 Reim. Sie kommt im Gewand eines Märchens oder einer Minigeschichte. Sie kann auch so knapp und knackig sein wie ein Werbespruch.
Viele Fabeln sind älter als die Schrift und das Buch, weil Menschen wohl schon immer so etwas Drittes
65 gebraucht haben, und das Personal, die Tiere in Menschengestalt, war ihnen in der Geburtszeit der Fabeln näher als heute. Man konnte im eigenen Hühnerhof erfahren, wie dumm die Pute und wie schlau der Fuchs war, lebte mit Hütehunden und Naschkätz-
70 chen, kannte die Kraft des Ackergauls, wusste aber auch, dass er manchmal vor einem winzigen Mausekerlchen scheute. Jedes Jahrhundert, viele Dichter, jede Familie haben zu diesem Schatz von Fabeln neue hinzugefügt. Warum sollte es heute die Straßenbahn
75 nicht eines Tages satthaben, immer auf denselben Gleisen zu rollen. Was dann geschah? Und die Moral von der Geschicht'? Erzähl's doch weiter! Schreib es auf [...]. Oder wär' dir die Fabel von der Katze lieber, die kein Dosenfutter mag und sich lieber Mäuse ge-
80 kauft hätte? In diesem Sinne: viel Vergnügen bei allen Fabeln der Welt.

Aus: Karsten Teich: Fabeln aus aller Welt. Mit einem Vorwort von Sybil Gräfin Schönfeldt. Tulipan Verlag: Berlin 2012, S. 4

1. Erläutere mit eigenen Worten, warum die Autorin Fabeln mag.
2. Schreibe einen Brief an die Autorin und erzähle darin von deiner eigenen Lieblingsfabel.

Ein Fabeltheater basteln – Anleitung

Fabeln eignen sich in besonderer Weise zum Vorspielen. Das liegt daran, dass sich häufig zwei oder mehr Tiere begegnen, die gegeneinander handeln. Man spricht deshalb auch von Handlung und Gegenhandlung, bei den Tieren dann von Spieler und Gegenspieler. Weil so viel gesprochen wird, macht es großen Spaß, zu bekannten, aber auch zu selbst geschriebenen Fabeln ein „Fabeltheater" zu bauen und damit zu spielen.

Du kannst dir ein solches „Fabeltheater" selbst basteln. Entnimm dafür das, was du dazu brauchst, der folgenden Zeichnung. Stell anschließend dein „Fabeltheater" in der Klasse aus und erläutere den Sinn deiner Kulisse bzw. das Aussehen deiner Fabelfiguren. Falls du beim Bau deines Theaters besonders geschickt oder gar trickreich warst, kannst du ja deinen Mitschülern erklären, auf welche Weise du vorgegangen bist und welches Material du verwendet hast.

Spiele dann – am besten gemeinsam mit einem Mitschüler oder einer Mitschülerin – deine Fabel in deinem „Fabeltheater" vor. Besprecht die Wirkung und die Aussage (Lehre) der Fabel.

Klassenarbeit – Thema: Die Fabel

Textgrundlage: Georg Born: Sie tanzte nur einen Winter. Aus: Ders.: Borns Tierleben. Offenbach: Kumm 1955, S. 15

Georg Born: Sie tanzte nur einen Winter

Es war Sommer. Auf einer Wiese, wo sich die Blumen im weichen Winde wiegten, saß eine Grille. Sie sang. Am nahen Waldrand eilte geschäftig eine Ameise hin und her. Sie trug Nahrung für den Winter zusammen. So reihte sich Tag an Tag. Der Winter kam. Die Ameise zog sich in ihre Wohnung zurück und lebte von dem, was sie sich gesammelt hatte. Die sorglose Grille aber hatte nichts zu nagen und zu beißen. In ihrer Not entsann sie sich der fleißigen Ameise. Sie ging zu ihr, klopfte an und bat bescheiden um ein bisschen Nahrung. „Was hast du im Sommer getan?", fragte die Ameise hintergründig, denn sie liebte die Tüchtigkeit über alles. „Ich habe gesungen", antwortete die Grille wahrheitsgetreu. „Nun gut, dann tanze!", antwortete die Ameise boshaft und verschloss die Tür. Die Grille begann zu tanzen. Da sie es gut machte, wurde sie beim Ballett engagiert. Sie tanzte nur einen Winter und konnte sich dann ein Haus im Süden kaufen, wo sie das ganze Jahr singen konnte.

Aus: Georg Born: Borns Tierleben. Offenbach: Kumm Verlag 1955, S.15

Aufgabe 1: Beschreibe und deute die vorliegende Fabel von Georg Born, indem du …

- den Inhalt des Textes gliederst und mit eigenen Worten nacherzählst,
- mithilfe des Textes begründest, wem die Sympathie des Autors gilt,
- die Merkmale der Textsorte „Fabel" benennst und konkret nachweist,
- die Eigenschaften der Tiere beschreibst,
- eine passende Lehre zu der Fabel formulierst sowie
- am Ende deines Aufsatzes erläuterst, ob und warum dir die Fabel gefällt.

Aufgabe 2: Schreibe selbst eine eigene Fabel. Halte dich dabei an den im Unterricht erlernten Aufbau und bereite deinen Text mit einem Schreibplan vor. Formuliere deine Fabel zu einer der folgenden Lehren:

„Der Klügere gibt nach."
„Wer anderen eine Grube gräbt, fällt selbst hinein."
„Wenn zwei sich streiten, freut sich der Dritte."
„Reden ist Silber, Schweigen ist Gold."
„Undank ist der Welten Lohn."

„Ehrlich währt am längsten."
„Hochmut kommt vor dem Fall."
„Vor falschen Freunden muss man sich hüten."
„Wer zuletzt lacht, lacht am besten."
„Wer einmal lügt, dem glaubt man nicht, auch dann, wenn er die Wahrheit spricht."

Viel Erfolg!

Bewertungsbogen für _____

Aufgabe 1 Du ...	max. Punktzahl	
... gibst den **Inhalt** des Textes gegliedert und mit eigenen Worten sachlich zutreffend wieder.	5	
... **begründest** mithilfe des Textes, wem die Sympathie des Autors gilt.	3	
... benennst die **Merkmale** der Textsorte „Fabel" und weist sie konkret nach, z. B.: • kurzer Text, in dem Tiere wie Menschen denken und handeln • typischer Aufbau: Ausgangssituation – Aktion – Reaktion – Lehre • Tiere mit gegensätzlichen Eigenschaften treffen aufeinander und geraten in Streit • ein Beteiligter geht als Sieger hervor, häufig ist dies das vermeintlich schwächere Tier, das im Rahmen einer überraschenden Wende (Pointe) siegt • am Ende steht eine Lehre, aus der der Leser etwas lernen soll	5	
... formulierst eine passende **Lehre** zu der Fabel, z. B.: • „Lebe im Hier und Jetzt." • „Wer vom Morgen träumt, das Heute versäumt."	3	
... **erläuterst** am Ende deines Aufsatzes, ob und warum dir die Fabel gefällt.	2	
Teilpunktzahl Aufgabe 1	**18**	

Aufgabe 2 Du ...	max. Punktzahl	
... findest eine **fabelhafte Überschrift**, die zu deiner Handlung passt.	1	
... formulierst eine Einleitung, in der die zwei Tiere und die **Ausgangssituation** gut beschrieben werden, da der sich anbahnende Konflikt schon erkennbar wird.	3	
... verfasst im Hauptteil deiner Fabel ein **Streitgespräch** (Dialog) zwischen den beiden Tieren, aus dem das jeweilige Interesse (Ziel) hervorgeht.	8	
... wählst von ihrer Art her **gegensätzliche Tiere**, deren **typische Eigenschaften** deutlich werden.	2	
... beschreibst den **Ausgang des Konflikts**, indem eine Lösung (z. B. Pointe/überraschende Wende) vorgestellt wird.	4	
... wählst eine passende **Lehre** aus.	2	
Teilpunktzahl Aufgabe 2	**20**	

Sprachliche Darstellung: Du ...

... formulierst einfach (kurze anschauliche Sätze, wenig Nebensätze) und prägnant (ohne Wiederholungen).	2	
... gliederst deine Fabel nachvollziehbar (Überschrift, Absätze, Lehre).	2	
... nutzt wörtliche Rede und eine bildhafte Sprache mit treffenden Adjektiven.	2	
... schreibst sprachlich richtig (Rechtschreibung, Grammatik, Zeichensetzung).	6	
Teilpunktzahl „Sprachliche Leistung" (Darstellungsbereich)	**12**	

Gesamtpunktzahl: 50   Von dir erreichte Punktzahl: Deine Note:

Klausurvorschlag: Die Fabel im Zeitalter der Aufklärung

Aufgabe 1: Analysieren Sie den vorliegenden Text von Friedrich von Hagedorn (Text A).

Aufgabe 2: Vergleichen Sie Hagedorns Text mit dem Fischers (Text B) vor dem Hintergrund Ihrer Epochenkenntnisse.

Text A: Friedrich von Hagedorn: Der Glieder Streit mit dem Magen (1738)

Die Glieder fingen an, den Magen
Mit diesen Worten zu verklagen:
Da liegt er auf der Bärenhaut,
Tut nichts, als dass er nur verdaut,
5 Sich stets mit Speis' und Trank erquicket,
Und was ihm übrig, von sich schicket;

Wir aber sorgen Tag und Nacht,
Ihm seine Nahrung zu gewinnen;
Ei! sind wir dann nicht wohl bei Sinnen?
10 Auf, lasst uns ihm den Dienst entziehn!
Er mag hinfort sich auch bemühn,
Und seine Nahrung selbst erwerben,
Wo nicht; so kann er Hungers sterben;
Was haben wir vor Dank davon?
15 Was gab er uns vor einen Lohn?
Nun gnug, es heißt in diesem Falle,
Für sich ein jeder, Gott für alle!

Hiermit bewegte sich kein Glied,
Es ward dem Mund und armen Magen
Kein Essen weiter fürgetragen, 20
Der Leib bekam kein frisch Geblüt
Und konnt' aus Schwachheit und für Beben,
Nicht Haupt noch Fuß und Hand erheben.

Da merkten erst die Glieder an,
Dass der, der ihnen müßig schiene, 25
Dem ganzen Körper besser diene,
Als ihre Müh bisher getan,
Und ihnen allen heilsam wäre,
Wenn man ihn, wie zuvor, ernähre.

So müssen auch der Obrigkeit 30
Die Untertanen alle dienen;
Weil sie dafür hinwieder ihnen
Schutz, Unterhalt und Ruh verleiht.
Der Magen lebt zwar durch die Glieder;
Doch er ernährt und stärkt sie wieder. 35

Zitiert nach H. Lindner: Fabeln der Neuzeit. Fink Verlag: München 1978. Der Glieder Streit mit dem Magen, S. 169

Text B: Christian August Fischer: Die Revolution im Tierreich oder Der Magen und die Glieder[1]

Die Tiere waren der königlichen Regierung überdrüssig; sie hatten den Löwen abgesetzt; es war niemand auf seiner Seite als der Fuchs. „Aber lasst mich einziges Wort sagen!", sprach er. „Die Glieder empörten 5 sich einmal gegen den Magen. ‚Der unnütze Müßiggänger', sagten sie, ‚tut nichts als wohlleben und verdauen, indes wir uns zu Tode für ihn arbeiten.' Sie beschlossen, ihm nichts mehr zu reichen. Was geschah? Der Magen litt freilich, aber sie fühlten bald, dass sie mitlitten. Sie wurden alle Tage matter und 10 kraftloser; sie sahen endlich ein, dass sie den meisten Vorteil vom Magen hatten. Ebenso ist es mit der königlichen Gewalt", fuhr der Fuchs fort. „Auf ihr beruht das allgemeine Beste; alle anderen Stände, mit einem Worte, die ganze Nation besteht nur durch 15 sie!" „Du vergissest einen kleinen Umstand", fiel die Schlange ein, „der Magen isset und nützet zugleich, die meisten Könige essen nur." (1796)

[1] Zitiert nach K. Emmerich (Hg.): Der Wolf und das Pferd. Deutsche Tierfabeln des 18. Jahrhunderts. Wissenschaftliche Buchgesellschaft: Darmstadt 1960, S. 270

Viel Erfolg!

Bewertungsbogen für _____

Kurs: _____

Aufgabe 1: Die Schülerin/Der Schüler ...		
– verfasst eine aufgabenbezogene **Einleitung** (äußere Textdaten, Thema, Textsorte).	4	
– gibt den **Inhalt** der Fabel strukturiert, mit eigenen Worten und inhaltlich nicht verkürzt wieder, etwa: • Strophe 1 (V. 1–6): Ausgangssituation (Verärgerung der Glieder) • Strophe 2 (V. 7–17): Reaktion (Protestaktion der Glieder) • Strophe 3 (V. 18–29): Erkenntnis durch Betrachtung der negativen Folgen • Strophe 4 (V. 30–35): Transfer auf politisch-gesellschaftliche Ebene	8	
– erläutert das **Motiv** bzw. die **Intention** der Beschwerde der Glieder, etwa: • Verärgerung über angebliches Nichtstun/Faulheit des Magens angesichts eigener Mühen und anstrengender Arbeit (vgl. V. 1 ff.) • Vorwurf der Schnorrerei und des unverdienten Müßiggangs (vgl. V. 3 ff.) • Reflexion über eigenes Verhalten (vgl. V. 7 ff.) • Aufruf zum Protest (vgl. V. 10 f.) durch Einstellung der Arbeit • erhoffte Folge für den Magen: Zwang zur eigenen Tätigkeit und Arbeit • im Ganzen: Unzufriedenheit als Folge der Reflexion über die eigene Situation endet mit restaurativer Erkenntnis, dass die Aufrechterhaltung des Status quo seinen Sinn hat	6	
– beschreibt die **erzählerische u. sprachliche Gestaltung** der lyrischen Dingfabel, etwa: • lyrische Gestalt durch Strophen- und Reimmaß • gleichmäßiges Vers- und Reimmaß: vierhebiger Jambus, Strophe 1: Paarreim, Strophe 2, 3 + 4: umarmender Reim + Paarreim • typischer Fabelaufbau mit Ausgangssituation (Einleitung durch Erzählerbericht in den V. 1–8), dialogisch angelegter Hauptteil + Erzählerbericht in den V. 9–23, auf den Schluss bzw. das Ergebnis (vgl. V. 24–29) folgt die Lehre (V. 30–35) • Verstärkung durch wiederholte Aufzählungen und Zwillingsformen, z. B. „Tag und Nacht" (V. 7), „Speis und Trank" (V. 5) • rhetorische Fragen betonen subjektive Perspektive der Glieder des Körpers, z. B. in V. 9 oder in V. 14 f. • Alliteration („Mund und [...] Magen", V. 19) betont radikale, aber scheinbar notwendige Konsequenz des Entschlusses • Anaphorik (V. 14 + 15) verstärkt den Anspruch der Glieder des Körpers • Verdeutlichung der fälschlichen Annahme durch Modus (Konjunktiv in Str. 3) • am Ende: ausdrücklicher Vergleich von Bild- und Sachteil („So", V. 30) transferiert die exemplarische Geschichte auf polit.-gesell. Verhältnisse	8	
– fasst im **Schlussteil** die Ergebnisse sinnvoll zusammen und zieht ein Fazit, etwa: • Bildlichkeit der Fabel soll konservativ-restaurative Botschaft auch einfachen und evtl. weniger gebildeten Menschen vermitteln und so zur Stabilisierung der politischen Konstellation beitragen • nur Kooperation zwischen Untertanen und Obrigkeit ermöglicht angenehmes und reibungslose Existenzform mit Vorteilen für alle • Fabelbotschaft trägt durch Sachteil in letzter Strophe explizit zur Beruhigung der aufgebrachten Gemüter im Zeitalter der sich verschärfenden politischen und sozialen Gegensätze im 18. Jahrhundert (Aufklärung) bei, indem die sinnvolle Abhängigkeit des Volkes von seiner monarchischen Führung behauptet wird	8	
– erfüllt ein weiteres aufgabenbezogenes Kriterium.	(4)	
Zu erreichende Teilpunktzahl	**34**	

Zusatzmaterial

Aufgabe 2: Die Schülerin/Der Schüler ...		
– verfasst eine aufgabenbezogene **Überleitung**, etwa durch Ankündigung des Vergleichs bei Nennung der zu vergleichenden Texte.	2	
– gibt den **Inhalt** mit eigenen Worten, strukturiert u. sachlich nicht verkürzt wieder, etwa: • Absetzung des Löwen durch Untertanen • Rückhalt für Löwen allein durch den Fuchs, der den Tieren eine Fabel erzählt • Entrüstung, Aufbegehren und Einsicht der Glieder in Sinnhaftigkeit der Verhältnisse, die den Magen stützen und die Glieder ebenfalls stärken • Übertragung dieses Verhältnisses auf den König im Reich der Tiere mitsamt seinen Untertanen und behauptete Abhängigkeit aller Tiere vom Herrscher durch den (schlauen) Fuchs • Pointe am Schluss: Herausarbeitung der Unterschiede zwischen Magen, der zugleich isst und nützt, sowie dem König, der nur esse, dem Volk aber nicht nütze	8	
– **definiert** den Text Fischers als klassische Tierfabel und geht auf **erzählerische/sprachliche Aspekte** ein, etwa: • klassischer fabeltypischer Aufbau: Ausgangssituation, dialogisch angelegter Hauptteil, Lehre • typisierte Tiere als Verkörperung menschlicher Eigenschaften, z. B. der mächtige Löwe, der schlaue Fuchs, die gerissene Schlange • Fabel-in-der-Fabel-Struktur: Fabeltier Fuchs erzählt anderen Tieren eine Fabel • Intertextualität: schlauer Fuchs erzählt anderen Tieren Hagedorns Fabel des Gliederstreits mit dem Magen	6	
– erarbeitet die **Gemeinsamkeiten** zwischen beiden Texten, etwa: • Thematisierung des Verhältnisses von Untertanen und Volk • Nutzung des gleichen bildlichen Inventars: Glieder- und Magen-Konstellation • beide Fabeln bauen aufeinander auf • auch Hagedorns Fabel verschweigt die kritischen Fragen nicht	6	
– erarbeitet die **Unterschiede** zwischen beiden Texten, etwa: • Ding-Fabel bei Hagedorn, klassische Tierfabel bei Fischer • Fischer: Kritik an Autorität der Obrigkeit durch kritischen Kommentar der Schlange und Infragestellung des Absolutismus • Fischer: Kritik an Fabeltradition durch skeptische Rezeption der literarischen Vorlage und ihrer konservativ-restaurativen Botschaft, Widerlegung der traditionellen literarischen Lehre durch Abgrenzung der Schlange und Formulierung einer neuen Lehre, die zukünftige politisch-gesellschaftliche Konsequenzen impliziert (Revolution) • Hagedorn: quietistische Grundhaltung und Akzeptanz der absolutistischen Ordnung der Gesellschaft, Forderung nach Aufrechterhaltung des Status quo (Wunsch nach Stabilisierung und Ruhe)	8	
– verfasst einen aufgabenbezogenen **Schlussteil** u. fasst vor dem Hintergrund der Epoche der Aufklärung die Ergebnisse zusammen, zum Beispiel: • Popularität der Fabel im 18. Jahrhundert als Instrument der Aufklärung • Definition der Aufklärung im kantianischen Sinne als Mut, sich seines eigenes Verstandes zu bedienen und nicht andere für sich denken zu lassen • Fabel als Mittel von Dichtern der Aufklärung, Kritik am politischen System unter dem schützenden Deckmantel der Literatur zu formulieren • Aktualisierung: beide Fabeln thematisieren auch heute noch mögliche Haltungen (Zustimmung und Akzeptanz des Status quo bei Hagedorn sowie Kritik an Ausbeutung und Forderung nach Veränderung/Partizipation der Bürger bei Fischer) der Menschen gegenüber dem Staat • Biedermeier und Restauration als Hintergrund der quietistischen Haltung bei Hagedorn kontrastieren mit monarchiefeindlicher Botschaft Fischers, die als Ergebnis sich verschärfender sozialer Gegensätze in der 2. Hälfte des 18. Jahrhunderts und des Einflusses der Französischen Revolution 1789 zu sehen ist	8	

– erfüllt ein weiteres aufgabenbezogenes Kriterium.	(6)
Zu erreichende Teilpunktzahl	38

Summe aus Aufgaben 1 + 2:   72/...

Darstellungsleistung: Die Schülerin/der Schüler ...	
strukturiert seinen Text kohärent, schlüssig, stringent und gedanklich klar: • angemessene Gewichtung der Teilaufgaben in der Durchführung • gegliederte und angemessen gewichtete Anlage der Arbeit • schlüssige Verbindung der einzelnen Arbeitsschritte/schlüssige gedankliche Verknüpfung von Sätzen	6
formuliert unter Beachtung der fachsprachlichen und fachmethod. Anforderungen: • Trennung von Handlungs- und Metaebene • begründeter Bezug von beschreibenden, deutenden u. wertenden Aussagen/ Verwendung von Fachtermini • Beachtung der Tempora/korrekte Redewiedergabe (Modalität)	6
belegt Aussagen durch angemessenes und formal korrektes Zitieren: • sinnvoller Gebrauch von vollständigen u. verkürzten Zitaten in begründeter Funktion	3
drückt sich allgemeinsprachlich präzise, stilistisch sicher und begrifflich differenziert aus: • sachlich-distanzierte Schreibweise/Schriftsprachlichkeit/begrifflich abstrakte Ausdrucksfähigkeit	5
formuliert lexikalisch und syntaktisch sicher, variabel und komplex zugleich (und gedanklich klar).	5
schreibt sprachlich richtig.	3
Zu erreichende Teilpunktzahl im Darstellungsbereich	28

Zu erreichende Maximalpunktzahl: 100

Summe aus Aufgabenteilen 1, 2 + Darstellungsbereich: _____

Note: _____

Bepunktung

Note	Punkte	erreichte Punktzahl
sehr gut plus	15	100 – 95
sehr gut	14	94 – 90
sehr gut minus	13	89 – 85
gut plus	12	84 – 80
gut	11	79 – 75
gut minus	10	74 – 70
befriedigend plus	9	69 – 65
befriedigend	8	64 – 60
befriedigend minus	7	59 – 55
ausreichend plus	6	54 – 50
ausreichend	5	49 – 45
ausreichend minus	4	44 – 39
mangelhaft plus	3	38 – 33
mangelhaft	2	32 – 27
mangelhaft minus	1	26 – 20
ungenügend	0	19 – 0

EinFach Deutsch
Unterrichtsmodelle
Herausgegeben von Johannes Diekhans

Ausgewählte Titel der Reihe:

Unterrichtsmodelle – Klassen 5–7

Michael Ende: Momo
140 S., DIN-A4, kart.   Best.-Nr. 022548

Erich Kästner: Emil und die Detektive
59 S., DIN-A4, kart.   Best.-Nr. 022399

Victor Caspak, Yves Lanois: Die Kurzhosengang
114 S., DIN-A4, kart.   Best.-Nr. 022564

Otfried Preußler: Krabat
131 S., DIN-A4, kart.   Best.-Nr. 022331

Unterrichtsmodelle – Klassen 8–10

Alfred Andersch: Sansibar oder der letzte Grund
167 S., DIN-A4, kart.   Best.-Nr. 022489

John Boyne: Der Junge im gestreiften Pyjama
116 S., DIN-A4, kart.   Best.-Nr. 022510

Charlotte Kerner: Blueprint. Blaupause
118 S., DIN-A4, kart.   Best.-Nr. 022439

Wolfgang Herrndorf: Tschick
111 S., DIN-A4, kart.   Best.-Nr. 022583

Unterrichtsmodelle – Gymnasiale Oberstufe

Barock
152 S., DIN-A4, kart.   Best.-Nr. 022418

Jurek Becker: Jakob der Lügner
165 S., DIN-A4, kart.   Best.-Nr. 022413

Georg Büchner: Lenz. Der Hessische Landbote
141 S., DIN-A4, kart.   Best.-Nr. 022426

Georg Büchner: Woyzeck
115 S., DIN-A4, kart.   Best.-Nr. 022313

Die Lyrik Bertolt Brechts
200 S., DIN-A4, kart.   Best.-Nr. 022488

Wolfgang Koeppen: Tauben im Gras
244 S., DIN-A4, kart.   Best.-Nr. 022458

Thomas Mann: Buddenbrooks
202 S., DIN-A4, kart.   Best.-Nr. 022354

Dramentheorie
186 S., DIN-A4, kart.   Best.-Nr. 022433

Johann Wolfgang von Goethe: Die Leiden des jungen Werthers
128 S., DIN-A4, kart.   Best.-Nr. 022365

Günter Grass: Die Blechtrommel
197 S., DIN-A4, kart.   Best.-Nr. 022374

Franz Kafka: Die Verwandlung. Brief an den Vater NEU
177 S., DIN-A4, kart.   Best.-Nr. 022496

Die Kurzgeschichte auf dem Weg ins 21. Jahrhundert
132 S., DIN-A4, kart.   Best.-Nr. 022396

Liebeslyrik
244 S., DIN-A4, kart.   Best.-Nr. 022381

Literatur seit 1945 – Traditionen und Tendenzen
197 S., DIN-A4, kart.   Best.-Nr. 022386

Naturlyrik
247 S., DIN-A4, kart.   Best.-Nr. 022550

Joseph Roth: Hiob
173 S., DIN-A4, kart.   Best.-Nr. 022556

Rhetorik NEU
163 S., DIN-A4, kart.   Best.-Nr. 022491

Friedrich Schiller: Kabale und Liebe NEU
156 S., DIN-A4, kart.   Best.-Nr. 022561

Sprachursprung – Sprachskepsis – Sprachwandel
274 S., DIN-A4, kart.   Best.-Nr. 022455

Juli Zeh: Corpus Delicti
85 S., DIN-A4, kart.   Best.-Nr. 022557

Das könnte Sie auch interessieren: EinFach...online – Das Klausurenportal

Ausgearbeitete, praxiserprobte Klassenarbeiten und Klausuren für die S I und S II (Mittel- und Oberstufe) im frei zu bearbeitenden Wordformat. Das Angebot umfasst jeweils einen konkreten Vorschlag mit Aufgabenstellung sowie einen individualisierbaren Bewertungsbogen mit Erwartungshorizont, Bewertungsschema und Punkteraster. Die Abgabe erfolgt ausschließlich an Lehrkräfte und Referendare mit entsprechendem Nachweis. Bezug nur über den Onlineshop.

www.schoeningh-schulbuch.de/einfachonline